新编社会语言学教程

A NEW INTRODUCTION TO SOCIOLINGUISTICS

孙 炜　周士宏　申 莉　编著

世界知识出版社

图书在版编目（CIP）数据

新编社会语言学教程 / 孙炜，周士宏，申莉编著．
—北京：世界知识出版社，2019.11
ISBN 978-7-5012-5069-1

Ⅰ.①新… Ⅱ.①孙… ②周… ③申… Ⅲ.①社会语言学—高等师范院校—教材 Ⅳ.① H0-05

中国版本图书馆 CIP 数据核字（2019）第 271443 号

书　　名	新编社会语言学教程 Xinbian Shehui Yuyanxue Jiaocheng
作　　者	孙　炜　周士宏　申　莉
责任编辑	王瑞晴　蔡金娣
责任出版	王勇刚
出版发行	世界知识出版社
地址邮编	北京市东城区干面胡同 51 号（100010）
电　　话	010-85112689（编辑部） 010-65265923（发行部）　010-85119023（邮购电话）
网　　址	www.ishizhi.cn
印　　刷	北京虎彩文化传播有限公司
经　　销	新华书店
开本印张	700×1000 毫米　1/16　　19 印张
版次印次	2020 年 3 月第一版　2020 年 3 月第一次印刷
标准书号	ISBN 978-7-5012-5069-1
定　　价	68.00 元

版权所有　侵权必究

目录 Contents

绪论

0.1 社会语言学的性质 ·· 1
0.2 社会语言学产生的背景 ·· 3
    0.2.1 社会语言学产生的理论背景 ································ 3
    0.2.2 社会语言学产生的外部条件 ································ 4
0.3 社会语言学的理论意义和实践意义 ······························ 5
    0.3.1 社会语言学的理论意义 ······································ 5
    0.3.2 社会语言学的实践意义 ······································ 6

第一章 微观社会语言学

第一节 引言 ·· 9
  1.1 拉波夫的社会语言学方法论 ······································ 9
  1.2 我国的社会语言学研究 ··· 11
第二节 语言变异 ··· 12
  2.1 语言变异 ··· 12
    2.2.1 与语言变异相关的几个概念 ······························· 12
    2.2.2 影响语言变异的语言内部因素 ···························· 13
    2.2.3 影响语言变异的社会因素 ·································· 16
  2.2 语言变体的形式 ··· 27
    2.2.1 语言变体概述 ··· 27
    2.2.2 语言与性别 ··· 29
    2.2.3 语言与法律 ··· 33
    2.2.4 语言与医患 ··· 35
    2.2.5 语言与网络 ··· 37

2.3 语言变化 ··· 40
    2.3.1 语言变化——"进行中的变化" ··············· 40
    2.3.2 语言变化规则 ·· 41

第三节 社会语言学的研究方法 ······························· 43
  3.1 社会语言学调查 ·· 43
    3.1.1 调查准备 ·· 44
    3.1.2 定性和定量分析 ·· 47
  3.2 社会语言学的调查方法 ································· 50
    3.2.1 抽样调查法 ··· 51
    3.2.2 问卷调查法 ··· 55
    3.2.3 采访法 ·· 58
    3.2.4 观察法 ·· 64
    3.2.5 实验法 ·· 68
    3.2.6 语篇补全测试 ·· 70
    3.2.7 "真实时间"和"显象时间"调查法 ········· 72
    3.2.8 自我测评法 ··· 73
  3.3 调查实例介绍 ··· 74
    3.3.1 马萨葡萄园岛的语音变化研究 ············· 74
    3.3.2 纽约城市方言研究 ····································· 76
    3.3.3 我国北京话"女国音"现象研究 ··········· 79
    3.3.4 我国北方话鼻韵尾变异研究 ··················· 81

第二章 交际社会语言学

第一节 引言 ··· 87
  1.1 交际社会语言学的兴起 ································· 87
  1.2 交际社会语言学的特点 ································· 87
  1.3 交际社会语言学的核心理论 ······················· 88

第二节 言语交际 ·· 90
  2.1 语言和社会交际 ··· 90

  2.1.1　交际的需求是语言产生的动因 …………………… 90
  2.1.2　语言的发展和社会交际 ………………………………… 93
 2.2　言语交际行为 …………………………………………………… 97
  2.2.1　言语交际的构成元素 …………………………………… 97
  2.2.2　言语交际的基本过程 ………………………………… 100
 2.3　言语交际的基本原则 ………………………………………… 101
  2.3.1　合作原则 ………………………………………………… 102
  2.3.2　礼貌原则 ………………………………………………… 105
  2.3.3　得体原则 ………………………………………………… 107

第三节　交际社会语言学的理论基础 ………………………………… 110
 3.1　海姆斯的交际能力理论 ……………………………………… 110
  3.1.1　"交际能力"的提出 …………………………………… 110
  3.1.2　"交际能力"理论体系 ………………………………… 111
 3.2　甘柏兹的互动社会语言学理论 ……………………………… 112
  3.2.1　"互动"理论 …………………………………………… 113
  3.2.2　语境化理论 ……………………………………………… 113
  3.2.3　"言语共同体"理论 …………………………………… 114
 3.3　莱文森的礼貌理论 …………………………………………… 115
  3.3.1　莱文森礼貌理论体系概述 …………………………… 116
  3.3.2　面子理论体系 ………………………………………… 118

第四节　跨文化交际 …………………………………………………… 121
 4.1　文化与跨文化交际 …………………………………………… 122
  4.1.1　文化内涵 ………………………………………………… 122
  4.1.2　跨文化交际的内涵 …………………………………… 124
  4.1.3　跨文化交际的核心 …………………………………… 126
  4.1.4　跨文化交际的特征 …………………………………… 127
 4.2　跨文化交际中语言和文化的关系 …………………………… 128
  4.2.1　语言对文化的影响 …………………………………… 128
  4.2.2　文化对语言的影响 …………………………………… 128
  4.2.3　语言与文化关系的调查实例分析 …………………… 130
 4.3　跨文化交际中的文化差异 …………………………………… 133
  4.3.1　语言层面的文化差异 ………………………………… 133

4.3.2　非语言层面的文化差异………………………………… 135
　　4.3.3　文化差异产生的原因…………………………………… 140
　　4.3.4　文化差异的克服………………………………………… 143
4.4　跨文化交际言语行为对比分析…………………………………… 143
　　4.4.1　道歉行为对比……………………………………………… 144
　　4.4.2　恭维行为对比……………………………………………… 149
　　4.4.3　拒绝行为对比……………………………………………… 152
　　4.4.4　问候行为对比……………………………………………… 155
　　4.4.5　致谢行为对比……………………………………………… 156
　　4.4.6　告别行为对比……………………………………………… 157
4.5　斯科隆跨语篇交际理论的提出及应用…………………………… 157
　　4.5.1　跨语篇交际………………………………………………… 158
　　4.5.2　跨语篇理论的实例分析…………………………………… 162

第三章　宏观社会语言学

第一节　引言……………………………………………………………… 167

第二节　语言接触………………………………………………………… 168
　2.1　词语的借用………………………………………………………… 168
　　2.1.1　借词………………………………………………………… 168
　　2.1.2　语言的融合和混用………………………………………… 170
　2.2　双语（多语）和双言……………………………………………… 171
　　2.2.1　双语和双言………………………………………………… 171
　　2.2.2　调查实例分析……………………………………………… 172
　2.3　语码转换与语码混用……………………………………………… 174
　　2.3.1　语码的分类………………………………………………… 174
　　2.3.2　多重语码现象……………………………………………… 175
　　2.3.3　语码转换…………………………………………………… 176
　　2.3.4　影响语码转换的因素……………………………………… 177
　　2.3.5　语码混用…………………………………………………… 179

2.3.6　语域和语体 ……………………………………………… 180
　2.4　语言的扩散 …………………………………………………………… 181
　　　2.4.1　语言扩散的研究 …………………………………………… 181
　　　2.4.2　影响语言扩散的因素 ……………………………………… 182
　2.5　世界英语变体研究 …………………………………………………… 183

第三节　语言规划 ……………………………………………………………… 187
　3.1　语言规划概述 ………………………………………………………… 187
　　　3.1.1　语言政策 …………………………………………………… 187
　　　3.1.2　语言规划 …………………………………………………… 188
　　　3.1.3　语言规划的分类 …………………………………………… 188
　3.2　语言地位规划和语言本体规划 ……………………………………… 189
　　　3.2.1　语言的地位规划 …………………………………………… 190
　　　3.2.2　语言的本体规划 …………………………………………… 193
　　　3.2.3　语言本体规划和语言地位规划的关系 …………………… 195
　3.3　语言规划的基本方法和步骤 ………………………………………… 195
　　　3.3.1　语言规划的基本方法 ……………………………………… 195
　　　3.3.2　语言规划的基本步骤 ……………………………………… 196
　3.4　语言规划的基本原则 ………………………………………………… 197
　　　3.4.1　科学性原则 ………………………………………………… 198
　　　3.4.2　稳妥性原则 ………………………………………………… 199
　　　3.4.3　经济性原则 ………………………………………………… 200
　　　3.4.4　政策性原则 ………………………………………………… 200
　3.5　语言规划的意义 ……………………………………………………… 201
　　　3.5.1　对社会政治、经济等方面的意义 ………………………… 201
　　　3.5.2　语言规划对语言本身的意义 ……………………………… 201

第四节　我国的语言规划 …………………………………………………… 202
　4.1　新中国成立前的语言规划 …………………………………………… 202
　　　4.1.1　文字改革方面 ……………………………………………… 202
　　　4.1.2　书面语改革方面 …………………………………………… 203
　　　4.1.3　语言标准化方面 …………………………………………… 204
　4.2　新中国成立后的语言规划 …………………………………………… 205
　　　4.2.1　汉字的规范和改革 ………………………………………… 205

        4.2.2 《汉语拼音方案》 …… 206
        4.2.3 推广普通话 …… 207
    4.3 少数民族的语言规划 …… 209
        4.3.1 语言标准化 …… 209
        4.3.2 改革、创制文字 …… 210
    4.4 当前中国的语言规划 …… 210
        4.4.1 强势语言、强势方言与母语安全问题 …… 210
        4.4.2 汉字的规范 …… 212
        4.4.3 《语言文字规范手册》解读 …… 213
        4.4.4 社区功能转变背景下的语言规划调查分析 …… 216
        4.4.5 港、澳语言政策 …… 218
        4.4.6 经验总结 …… 219

第五节 社会语言学与语言教学 …… 220
    5.1 交际能力教学 …… 220
        5.1.1 交际能力与教学模式 …… 221
        5.1.2 教学的交际过程 …… 221
        5.1.3 几种教学法的分析 …… 223
    5.2 社会语言学与第二语言教学 …… 225
        5.2.1 交际能力理论对第二语言教学的影响 …… 225
        5.2.2 其他理论的影响 …… 227
        5.2.3 双语教学 …… 228
        5.2.4 我国的双语教学 …… 230
    5.3 社会语言学与母语语文教学 …… 232
        5.3.1 我国语言文字政策的制定 …… 232
        5.3.2 中小学语文教学大纲的制定 …… 233
        5.3.3 中小学语文的口语交际教学 …… 235

第六节 社会语言学在其他领域中的应用 …… 244
    6.1 社会语言学与方言学 …… 244
        6.1.1 社会语言学理论对方言学研究的影响 …… 244
        6.1.2 社会语言学方法对方言研究的影响 …… 245

目 录

 6.2 社会语言学与商业广告 ·· 246
  6.2.1 社会语言学理论对商业广告的影响 ························· 246
  6.2.2 实例分析 ··· 246
 6.3 社会语言学与法律实践 ·· 248
  6.3.1 社会语言学理论在法律实践中的应用 ························· 248
  6.3.2 实例分析 ··· 249

第四章 认知社会语言学

第一节 认知语言学的社会转向 ·· 251
 1.1 认知语言学的发展概况 ·· 251
 1.2 认知语言学的"再语境化"趋势 ······································· 253

第二节 认知社会语言学的语言观、研究方法及研究内容 ·················· 254
 2.1 认知社会语言学的语言观 ··· 254
 2.2 认知社会语言学的研究方法 ·· 255
 2.3 认知社会语言学的研究内容 ·· 257

第三节 基于用法的语言变异研究 ··· 257
 3.1 认知社会语言学中的构式变异研究 ································· 257
 3.2 认知社会语言学中的语义变异研究 ································· 259
  3.2.1 历时原型语义研究 ··· 260
  3.2.2 词汇语义变异研究 ··· 261

第四节 语言变体的文化模型研究 ··· 262
 4.1 语言变体的四种文化模型 ··· 262
  4.1.1 理性主义模型与浪漫主义模型 ···························· 263
  4.1.2 民族主义模型与后现代主义模型 ························· 263
 4.2 文化模型的应用研究 ·· 264

第五章 批评话语分析

第一节 批评话语分析理论介绍 ·················· 267
  1.1 CDA 的基本含义 ·················· 267
  1.2 CDA 的兴起背景 ·················· 268
  1.3 CDA 的研究对象 ·················· 268
  1.4 CDA 面临的质疑和批评 ·················· 270
  1.5 对 CDA 的展望 ·················· 271

第二节 批评话语分析方法论 ·················· 271
  2.1 Halliday 的系统功能语言学 ·················· 271
  2.2 Wodak 的"话语 – 历史"研究路径 ·················· 272
  2.3 Fairclough 的"辩证 – 关系"法 ·················· 273
  2.4 Van Dijk 的"社会 – 认知"模式 ·················· 274
  2.5 语料库语言学 ·················· 274

第三节 案例分析 ·················· 275
  3.1 对核心过程和人物的描述 ·················· 276
  3.2 名物化和被动化 ·················· 277
  3.3 时态 ·················· 278
  3.4 直接引语 ·················· 279

参考文献 ·················· 281
参考译名 ·················· 289

图表目录

表 1　对英语标准音语言态度的性别差异（%）……………………… 16
表 2　上海话老派和新派词汇比较表…………………………………… 18
图 1　社会网络示意图…………………………………………………… 24
图 2　社会网络示意图…………………………………………………… 25
图 3　社会网络示意图…………………………………………………… 25
图 4　社会网络示意图…………………………………………………… 25
图 5　爱尔兰·贝尔法斯地区男女说话者 [th] 的发音与其网络强度对比图 26
表 3　不同场合说上海话或家乡话的比例……………………………… 48
表 4　不同年龄组的人的元音央化比例（%）………………………… 74
表 5　三个不同社会阶级的（r）变异指标（%）……………………… 77
图 6　不同阶级随语体匹规性卷舌现象出现的倾向…………………… 77
图 7　不同阶级随语体匹规性卷舌现象出现的倾向性及"超越现象"…… 78
表 6　社会因素对鼻韵尾中元音鼻化的作用力的统计结果（N=5597）…… 83
表 7　社会、语体因素对鼻韵尾中鼻辅音脱落的作用力的统计结果（N=5666）
　……………………………………………………………………… 83
表 8　鼻韵尾变异鼻化和鼻辅音脱落的社会环境条件制约力变异范围统计结果
　……………………………………………………………………… 84
图 8　马斯洛需要层次理论……………………………………………… 91
图 9　劳动、交际需要和语言之间的关系……………………………… 93
表 9　损害面子行为与具体言语行为关系表…………………………… 116
表 10　文化变异性维度与面子行为冲突模式关系图………………… 119
图 10　不同文化交际示意图…………………………………………… 122
表 11　汉语词语在英、汉两种语言中的文化意义列表……………… 134
表 12　不同场景下中美道歉行为百分比列表………………………… 148
表 13　中国和美国调查对象对老板建议的表态……………………… 153
表 14　注音字母、拼音方案、汉字比较示例………………………… 202
表 15　《独立报》与《国际先驱论坛报》使用词语列表……………… 276
表 16　《独立报》……………………………………………………… 278
表 17　《国际先驱论坛报》…………………………………………… 278

绪 论

0.1 社会语言学的性质

社会语言学是指运用语言学和社会学等学科的理论和方法，联系社会研究语言现象的一门边缘学科。其目的是揭示语言和社会结构之间的关系，探讨社会因素在语言和言语活动中的反映以及语言运用如何受社会制约等方面的问题。

社会语言学是与结构语言学相对立而提出来的。第一，社会语言学不去孤立地研究语言的结构系统，而是把语言放到它赖以生存的人类社会的大背景中去考察，把语言同社会联系起来，分析语言和社会的种种关系，看一看不同环境和条件下，语言如何呈现、产生什么变化并从中寻找出规律性的东西。第二，社会语言学不是静止地看待语言，不像结构主义那样把语言看成共时的、静态的结构系统，而是更注意正在进行着变化的语言。因为语言既是交际的工具，又为交际所制约。因此，语言必然会产生种种变化，呈现出丰富多彩的面貌。第三，社会语言学是边缘性很强的交叉科学，是社会学和语言学的结合。通过广泛使用社会学、社会心理学和人类学等学科普遍使用的社会调查方法，搜集大量生动的、现实的语言材料，然后用定量分析的方法（数学的方法）对材料进行分析、整理、比较，从中找出一定的规律，最终形成一定的理论。

Fishman（1972）将社会语言学的研究分为宏观与微观两个方面。宏观社会语言学（Macro-sociolinguistics）也称语言的社会学（Sociology of Language）。宏观社会语言学以社会为出发点，研究语言在社区组织中的功能。宏观社会语言学，着重从理论上探讨以下几个方面的内容：第一，语言和社会的关系、语言在社会交际中的作用以及社会交际对语言发展变化的影响；第二，语言和民族的居住、迁徙、人口流动的关系；第三，语言和民族文化的关系；第四，语言相互渗透和影响的情况；第五，语言规划。语言规划是在对前四个问题研究的基础上，结合各个语言社团的语言文字状况，对语言文字的地位和使用进行规划，语言规划的最终结果将形成本国或本民族一系列的语言文字政策。

微观社会语言学（micro-sociolinguistics）也称为狭义的社会语言学（sociolinguistics），着重对语言各个要素的具体变化进行分析和描写，是一种定量研究，代表人物是美国社会语言学家威廉·拉波夫。微观社会语言学主要研究以下内容：第一，对由社会交际的影响而产生的语言变异进行调查、统计和分析；第二，对社会制度和地理条件以及居民的流动的影响而产生的地域变异进行定量分析。对由于社会分工而产生的语言的行业变异以及由于社会因素（阶层、年龄、性别、文化水平）的影响而产生的语言的变异进行定量分析。通过对这些语音、语义、词汇、语法方面的变异进行科学地分类和描写，最终找出变异产生的社会原因，建立新的理论模型。

随着社会语言学的发展，20世纪后半叶，一些语言学家开始认识到，语言交际所包含的内容远远超出了语言的词汇意义和语法组合关系的内容，他们开始把研究对象扩大至谈话和语篇部分，研究不同社会文化背景的人利用什么手段阻止话语，使得话语间交际产生困难，这种困难是缘何而起的。于是，有语用学家提出了会话蕴含的概念（Grice，1968），有交际民族志学家提出了交际能力的概念（Hymes，1972），话语的标志功能（Fillmore，1972）和语境意义（Lakof，1978）的观念，进一步扩展对言语交际的理论认识。以这些理论和观念为基础，甘柏兹（Gumperz）1982年的《话语策略》一书又将社会学中"互动"的概念引入语言学，并且强调互动在语言交际过程中的重要性，把它提高到语言学理论的核心位置，构建出互动社会语言学。由此，20世纪七八十年代兴起了一个语言学流派——交际社会语言学，也称为民族交际志学。交际社会语言学主要研究内容有：第一，哪些社会因素对交际产生影响；第二，交际应该遵循哪些社会交际原则；第三，交际策略；第四，跨文化交际。

社会语言学这三个流派是相互联系密不可分的，尽管在许多方面存在差异，但这些差异并非是绝对的，而是在较大层面上或在某些研究领域中相互交融。宏观社会语言学是定性的研究，对于语言的地位、语言变体的地位有所规定，微观社会语言学是定量研究，为宏观研究提供大量的例证和支持，交际社会语言学也可以为宏观研究提供支持，并解释微观语言变异产生的原因。微观社会语言学是与社会相关的语言研究，它从语言的角度看社会，研究的核心问题是社会因素如何影响着语言的变异和语言的使用；宏观社会语言学是与语言相关的社会研究，它从社会的角度看语言，研究的核心问题是语言因素在社区组织中的功能；交际语言学是在交际民族志学影响之下发展出来的另外一个社会语言学分支，其中必然受到了交际民族志学的很大影响。因此，交际社会语言学重视交际环境的构成部分，包括不同类型的交际对象。

总之，这三者并不是对立的，而是相互影响的。例如，某个语言群体或某一言语阶层出现的语言变异现象可能进一步扩展或影响到整个社区的语言变异，进而影响到人们的语言态度，语言的替代、消亡乃至语言政策的修订。也就是说，在语言变异过程中，从微观到宏观存在着一个延续链。总之，微观社会语言学、宏观社会语言学、交际社会语言学之间并不存在本质的差异，三者是相互依存的关系。在社会语言学的研究过程中，研究者需要将三者有机地结合起来，才能从根本上揭示语言与社会的关系。因此，包括这三部分的社会语言学才是完整的社会语言学。

0.2 社会语言学产生的背景

0.2.1 社会语言学产生的理论背景

任何一个学科的产生都不是凭空而来的，都具有十分深刻的学术渊源。在结构主义之前，历史比较语言学家就有过很多关于语言与社会关系的论述，历史比较语言学后期代表人物梅耶就对语言和社会的关系进行过深入论述，阐明了语言的社会本质，承认语言是社会现象，认为语言的本质功能在于社会交际，语言是社会的产物。虽然这些阐释不够系统、全面和完善，但是对社会语言学有借鉴意义，是社会语言学产生的前提条件之一。

到了结构主义时代，索绪尔提出了区分"内部语言学"和"外部语言学"的理论。虽然索绪尔强调要优先研究内部语言学中的共时语言学，但是也有一些人包括索绪尔本人都考虑过外部语言学的重要问题。索绪尔也明确提出：语言是社会心理现象，语言有内部要素和外部要素之分。外部语言学应该研究语言和民族、种族及文化的关系，语言与政治史的关系，语言和具体社会制度的关系，语言的地理扩展和方言分裂的关系。这些内容现在看基本上都属于社会语言学研究的范围。因此，索绪尔的理论为社会语言学的产生奠定了理论基础。

此外，社会语言学也是语言学理论本身发展到一定阶段的必然产物，是对结构语言学的局限性进行反思的必然结果。结构语言学本身的局限性是，过分强调语言是一个共时的、静态的系统，把"语言是形式不是实质"发展到极限，抛弃了意义，不考虑外部因素如社会因素对语言系统的影响。结构主义把语言看成一个理想的规则系统，认为语言是一个同质、有序的系统，因此一些系统以外的变化因素无法纳入系统进行分析。社会语言学则把这些语言变异因素纳入研究范围，并将其看成"正在进行"中的变化。

最后，由于人类学学者和社会学学者的介入，把语言学和社会学、人类学联系在了一起。马林诺夫斯基、鲍阿斯等人类学和社会学学者从人类学和社会学的角度考察语言，提出了很多有价值的看法。威廉·拉波夫首先把人类学和社会学的方法引进语言研究领域，对纽约市百货公司店员的 r 音进行了调查、统计和分析，并从人的社会地位带来的社会心理角度揭示了 r 音与人的社会地位、受教育程度之间的关系。拉波夫的这项调查被称为微观社会语言学的经典调查之一。微观社会语言学后来形成了一整套社会调查的方法来研究语言变异，这种方法的特点是：采用特定的方法收集材料，用数学的方法处理材料，通过图表、曲线、数字表现调查结果。后来的很多学者都采用这种方法进行研究，发现并解决了结构主义和形式句法所不能解决的问题，扩大了语言学的研究领域。

0.2.2 社会语言学产生的外部条件

二战后，由于世界格局发生了很大变化，出现了很多新兴的独立国家。有的国家因为长期处于殖民地的地位，宗主国语言成为其官方语言，独立后，自然面临重新选择官方语言的问题，还有很多多民族、多语言国家，也面临如何确定官方语言的问题，如果处理不好很可能会产生由于语言政策引起的语言危机。根据祝畹瑾（1992）提供的材料，肯尼亚有近 2000 万人口，却有 40 多种部族语言；坦桑尼亚有 2100 多万人口，部族语言却有 130 多种。像这样的情况如何确定官方语言？处理好哪些关键因素才能不引发语言危机？这些都为语言规划研究提出了新的研究课题。

再比如印度，语言状况极为复杂，各邦有各邦的语言，使用人数超过 100 万人、有 1000 年以上历史的语言就超过 11 种。印度基本语言政策是鼓励使用印地语和本邦语言，印度政府曾计划用十年的时间（自 1955 年官方语言委员会建立始，到 1965 年）用印地语彻底替代英语。但是这个政策，遇到了南部泰米尔语言群体的强烈反对，他们甚至威胁要分裂出去。因此，1963 年印度议会通过了《官方语言法》，决定 1965 年 1 月 26 日（国庆日）印地语成为官方语言后，英语同时继续作为联邦和议会的官方语言使用。语言问题必将伴随着印度的发展，印度政府需要语言规划理论为其语言政策提供依据。

加拿大则是另一种典型，占总人口 13.3% 的魁北克省居民都是来自法国的移民后裔，世世代代都说法语，长期受到说英语人的歧视，当地的政治家曾经提出魁北克省独立的主张。针对这种情况，加拿大政府成立了专门机构处理英语和法语的问题。经过长期的斗争，魁北克人终于使政府的语言政策发生了变化，英语和法语都成为官方语言，而且，这项基本语言政策已于1982年正式写进宪法。

另外一个极端例子就是欧盟，欧盟遵守"国家不分大小，语言一律平等"的基本原则，随着每一新成员国的加盟，欧盟都须增加一门"正式官方语言"，这就意味着又要增加一大笔开支。2001年欧盟有11种"正式官方语言"，欧盟委员会、欧洲理事会和欧洲议会已雇用了几千名翻译，一年的总开销高达7亿欧元。每增加一种"正式官方语言"，译员就必须增加，同时还须增添办公室。截至2007年，欧盟官方语言已达到23种，在这23种语言互译上的消费接近10亿欧元。或许到最后，欧盟不得不采取某种折中办法，如：法律条文和法规仍被译为所有的语言，而欧盟召开的种种会议的讨论或协商过程则不必译为所有的语言。另一种可行的解决办法是：新成员国中只有较大的语言才能成为"正式官方语言"。不过，这最终又将导致成员国语言形成两个等级，似乎又违背了欧盟的某些"基本原则"。显然，欧盟在语言问题上已陷入了"左右为难"的困境。

所有这些问题都为语言研究提供了新的课题，而当时的结构语言学和后来的形式句法是处理不了这些问题的，因此，社会语言学的产生也成了当务之急。

0.3 社会语言学的理论意义和实践意义

0.3.1 社会语言学的理论意义

首先，社会语言学的产生被誉为语言学的"第三次解放"，原因就在于：由于社会语言学语言观的变化，导致了语言研究领域的扩大和研究方法的改进。无论是结构主义还是形式句法，都把语言看成是同质的有序的系统，因此，系统以外的"异质"语言现象，比如，社会因素所带来的语言变异是无法纳入语言系统进行研究的，而只是简单地将其看成"不影响系统的变化"，也许以后会进入系统，也许不会，进入系统就可以通过历时的对比来描述。社会语言学把语言看成有序异质的系统，而且将研究重点放在这些"异质"成分上，从而拓宽了语言研究领域。

其次，从研究方法上看，将社会学的社会调查方法用于调查跟社会因素相关的语言变异，第一次在语言研究中引入了量化研究的方法，使研究更加客观、科学，更具有可操作性。

最后，社会语言学在语言的共时和历时的研究上搭起了桥梁。语言变异属于"正在进行的变化"。研究"正在进行的变化"，其原理既可以解释语言系统中已经发生的变化，也可以在某种程度上"预测"即将发生的变化。拉波夫本人就认为社会语言学研究的就是语言变化，他把社会语言学纳入了历史语言学的范畴，并著有专著《语言变化原理》。

0.3.2 社会语言学的实践意义

与语言学的其他分支相比，社会语言学不仅有重大的理论意义，还是一门应用性很强的学科，具有很强的实际应用价值。

首先，社会语言学的语言规划（language planning）理论可以为各国、各民族和地区制定语言政策提供理论依据。如前所述，世界上很多国家都存在语言问题，必须制定相应的语言政策，制定语言政策就要面对语言生活的实际情况，根据语言规划理论对语言状况进行分析，最后形成语言政策。我国是个多民族国家，又是一个多方言国家，我国的《通用语言文字法》就对普通话的地位、汉语和少数民族语言的关系、普通话和方言的关系等都进行了相应的规定，香港也针对本地区"两文三语"（两文指中文、英文，三语指粤语、普通话和英语）语言状况制定了相应的政策。有了这些基本政策之后，对媒体、教育、正式会议、政府公文文件语言等都可以有一系列的配套政策。

其次，社会语言学理论也能为语言教学提供理论依据。语言教学包括母语教学和双语教学。我国目前的双语教学主要分为外语（主要是英语）教学和汉语国际教育（又分为海外汉语教学和国内的对外汉语教学）。传统的母语教学重视读写，忽略听说，新课标强调听说能力和交际能力的培养，这正是社会语言学交际能力理论的具体体现。传统的双语教学重点教授语音、词汇、语法这些语言结构要素，忽视了语言背后的社会因素。交际社会语言学的跨文化言语行为，例如中美道歉行为等的对比，为双语教学开辟了新的思路，使人们开始认识到，教授语言不仅要教授语音、词汇、语法，更重要的是交际能力的培养，因此，已经有人编写以交际任务为纲的教材，并进行了有益的教学尝试。

最后，社会语言学在政治、经济、法律方面也有很实际的应用价值。

先看社会语言学在政治方面的语用。语言规划从来都跟国家的政治情况密不可分。根据祝畹瑾（1992）语言跟政治的关系可以分为"语言的政治"和

"政治的语言"两方面。语言的政治主要从政治的角度来考察和研究语言问题。语言的政治在政权改变性质或权利重新分配时尤为明显，独立的国家和地区（或回归的国家及地区）一般不再使用宗主国的语言为官方语言。比如香港回归后，教育署制定了推广普通话的政策，首先培训中小学教师，在中小学开设普通话课，然后争取在10到20年之内，将语文课改为普通话授课，不再用英语授课。政治的语言主要研究政治活动中的语言使用情况。例如外交辞令、政治人物为达到政治目的所使用的语言手段，等等。我国"文革"时期的政治用语研究也属此列。

再看社会语言学中语言和经济的关系。一种语言或方言的地位与它所代表的国家和地区的实力有很密切的关系，实力强的国家和地区的语言或方言一般处于强势地位。由于历史的原因，英语成为实际上的国际通用语言，为最强势的语言。我国方言众多，但是由于广东和香港的经济实力，粤语现在有变成强势方言的趋势。强势语言的输出比较容易，在我国，英语培训形成了强大的市场，也成就了像新东方这样的英语培训学校。语言培训变成一种语言产业，可以产生可观的经济利益。随着中国经济的发展，汉语也成为越来越多的外国人学习的语言，因此，对外汉语教学或者说汉语国际教育发展迅速。因此，语言市场价值是在一定的经济条件下形成的，语言跟经济的关系也是密不可分的。

此外，社会语言学在法律事务、医患关系，也大有用武之地，因此，社会语言学几乎是一个包罗万象的学科。

基于上述分析，本书的内容分为五大部分，第一章，微观社会语言学，介绍从社会角度研究的语言现象；第二章，交际社会语言学，介绍从言语交际的角度研究的语言现象；第三章，宏观社会语言学，介绍社会中的语言问题及社会语言学的广泛应用；第四章，认知社会语言学，介绍认知社会语言学的发展概况、研究内容和研究方法；第五章，批评话语分析，介绍批评话语分析的理论和方法。

第一章 微观社会语言学

第一节 引言

1.1 拉波夫的社会语言学方法论

语言学自产生以来，始终以探寻语言的规律性和系统性为目标，往往忽视语言事实中的不规范现象。直到20世纪60年代社会语言学的诞生，语言变异现象才得到语言学家们的重视，并逐渐成为社会语言学的最主要的研究对象。美国著名语言学家威廉·拉波夫（William Labov）是社会语言学理论和方法的奠基人，他的变异理论是社会语言学的核心理论，拉波夫语言学几乎成了社会语言学的代名词。

语言的本质属性是社会性，社会的纷繁变异决定了语言现象的纷繁变异。社会语言学家在研究语言变异现象时，所选取的基本研究单位是"言语社区"。言语社区是拉波夫在调查研究过程中提出的一个崭新的概念。以往的观点认为，言语社区的主要特点表现在社区成员语言行为的一致性。为了维护这种言语社区同一性的观点，生成语言学创始人乔姆斯基甚至还提出过一个理想化的模式。拉波夫不同意这种同一性的观点，他认为言语社区成员的一致性并不表现在语言行为的一致上，而是表现在相同的语言态度和语言评价上。也就是说，对某些群体成员而言，他们是同一言语社区的成员不是因为他们讲起话来一模一样，而是因为他们对于同样的语言现象有着基本一致的评价和基本相同的理解。

拉波夫的社会语言学观集中体现为：1. 社会语言学就是语言学本身，是对语言的一般研究。他对社会语言学的限定是："在言语集团的社会环境中研究语言的结构及其演变，论及的领域包括通常所称的'普通语言学'，即音系学、词法学、句法学和语义学。"（Labov，1972a）2. 社会语言学研究的是社会环境中的语言，目的在于揭示语言的结构。社会语言学要把语言和社会这两个相互独立的实体联系起来，探究两者之间的相互关系。

以索绪尔结构主义语言学为参照，拉波夫社会语言学对索绪尔语言学进行了继承与发展。拉波夫认为，语言学的研究对象是语言（language），而语言是独立于个体认知能力而存在的与现实世界相对立的理论实体，同时，由于语言表现群体特征，具有社会属性，因而可将语言看作是一种决定语言行为的社会事实。由此可见，拉波夫的社会语言学观带有索绪尔语言学的印记。不过，与索绪尔不同，拉波夫重视语言的异质特性，将言语活动的因素纳入到语言学的研究范围中。他认为，对语言的结构而言，语言学家们不仅能研究它的静态断面，而且可以对语言变化进行动态观察。因此，拉波夫的研究实际上试图解决的是索绪尔所确立的共时性与历时性之间的根本关系，拉波夫社会语言学在对言语结构的认识方面发展了索绪尔的语言学。

以乔姆斯基的转换生成语言学为参照，拉波夫社会语言学与乔氏理论的分歧主要表现在以下三方面：1. 语言的处所及其探究对象。拉波夫认为，语言的处所不在个体而在社区，语言系统的社会属性决定了没有任何个体可以代表整个系统。2. 直觉与数据。拉波夫认为，直觉是内在的、主观的，因而通过直觉接近现实是不可取的。他指出："由于语言学家越来越多地介入理论问题，他们的直觉很可能越来越远离普通人的直觉及日常生活所用语言的现实……语言学家不能同时产出理论与数据。"（Labov，1972a）3. 语法及其在语言探究中的作用。拉波夫认为，语法不应该是语言学家的构建物，语法应与具体的可观察的语言事实相一致。总之，乔氏理论是一种关于语言能力结构的理论，而拉波夫的理论是一种语言结构理论。不过需要指出的是，拉波夫的社会语言学并没有完全抛弃生成语言学的所有概念和研究方法。他在分析美国黑人英语变体时就采用了一些生成音系学的分析方法。

拉波夫对社会语言学的杰出贡献更为突出地表现在他的社会语言学研究方法论上。他曾经指出："我不认为我们现在所需要的是一种新的语言理论，相反，我们需要的是一种能够得出决定性解释的语言研究新方法。"（Labov，1972a）。在他看来，对于语言学研究而言，重要的是探究何种方法能对研究对象做出最为真实的描写与解释，他认为，从言语集团中收集数据并进一步寻求正确答案就是很有效的方法。

拉波夫提出的最为主要的社会语言学研究方法是所谓的"定量研究方法"。该方法的基本步骤如下：1. 选择说话人、情景及语言变项作为观察对象并提出假说；2. 收集选择对象的录音话语；3. 识别话语中的语言变项及其变体；4.

对数据统计处理并找出相关部分；5. 解释统计分析结果。在这几个步骤中，收集话语材料是社会语言学中最为复杂的问题之一，拉波夫称其为"观察者的矛盾"。研究的目的是要弄清人们在没有被作为系统观察对象时是怎么说话的，而在实际调查过程中又必须进行系统的观察。系统观察会影响所收集话语的自然度，因为系统观察本身就造成了一种言语情景，而这种情景会提醒说话人要尽量使用规范的表达形式，以致影响了说话人的自然表达。

1.2 我国的社会语言学研究

我国社会语言学的研究实际上萌芽于 20 世纪 60 年代，虽然在此之前已有一些社会语言学的研究。如古代俗语俗字研究，20 世纪 20 年代黎锦熙先生做的北京"女国音"研究，20 世纪 50 年代罗常培先生的语言和文化关系的研究（以《语言与文化》一书的出版为代表），新中国成立后的汉语规范化研究等，当时也没有使用社会语言学这个名称。20 世纪 70 年代，社会语言学传入我国，我国学者才真正开始使用这个术语。但实际上 20 世纪 80 年代，国内严格意义上的社会语言学才真正开始。

1980 年，陈原的《语言与社会生活——社会语言学札记》（三联书店）中开始出现"社会语言学"这一学科名称。1984 年，中国社会科学院成立了社会语言学研究室，专门进行社会语言学研究。一些学者相继翻译了国外的社会语言学著作，引起了学界的关注。1980—1982 年期间由林书武等翻译的英国语言学家特鲁杰的《社会语言学导论》；1987 年祝畹瑾等翻译的社会语言学早期的经典著作《社会语言学译文集》（北京大学出版社），引起了更大的反响；1989 年卢德平翻译的英国语言学家 R. A. Hudson 的《社会语言学》（华夏出版社）也具有一定代表意义。同时，我国的学者深入研究社会语言学的相关问题，取得了很大的成就。陈松岑的《社会语言学导论》（北京大学出版社，1985 年）是我国的第一本社会语言学教科书；孙维张的《汉语社会语言学》（贵州人民出版社，1991 年），全面研究了汉语和社会的关系；祝畹瑾的《社会语言学概论》（湖南教育出版社，1992 年），以介绍国外社会语言学为主；王得杏的《社会语言学导论》（北京语言学院出版社，1992 年），主要介绍国外社会语言学研究成果；戴庆厦的《社会语言学教程》（中央民族学院出版社，1993 年），对国内的少数民族语言进行了研究；徐大明、陶红印、谢天蔚的《当代社会语言学》（中国社会科学院出版社，1997 年），介绍了国外社会语言学；郭熙的《中国社会语言学》(南京大学出版社，1999年)，进行汉语研究；游汝杰、邹嘉彦的《社会语言学教程》(复旦大学出版社，2009年)，较全面地研究了社会语言学。进入21世纪以后，我国的社会语言学研究出现了空前的繁荣，2001年，邀请拉波夫等人做了专题讲座和讨论；2002年召开国内首届社会语言学国际学术研讨会，邀请甘柏兹做了主题发言；2003年1月召开"社会语言学问题座谈会"；同年6月在南京大学成立国内首家社会语言学实验室；同年11月召开国内第二届社会语言学国际学术研讨会，同时成立中国社会语言学会，开始出版《中国社会语言学》杂志。

第二节　语言变异

2.1　语言变异

语言变异观是社会语言学的基本语言观，将语言看作一个"有序的异质体"，"有序"使语言可以被人们使用，"异质"则是语言本身现实存在的一种形式。语言和言语没有实质性的区别，语言总是存在于社会中，并且受其影响而产生各种各样的变异。社会语言学家所要探求的也是关于语言的一般的规律性，通过描写言语社区内的系统性的变异现象，以期解释现实中复杂的变异现象与理论上的语言的系统性之间的关系。

2.2.1　与语言变异相关的几个概念

（1）语言变异（language variation）是指语言在使用过程中其内部所发生的变化和差异，具体表现在语音、语法、词汇、语体、语言风格或表达方式等方面。语言变异是语言的内在属性之一，语言变异的研究意义表现在：一方面通过分析变异现象产生的原因可以揭示出语言与社会之间的复杂关系，语言行为的规律性变异所反映的是社会关系体系存在的制约机制；另一方面，变异现象的持续发展会导致语言的变化，共时层面语言变异现象的存在反映的是历时层面语言演变的内在规律。

（2）语言变体（language variant）是指各种语言变异的存现形式，是一组具有相同社会分布的语言形式。"语言变体"是一个内涵很宽泛的概念，大至一种语言的各种方言，小至一种方言中某一项语音、词汇或句法特征，只要有一定范围的社会分布，就是一种语言变体。根据语言变异的不同影响因素，语言变体可分为：a）地域变体，跟地域有关；b）社会变体，跟说话人的社会身份有关，具体包括性别、年龄、社会阶层、受教育程度、职务等因素；c）功能变体，跟使用语言的场合有关，包括语域与语体。语域指的是在不同的交际情境中说话者选择的语言变体，具体表现在范围（field）、方式（mode）、对象（tenor）三个方面。

（3）语言变量或语言变项（language variable）指的是语言变体的种类，是变异的具体表现形式的集合。例如，英语后缀 –ing 是一个语言变量，它有两个语言变体即 ing 和 in，较高阶层的人常读 ing，较低阶层的人常读 in。语言变量与语言变体之间的关系类似于结构语言学中音位与音位变体之间的关系，语言变量是社会语言学研究的基本单位，是在许多变体的基础上，根据它们是否有共同的社会分布这一原则归纳出来的，在研究变异的过程中，不能不研究语言变体。

（4）语言形式（language formality）与语言风格（language style）是社会语言学研究中常提到的两个术语。语言形式通常指语言是否规范或严谨，而语言风格则主要以语言形式为分析尺度。语言风格表现在语音、词汇、语法等不同层面上，其影响因素是多方面的，如谈话的主题、方式、场景、参与者、社会地位等。

2.2.2 影响语言变异的语言内部因素

语言内部本身就存在促使语言发生变异的因素，比如语音、音位、形态与语义辨别等。拉波夫在《语言演变原理：内部因素》一书中详细探讨了这些因素发生作用的机制和原理。在他看来，"内部因素"与"外部因素"、"语言因素"与"社会因素"虽然无法彻底割裂，不过是可以区分开的；语言变化（本卷中主要研究的是元音的变化）是均变的、规律的，主要包括两种规律性变化：链式变化与合并分裂。

链式变化：链式变化包括最小度变化和扩展变化两个方面。假设有两个音素，一个离开本处的位置后，另一个占据了该位置，我们就称之为最小度变化。这一过程可以用公式表示为 /A/ → /B/ → ，/A/、/B/ 都得以保存，二者的发音仍保持区别。如果只有 /A/ 移动到 /B/，或者 /B/ 尚未移开本处位置而 /A/ 先行移动，那么就只会有一个音素 /A = B/，即 /A/、/B/ 发生了合并。也就是说，链式变化和合并是对立的。

得到链式变化必须在综合考虑多个音素的变化的基础之上。以元音为例，最简单的元音变化就是元音的高化、低化、前化、后化、圆唇化、不圆唇化，这些简单的变化几乎是没有限制的。但当我们在一种语言中，综合考虑所有元音发生的变化后，情况就不同了，它们结成了一串连锁的"链式变化"（Chain Shifting）。元音的变化可以说是拉波夫在研究语言变化时最为关注的部分。过往研究已经利用元音空间图（Phonological Space）对元音的链式变化总结出了以下三条原则：

① 链式变化中，长元音高化；
② 链式变化中，短元音低化；
③ 链式变化中，后元音向前。

这几条原则可以同时发挥作用，也可以单独发生作用。但显然，有些原则是不能同时作用的，例如原则1和原则2，因为一个音素不可能同时既向上运动又向下运动。当然，我们也发现了不少与这三条原则相悖的反例，例如在新西兰，前短元音出现了向后的变化，这明显与第三条原则不符。拉波夫在研究现代英语元音的链式变化后，对原有的三条原则进行了改动。修改后的三条原则如下：

① 链式变化中，紧元音核沿着外围路径高化；
② 链式变化中，松元音核沿着内围路径低化；
③ 链式变化中，紧元音沿着外围路径向前运动，松元音沿着内围路径向后运动。

他所说的"外围"指的是元音空间图中相对内围的外围部分，由声学特征和发音位置决定。相比于原来的三原则，改动过的三原则解释力更强，例如，它可以解释前面提及的新西兰前短元音向后变化的情况。但新的三原则也有自己的局限，有些元音的演变路径并非沿着外围或非外围，而是直接穿过中央元音。针对这些反例，加上其他对三原则使用限制的研究，拉波夫由把三条新原则简化为了一条"普遍原则"（general principle）。这个原则不再基于声学参数定义的元音空间图，而是基于舌位元音图：

链式变化中，外围元音开口度变得更大，内围元音开口度变得更小。

产生这一系列链式变化的动因是什么？拉波夫认为，链式变化是为了增加发音对比度。使得说话者更好地向听话者传递信息。总的来说是为了语义辨别。

合并与分裂：链式变化使语言保持区分度，保证语言使用者在日常使用时可以分辨出不同信息；而合并使语言中的语音单位减少，分裂则创造出新的语音单位。

与链式变化相反，合并降低了语言区别意义的功能，但它甚至比链式变化更常见。例如，在16世纪的英国，meat与mate同音；但到了17世纪，meat的发音变成了meet，说明二者在发音上合并了。尽管由于合并过于常见，乍看之下又过于简单而受到研究者的长期忽视，但它也和链式变化一样有自己的规则。拉波夫提出：

合并是不可逆的，一旦合并就会一直保持合并；合并的增加以降低区分度为代价；合并来自于语音上的相似性、标准语言影响下的逐字传递和音位扩展。这些因素可能同时起作用。

与合并不同，分化是可逆的，实际上分化的逆反就是合并。

在《语言演变原理：内部因素》一书的开头，拉波夫就提到"语言的不变比变化更难以解释"。为什么一些元音合并了，而另一些没有呢？对此，拉波夫又指出了五个影响合并是否发生的因素：

（1）不同的音位有不同的表义职能，合并必然会导致同音词的增加。因此，合并不是无限制的。

（2）语音维度上能做出区分的参数数目，即开口度、圆唇度、高度等。

（3）对立词之间有多少音位上的差异可供区别。有多组音位差异的显然比只靠一组音位差异区分的更稳定。

（4）造成词的差异的音位本身可识别度不同。单独依赖长度很难来保持音位的区别，发音位置不同或是鼻音上的不同比较容易保持。也就是说，只有长度上不同的元音更容易合并。

（5）音素变化路径的限制。

上文在讨论链式变化和合并分裂时反复提到"辨别语义"和"传递信息"，我们自然会想到，链式变化和合并分裂是否与语用有关？是否受到了语言外部力量的影响？在这个问题上拉波夫赞同新语法学派的观点，认为"音变不以交际需要为转移"。他通过调查发现，音变并不是向表义的最大化变化，说明音变与意义无关，语音变化有自己的机制而且由音素决定。

2.2.3 影响语言变异的社会因素

与语言变量相对，影响语言变异的社会因素称为社会变量（social variable），社会语言学所要研究的就是语言变量与社会变量之间的关系。社会变量包括性别、年龄、社会阶层、身份、参与者、场景、话题等，涉及说话者自身的社会特征及言语环境两个方面，由这两个方面产生的语言变异分别属于个体之间的变异与个体内部的变异。

1. 性别

性别（gender）是一个社会建构问题，涵盖了男性和女性在心理、社会和文化层面上的不同。社会语言学关于语言和性别的研究始于19世纪70年代早期，着重研究的两个领域为：语音平面上的男女语言行为的差异和男女交谈中的语言风格差异。

在语音上，女性比男性更具有性别角色的自我意识。社会语言学家特鲁吉尔（Peter Trudgill）曾用"自我评测方法（self-evaluation test）"研究男性和女性对标准音的语言态度有无差异。他把12个具有不同读音的词一一读给男女受试者听，例如 tune 的元音有标准的 [ju:] 和非标准的 [u:] 两种读音，然后要求受试者在一张表格上标明自己最贴近哪一种音，再将自评的结果和预先录制的实际读音相比较。结果发现女性更喜欢把自己的读音说成比实际情况好，即乐意向标准音靠拢，而男性恰好相反。特鲁吉尔的调查结果如下表所示：

表 1 对英语标准音语言态度的性别差异（%）

	总数	男性	女性
自报偏高	13	0	29
自报偏低	7	6	7
自报准确	80	94	64

不同的社会制度、文化传统、风俗习惯、经济发展水平，都会影响到语言性别差异的存在或程度。在我国，越是比较落后、闭塞和不发达的地区，越是可能出现语言的性别差异；反之，性别差异就不那么明显。另外，性别因素并非单一作用于语言而产生变异现象，必然会同时受到其他社会因素的影响。在进行性别与语言的关系研究时，有些问题的答案是相当复杂的，不过已有研究

发现了一些可循的共同规律,表现如下:a)无论在哪个社会阶层,男性比女性会使用更多的方言;b)所有的社会群体中,女性对于语言的规范和标准更加敏感和积极,女性会更多地使用标准语,而男性则会更多地使用本地语;c)在语言风格方面,女性说话比较注意情感表达、措辞、语气和语调。例如在语气方面,女性较多地使用委婉、柔顺的语气,而男性则相反。我国的黎锦熙先生曾研究过"北京的女国音"现象,即有文化的女性青少年通常会把声母 [tɕ tɕh ɕ] 的发音部位往前移,发成一种近似于 [ts tsh s] 的声母,如把"尖 tɕiɛn^{55}"字读成 tsiɛn^{55},"鲜 ɕiɛn^{55}"字读成 siɛn^{55}。在粤方言区,女性说话多用句末语气词 jek 或 je。

2. 年龄

调查、记录和比较语言的年龄差异是研究语言微观演变的极其重要的途径,它能为语音的历史演变、词汇更迭、语法成分和结构的兴替,提供活的证据,并且能为语言规划提供依据。需要注意的是,并不是语言中存在的所有年龄差异都与语言演变相关,需要区别年龄级差与正在进行中的变化。先来看年龄级差。一方面,不同年龄段说话人的语言能力会有所不同;另一方面,在某个特定的言语社团中,对不同年龄层的说话人会有不同的言语准则。由这两方面的原因所造成的年龄差异,都不反映正在进行中的语言变化,属于年龄级差的现象。例如,一两岁的幼童常把双音节的词发成单音节词的重复,"帽子"说成"帽帽","袜子"说成"袜袜"等,这种"儿语"现象到了四五岁之后就消失了,这种变异不属于正在进行中的语言变化。

在语言的年龄差异中,只有那些正在进行中的变化才与语言的历时演变密切相关。年龄层次可分为老年、中年、青少年等,一般是通过对老年人和青少年口语特点的比较,来观察方言的年龄差异。在年龄差异比较中,中老年人称为老派,青少年成为新派,中年人的方言特征往往在老派和新派之间游移不定。总的来说,老派方言的特点是保守、稳定,而新派方言的特点是有较多新生的方言成分。具体而言,老派、新派方言之间的差异表现在语音、词汇、句法成分等方面,主要是词汇。以词汇成分为例。相关研究发现,由于教育水平的不断提高和公共传播媒介的强有力的影响,各地新派方言有越来越靠拢普通话或书面语的趋势。下面的新老派上海话词汇比较表反映了新派词汇向书面语演变的趋势。

表 2　上海话老派和新派词汇比较表

	1	2	3	4	5	6	7	8
	虹	地震	水泥	钞票	邮递员	罐头	印章	下雨了
老派	鲎	地动	水门汀	铜钿	邮差	听头	戳子	落雨哉
新派	彩虹	地震	水泥	钞票	邮递员	罐头	印章	落雨勒

* 表中"水门汀"（cement）、"听头"（tin）、"戳子"（chop）是英语来源的外来词。

新老派方言的差异还会反映在语音成分或语音系统方面。例如，香港粤语中鼻音声母 /n/ 和边音声母 /l/ 本是可以互读的音位变体，但今天的新派已将两者统读为 /l/，如"奶"仅有 /lai/ 一读，而老派仍有 /lai/ 和 /nai/ 两读。

年龄因素对语言变异的影响不是单一的，同时还会受到其他各种社会因素的影响，这些因素包括性别、家庭地位、雇佣关系、社会关系、居住地、参与的社团及社会活动等。例如，语言年龄差异的大小往往因时因地而异。在生活节奏较快、趋新心理较强的大城市，年龄差异较农村地区大一些；在社会变革剧烈的年代，年龄差异也会大一些。

3. 职业

由于职业或行业的不同而形成的语言变体通常称为"行话"（work place jargon）。行话可以分成两类，一类是没有保密性质的职业用语，例如戏剧界的行业语。有些产生于京剧界的行业语已经进入书面语，如"客串、票友、下海、亮相、扮相、打出手、打圆场"等；有些地方戏曲的行业语仍带有方言色彩，如"路头戏（随编随演的小戏）、册板（打出节奏的鼓板）、行头（戏装）、的笃班（越剧戏班）"等。另一类是对非本行业的人保密的，即秘密语或隐语。各地秘密语的种类多样、名称繁杂。如山西省理发社群的行业语对外保密，有"扇苗儿——电烫、水鱼儿——刮胡子用的小刀子、水条——湿毛巾、隔山照——镜子"等。黑社会的行话都是秘密语。

行话自有语音特点的不多见，大概只有戏剧界和曲艺界的行话有些明显的语音特点。如沪剧咬字分尖团，但今天的上海话已不分尖团；苏州评弹分 [ts- tsh- s-] 声母和 [tʂ- tʂh- ʂ-] 声母，但今天的苏州话已将两类声母合并。戏剧界和曲艺界的语音特点实际上是老派方言或旧时代方言语音特点的遗存，所以对于这些行话的分析研究也有助于了解方言的历史演变过程。

从社会语言学关于语言变体的定义出发，我们将行话归入社会方言之内。不过，行话这种社会方言和地域方言往往很难划分清楚，有些在今天看来好似地域方言的语言变体，却是历史上某个行业语言变体发展演变的结果。某些研究发现，某个地域方言在特定的历史条件下，可能转化为某个特殊集团的社会方言；而随着历史的变迁，该特殊社会集团会逐渐消失，同时该社会方言由于受到周围其他方言和语言的影响而变得和原来的地域方言也不同了，于是，它就变成了一种新的地域方言。由此看来，地域方言和某些社会方言是很难划清界限的。

4. 社会阶层

社会阶层（social class）指的是按照人们的社会声望、经济状况和文化程度等因素来划分的不同集团，不同的社会阶层在使用语言上存在着明显的差异。例如，银行经理的说话方式不同于办公室普通职员的说话方式，律师的谈话也绝不会和窃贼的说话方式一样。社会阶层由社会地位所决定，而一般来说，社会地位的高低主要取决于一个人的经济收入。

以拉波夫的相关研究为例。他在研究纽约市下东区各阶层的语言变异情况时，将研究对象按照文化程度、职业和家庭收入三个标准，划分成四个阶层：a）下层：这个阶层的人多数是小学毕业或者没受过正规教育，都是些体力劳动者，常入不敷出；b）劳工阶层：他们中有人受过一些高等教育，或是蓝领工人，有足够的钱支付诸如汽车等类的消费；c）中下阶层：他们是那些大学毕业生、半职业化人员或公司白领，能够支付下一代上大学的费用；d）上等阶层：他们是接受过良好教育的专业人员或经商人员。在拉波夫的研究中，并没有包括社会的上等阶层。其研究结果表明，在纽约市很少有人在各种场合一成不变地总是将元音后的 [r] 音发出来，另外也很少有讲话中完全不出现这种卷舌音的人。也就是说，语音上的差异并非指的是某个音是否存在，而是指这个音出现频率的高低。一般来说，社会经济地位越高的阶层，讲话中 [r] 卷舌音的比率就越高；同时无论是何种社会阶层，在越正规的场合，他们的发音中 [r] 卷舌音现象出现的比率就越高。

特鲁吉尔也做过相关研究。他在英格兰挪利奇市（Norwich）研究语言变异的时候，将研究对象分成了五个社会阶层，即中等阶层、中下阶层、上等工人阶层、中等工人阶层和下等工人阶层。他抽取了 60 位挪利奇讲话人的随机样本，研究了 16 个语音变项在这些人中的分布情况，结果表明这些语言变异基本上表现出与社会阶层相关的分层分布。如预料中的一样，较高阶层的变异指数，比较接近社会公认的标准。此项研究还发现了一项重要的社会语言现象，即"隐威信"（covert prestige）。"隐威信"主要发生在较高阶层的男性讲话人身上，他们过高地自估使用非标准变式的情况，原因是受到本地工人阶级发音的"隐威信"的吸引，这种"隐威信"代表着强悍粗犷的男子汉气魄。

5. 身份

身份（status）是个较广义的概念，其内涵涉及谈话人的年龄、职业、受教育程度、家庭收入、社会阶层等诸方面。因此，谈及身份因素对语言变异的影响时，需要综合考虑以上几方面因素。Cook（1989）指出："在正式场合下，谈话者的身份将明显赋予交谈者以特殊的权力。即便在会话这种较随意的语境中，要使交谈者完全忽视交谈人之间的身份关系也往往是不可能的。"例如，就师生而言，即便是师生同桌就餐闲聊，学生也往往处于洗耳恭听的地位。因此，身份是说话者自身综合社会特征的反映，不可避免地影响着语言的变异现象。

6. 地域

即使是在同一通用语的区域内，不同地区的人群有不同的发音特点。拉波夫曾对纽约市和费城市做过"a"发音的研究，调查两地居民在发 mad、bad、glad 中 d 之前的 a 和所有其他 d 之后的 a 时，发音的紧张度是否与擦音和 /s/ 之前的 a 一致。结果表明，费城市的居民在发这两组音时并没有明显差异，而纽约市的居民发 /s/ 前的 a 时，紧张率几乎等同于其他擦音前的 a；但在发 d 之后的 a 时，紧张率降到 50% 以下，只有 mad、bad、glad 中的紧张率堪堪维持在 50%。如果让纽约市的居民去学习费城市的发音特点，那么对他们来说，不在 /s/ 前发紧张度过高的 a 的难度等同于学习 cash、dash、smash 这些发 a 音时不用紧张的词。

这一点在汉语里体现得更明显，各地方言不止在语音上相去甚远，在词汇上也各具特色。中国有七大方言区，各方言下又有次方言和方言分支。方言之间彼此有差别，甚至无法互相沟通，但在语音、词汇、语法上又有相似之处，也认同自己讲的是"汉语"。我们可以说，这些方言就是汉语的地域变体。

不同方言区人的交往及人口的迁徙是引起语言变异的一个重要诱因，人们所说的每一种方言及共同语（包括其变体）都是各自成体系的子系统。不同地区人们交往必然使一部分人要掌握其他语言或方言。对大多数掌握多种语言子系统的人来说，头脑里的不同语言子系统会相互干扰。一方面其他语言子系统可能会受自己母语子系统的影响，或多或少会带有自己母语方言的某些特征；另一方面其母语方言也多少会受其他语言子系统的影响。这些受了别的语言子系统影响的子系统就是异质的，当地人说的话中带进别的语言子系统的成分就可能引起母语子系统的变异。例如，中国城市青年越来越多的人会说普通话，他们说普通话时多少会带有自己方言的成分，说方言时也多少带有普通话成分，这样其方言就产生了变异。

丰富的汉语方言是研究语言地域变体的绝好材料。以往地理方言学者认为语言的变化缺乏整体的规律，"每一个词都有自己的演变轨迹"，但对方言的研究越来越多地表明，方言恰恰是佐证语言"规律性"的有力工具，方言语音的演变符合链式变化和合并分化的一般原则。

7. 参与者

参与者（participant）也是影响语言变异的重要因素，这里的参与者主要是指交谈对象。在一定的语境中，由于交谈对象的不同，具体的交谈方式也会有所不同。比如，成年人只有在对幼童讲话时，才会使用"儿语"的说话方式，正常的"抱宝宝上街去买一顶帽子"会说成"抱宝宝，上街街，买帽帽"。又如另一个常见的变异现象，即北京话中第二人称代词的变异。交谈对象是年长者或上级领导时会用"您"，否则的话就要看交谈双方之间的熟悉程度，对熟人可以使用"你"，对生人则常常使用"您"。

这方面的调查有时会发现一些很有趣的现象。北京市城区一些工农家庭出身的男青年，他们称呼与自己父母年岁相近的男女时，多使用"大爷、大妈，大叔、大婶"，但是对女朋友的父母，则常常使用"伯父、伯母，叔叔、婶婶"这样的称呼。一般而言，体力劳动者会更常使用"大爷、大妈，大叔、大婶"之类的称呼，而脑力劳动者则相反。由此可见，那些受调查的男青年，之所以在称呼女朋友父母时存在语言变异现象，是为了有意显示自己的涵养。

参与者因素主要指的是参与者之间的关系，所以在考虑交谈对象的时候，实际上考虑的是交谈对象与说话人之间的关系。罗杰·布朗（Roger Brown）与吉尔曼（Albert Gilman）曾经研究过交谈者之间的关系。两位学者在研究印欧语中第二人称代词的变异形式时，提出了权势关系（power）和一致关系（solidarity）这两个术语。前者指的是交谈者之间存在的一种不平等的关系，一方处于权势较高的地位，另一方处于权势较低的地位；后者指的是双方处于平等的地位。他们认为，当交谈双方具有权势关系时，权势低的一方用V式（相当于北京话中的"您"），权势高的一方用T式（相当于北京话中的"你"），这种称呼形式是单向的、不能互换的。当交谈双方具有一致关系时，双方都使用T式，这种形式是互换的。权势关系和一致关系都有固定和临时之分，临时关系是由某些具体条件临时造成的，而不是由交谈者所具有的比较持久的社会特征所形成的。由此可见，参与者因素对语言变异的影响也不是单一的，同时会受到其他各种因素的影响。

8. 话题

话题（topic）指的是交流的参与者在谈论什么。交谈的话题是又一个影响语言变异的因素。显而易见的例子，谈论学术问题和日常聊天的语言是不同的。话题可分为正式性与非正式性两类，前者如谈论工作、学习、课堂教学、会议发言等，后者如闲谈、寒暄等。话题因素可以影响语言使用者的用词风格、语言选择等方面。

在双语社会中，话题对语言变异的影响更为明显。以某相关研究为例，该项研究所要调查的是绍兴人使用普通话和绍兴话的情况。首先将交际场合分为家庭、工作或学习单位以及公共场所三类，其次把交际对象分为本地人和外地人两种。从研究结果可明显地看出交际对象、交际场合对语言变异的影响。但与此同时，有一些绍兴人，无论是对外地人还是本地人，也无论是处于什么场合，都同时兼用绍兴话和普通话。这种现象就需要从交谈话题中寻求答案。调查发现，在同本地人的交往过程中，谈论非正式性话题时使用绍兴话，而在谈论正式性话题时使用普通话。当然，谈论话题的正式性越强，使用普通话的比例也越高。另一项相关研究所调查的是新加坡华人的双语使用情况。调查结果显示：谈论工作、学习一类的事，使用英语的比例较大；谈论私事时，则使用华语或方言的较多。

9. 场景

场景（setting）指的是交谈者谈话时所处的交流地点或社会环境，简言之，场景指的是他们在哪里交谈。场景是语言变异的重要影响因素，它不仅影响语体形式，而且影响谈话者的发话量、交流目的（信息性、社会性）以及交流功能等。场景因素大致分为语篇语境与交际语境两类。语篇语境主要由语言的、同一文本的上下文构成；交际语境指的是语言交流的社会背景，涉及文化与社会等因素。

总之，社会因素的复杂多变必然导致各种语言变异现象的存在，语言的变异是绝对的。影响语言变异的社会因素既包括与说话者自身社会属性相关的因素，如性别、年龄、职业、阶层、身份等，又包括与交际环境相关的因素，如参与者、话题、场景等。这些因素对语言变异的影响都不是单一的，而是各种因素相互结合共同作用于语言变异。不过，各种因素在影响语言变异的过程中会有各自不同的突出表现。例如，身份因素会影响交谈者的发话量；参与者因素通常与言语的省略现象相关；话题因素主要影响用词风格；场景因素主要影响言语形式（正式或非正式）。

10. 城市化

相比乡村，城市的生活节奏要快得多，方言的变化速度也更快。由于乡村方言变化具有滞后性，我们可以从乡村方言的现状考察城区以往的方言的面貌。当然，乡村方言不是一成不变的，城市方言的变化会影响到周边地区方言的变化。随着城市化的不断推进，已经发生变化的方言影响范围随之扩大，郊区方言不断向市区靠拢。比如粤语阴平调原有高平 55 和高降 53 两个调值变体，现今香港和广州城里只剩下高平调，但高降调仍旧保存在远离市区的乡下方言里。随着城市化水平的不断提高，广州周边地区的方言也受到影响，出现逐渐减少使用高降调的趋势。

城市化另一方面还带来了移民热潮。大量来自全国各地、说着不同方言移民的到来造成广泛的语言接触，这势必会在社会语言的使用上带来新的变化。普通话作为在全国范围内推广的官方标准语，对于大部分移民来说是他们在新城市的主要交流工具，同时也是本地居民与移民交流的桥梁。因此在语言使用过程中，普通话最有可能作为通过变异以表达新移民对移居环境认同的工具。根据雷红波（2008）的调查，上海移民的普通话出现了地方化特色，这种地方化的变异有多重实现形式：与移民原有家乡口音结合、与上海普通话以及上海话的高变体地方特征结合、与其他地方口音结合、与超地方性的口音结合等。其中与上海方言特征结合的本土化模式特色最强、影响最大，比如词汇上借用上海话特有的词汇"腌笃鲜（一种本地菜肴）""草头（指豆苗）""十三点（形容人傻）"，语法上借用程度副词"蛮（挺、相当）""老……个/额（很、非常）""穷（非常，一个劲，很）"，等等。

11. 社会网络

"社会网络"（social network）是以米尔罗伊为代表的学者针对拉波夫的

"社会阶层"因素提出的概念,但他们认为这两个概念不是相互对立的,而是相互联系的,前者是微观的,后者是宏观的。在他们看来,"阶层"的概念过于抽象,很难应用到实地调查中去,但阶层差异往往可以反映到社会网络的差异上来,因此更具有操作性。

通俗来说,社会网络是指说话人在日常生活中的社交圈子,组成他的社会网络的很可能有他的家人、朋友、同事、邻居、自身所在的民间组织的其他成员等。社会网络很大程度上影响着一个人的语言行为和语言演变,对于儿童尤其如此。即使在大众传媒非常发达的当代社会,社会网络的影响力也是不容低估的。

密度(density)和复合度(multiplexity)是社会网络分析的重要概念。"密度"是指网络成员之间的实际联系数与全部可能联系数的比率。"复合度"是指网络成员之间的角色是单一的还是多重的。单一的例如双方互为邻居,或互为同事,或互为朋友。多重的例如双方既是亲戚,又是同事,又是邻居等。密度和复合度共同构成"网络强度尺"(Network Strength Scale,简称NSS)来计算个人在网络中的地位及他所在的社会网络与其语言特征之间的关系。计算涉及以下五项:1. 是否属于区域性高密度网络;2. 是否有很多亲属居住在同一地区;3. 是否与两个以上的邻居在同一单位工作;4. 是否与两个以上同样性别的邻居在同一单位工作;5. 是否属于同事间组成的以娱乐为目的的社会团体。

社会网络越复杂,以某个核心人物为中心产生的语言变体就越容易在这个网络中传播和巩固。社会网络关系可以用以下几幅示意图来说明。

图1中的说话人A是这个网络的核心人物,可能是一个小老板,其余四人可能是员工,因此常与他说话,而相互之间没有说话的机会,那么五人的语言特征会与A一致,从而形成某种语言变体。

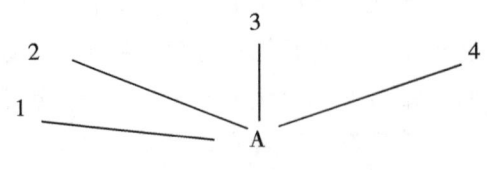

图1 社会网络示意图

图2中的说话人A仍然是这个网络的中心人物,其余四人常与他说话,而说话人1和2互相有机会交谈,2和3互相有机会交谈,3和4也有机会交谈。但是1和3、2和4之间没有交谈的机会,那么以A为中心形成的语言变体比

图 1 的情况会更容易传播和巩固。

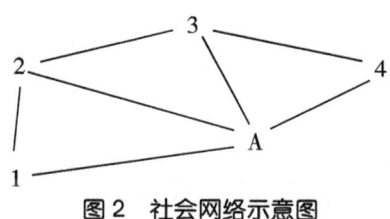

图 2　社会网络示意图

图 3 的网络比图 2 更为复杂，即说话人 1 和 3 不仅是同事，还是亲戚，因此经常谈话，而说话人 2 和 4 不仅是同事，还是好朋友，因此也经常谈话，1 和 4 也是如此，所以整个网络因为有一定的复合度，结合得更加紧密。那么以 A 为中心形成的语言变体比图 2 的情况会更容易传播和巩固。

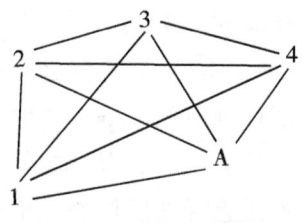

图 3　社会网络示意图

一个社会网络可以与别的网络没有语言来往，或来往不多，也可以产生很密切的来往。如果两个网络的说话人有机会互相交谈，那么这两个网络的语言变体也可能互相影响，而变得一致。图 4 一层区里的说话人 3 和二层区里的核心人物有说话机会，所以一层区和二层区的语言变体会相互产生影响。语言变体通过网络进行扩散，与时尚、传染病等通过人际交往扩散相似。

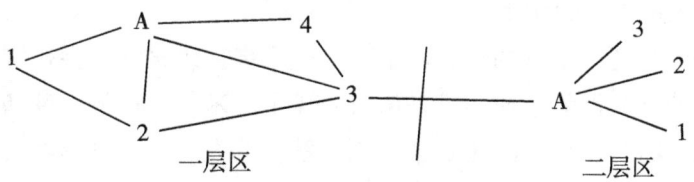

图 4　社会网络示意图

米尔罗伊通过一系列统计分析，发现爱尔兰贝尔法斯地区说话人的社会网络强度与其土语使用率呈正相关，即社会网络强度越高，土音的比重越大，如下图所示：

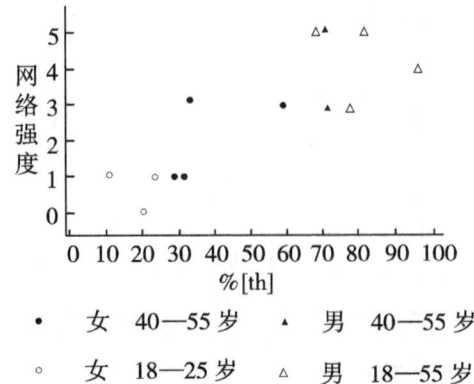

图 5　爱尔兰贝尔法斯地区男女说话者 [th] 的发音与其网络强度对比图

上图显示了元音间齿辅音 [th] 省略的程度，社会网络强度越高（即网络密度和复合度越高），[th] 音的省略率就越高。

所谓的变异，是指变体（variants）与规范之间存在差异，因此对语言变异的研究某种程度上意味着对语言规范的承认。要解释清楚这种现象，我们首先要理清土语规范与标准语规范的不同。后者的规范和维护是自上而下的，有学校、新闻媒介等各种社会机构或途径加以传播和维护，但土语被认为是非正式的，甚至是不正确的语言，自然没有这种自上而下的维护。土语得以一代一代地传承和被使用，依赖于土语使用群体内部的主动维护。比如在极个别的言语共同体中，若有成员不讲土语而偏要讲标准语，会遭到其他成员的歧视，甚至迟早会被排挤出当地群体，由此一个言语共同体中产生了两种不同规范之间的矛盾。密度和复合度高的社会网络，即相对更封闭的社会网络，对其成员会形成一种压力，要求他们保持当地土语的特征。因此，密度和复合度高的社会网络可以起到维护土语的作用。

既然密度和复合度高的社会网络可以成为维护语言的社会机制，那么密度和复合度低的社会网络就应当推动语言变异了。米尔罗伊将密度和复合度低的网络简称为"弱"联系（weak ties）。随着社会的发展，尤其是经济的发展，人们所需要建立的社会关系日益增多，但关系的增多并不意味着关系网络复合度变高，跑买卖做生意的商人是很好的例子，他们因为职业所需建立起广泛的社会网络，但他们的朋友并不很多，能与他们共享物质上和精神上的苦乐的只有一小部分人（比如亲属和好朋友）。然而商人的信息比一般人要快而多，常常可以跟上，甚至领导社会潮流的发展。他们的信息是通过"弱"联系传播的，接触的人多了，学到的新花样也多。他们渐渐知道在什么场合该如何做，对不同的商人、顾客和自己的朋友、家人自然就使用不同的交际方式。他们的行为多样化了，出现了与其原初行为规范不同的新形式，这是社会行为变化的起点，也是语言变化的起点。当然我们知道，有些新的变化可以被人接受，从而保留下来，有些则很快就消失了，不再流行。要想保留，就必须有一伙人一直有意识地维护它，这伙人必须经常往来，相互监督，这就又回到密集型的网络上来了。简单地说，"强"联系维护语言，"弱"联系改变语言。有时哪怕接触一次，也会受到对方的影响而改变自己的行为。有时甚至无须直接接触，而是间接听别人说起也会引起新的变化。

12. 民族

语言与民族有着非常密切的关联。按理说，民族因素应该在语言变异中发挥重要的作用，但事实并非如此。社会语言学研究纽约、费城、波士顿以及其他美国北部城市语言变化的社会影响因素时，都发现说话者的民族背景以及移民前所使用的语言在其中发挥的作用是非常小的。在纽约，除非裔美籍外的所有移民群体，都会将低音 /æh/ 和 /oh/ 发得比较高，其中意大利裔移民会明显地把 /æh/ 发得很高，犹太裔移民则喜欢把 /oh/ 发得比较高。这些语言变体并没有像预设的那样，出现在第二代移民所使用的英语中。这是因为从第二代移民开始，他们已经成为当地土生土长的一代，会有意识地避免继承父辈这些显而易见的口音，从而更好地融入当地的语言环境。（Labov，2001）因此，民族因素对语言变异的影响仅限于第一代移民，作用十分有限。

2.2 语言变体的形式

语言变体是社会语言学研究的重要内容，是一种语言在社会不同群体内部传播交流的过程中发生变异所产生的现象，同地域环境、社会关系、职业分工等都有密切的关系。对语言变体的研究是从动态的、现实的角度来认识我们使用的语言。

2.2.1 语言变体概述

自 1964 年美国社会学家和语言学家在一项研讨会上正式提出并公认了"社会语言学"这一名称之后，社会语言学者便开始引入"语言变体"的研究。这一研究内容突破了传统语言学对语言进行的静态、模式化的单纯描写性分析与研究，而是将语言置入社会环境之中，联系各种社会因素的影响来研究语言中所产生的变异现象。这使得语言学研究进一步走入现实生活层面，加深人们对语言与社会的了解与认识。而所谓"语言变体"，是指"按照不同的社会阶层、职业、年龄和语体特征而产生的语言变异，形成各种性质的语言变体，在复杂生活中有条不紊地发挥着各自的功能"。（华尔赓，1996）从这个角度来看，不同的社会群体在语言交流过程中，由于群体特征与交流需要的不同，导致不同群体内部在交际中发生了语言变异。由于同一社团内部语言的稳定性强、不同社团间语言的流动性弱，这些变异逐渐固化，形成了不同的语言变体，在不同的语言社团中发挥着各自的作用。

高名凯在《语言论》一书中指出："语言的分化事实上就是语言变体。"这种语言变体叫作"方言"。他指出："语言变体为数甚多，可将其归纳为三大类，即语言的'地方变体'、语言的'社团变体'和语言的'言语变体'。"这一分类基本可以概括语言变体的几种类型。

语言的"地方变体"指的是在历史变迁和地域分化过程中形成的民族语言的地方变体，也就是我们平时所说的"方言"或者"地域方言"。在古代交通不发达的条件下，由于人口数量的突然增长以及疆域的日益扩大，或者由于社会中部分居民的大规模迁徙，都会导致一个社会出现不同地域范围内经济政治相对独立和交际上的不均匀。因此一个地区内发生的语言变化很难传播到其他地区去，使得各地区的语言共同点不断减少、各自的特点不断增加，形成同一语言在不同地域上的变体。这些地域方言变体在语法、语音、词汇层面可能都存在着较大的差别。

语言的"社团变体"的产生，则是由于社会中的各个群体因为年龄、性别、文化程度、社会职业、经济状况等的不同而形成了不同的社会集团，进而在社会团体内部的交流中发生了语言的变体。这种语言变体也叫作"社团方言"或"社会方言"。各个社团的语言是在全民语言的基础上产生的具有社团特点的语言变体，其主要特点在于创新本社团所专用的词汇成员，或者将共同语中的词汇加以改变。不同性质的语言社团形成了不同的社团方言，如行业语、隐语、宗教用语等。社团方言的特点在语音、词汇、语法等方面都可能体现，但是其中最主要的变异体现在词汇系统上，这与不同行业、阶层、性别等社团在语言交流过程中由于交流需要而各有自己的一些特殊词语有关。

语言的"言语变体"即"言语方言"，是在具体的语言运用过程中形成的语言变体，也就是上文所提到的语言的"功能变体"。这种语言变体的产生同语言使用的场合、环境息息相关。有时为了适应一定的语言交流环境，说话者会运用到部分固定的词汇成员、语法成分、表达手段等，这些就构成了"言语方言"的系统。也就是说"言语方言"指的是在某一语言环境或是某种作品题材中使用的言语风格和言语表达手段的系统，包括语音、词汇、语法、修辞等诸多方面。高名凯先生所说的"言语变体"同语言学中所说的"语体"（如公文语体、文艺语体等）有很大的关联。

通过语言变体的定义、形成与分类，可以看到，语言变体是鲜活地存在于现实的语言交流活动之中的，根据使用环境的不同有着不同的类别。对语言变体的研究就是对语言在实际生活中使用的研究，能够帮助人们进一步了解语言生态。总之，社会语言学的研究离不开对使用不同语言和语言变体人群的划分。

2.2.2 语言与性别

上文提到，性别作为一种社会分类方式，对于人们的语言使用会产生一定的影响。男性和女性由于在生理结构、社会期待、行为规范等方面存在的不同，导致在语言使用上体现出一定的性别差异。当然，这一差异并不是绝对分离的，只是一个度和倾向的问题。

有关语言的性别变体早在1966年就引起了社会语言学家拉波夫的关注。他通过对纽约女性营业员的言语实地研究发现，女营业员在工作中进行交流时更倾向于发出声望较高的谓语元音后的 –r 音。而莱考夫则在 *Language and Woman's Place* 一书中详细地论述了语言在性别上表现出的诸多差异：女性在交际中更多地使用表达模糊概念的短语，例如"sort of""kind of""it seems like"等；女性更倾向于间接地表达请求，例如女性更倾向于用"Wow I'm so thirsty."委婉表达想要一杯水的实际需求。实际上语言的性别差异在语音、词汇、语法和语言表达等方面都有一定的表现，形成了语言的性别变体。上文对语言在性别上的差异已经做了简要的介绍，下文将从语音、词汇等角度进行说明。

1. 语音差异

语音上表现出的差异首先同生理结构有关。男性与女性的发音器官是存在天然差别的，女性的声带短，发出的声音尖而高，成年女性在说话时的频率一般是300—400赫兹。而男性的声带长，发出的声音低沉浑厚，成年男性在说话时的一般频率为160—200赫兹。这使得女性在发音时会给人声音尖锐的感觉，在音高上会比男性的发音更高。在语流中，女性在说话时语调变化比较丰富，表达更富情感。如"今天真开心啊！""这个歌手真的唱得太好听了！"而男性在语言表达中更容易使用降调，语调变化较少，情感表达相对单一。

语音上的另一个差异表现在音质上的不同。早在20世纪20年代，就有学者发现北京的一些女子中学学生在发舌面音 /j/、/q/、/x/ 时发生了团音尖化的现象，舌位偏前，最终发音类似舌面前音 /z/、/c/、/s/，这种现象也被称作"女国音"。20世纪80年代语言学者对"女国音"现象的进一步调查发现这一现象仍然存在，但只存在于年轻女性间，中老年妇女及各个年龄的男性中没有这样的现象。与之相对的是北京的青少年男性在一般场合的发音会较为含糊、轻声音节增多；在多音节词中如果第二个音节是舌尖后音 /zh/、/ch/、/sh/，则会把整个音节发成卷舌音 /er/，例如将"保证"说成"保 er"，"工程师"说成"工 er 师"。这种现象反映出女性在发音时可能更加用力，发音"过头"；而男性在发音时更为随意，追求省力、简化音节。

这一现象在其他语言中也有出现。英国语言学家特鲁吉尔对诺里奇市的英语后缀 –ing 以及音素 /t/、/h/ 的发音情况进行了调查。调查发现男性更容易将 –ing 发成 [in] 而不是 [iŋ]；音素 /t/、/h/ 在发音时更容易脱落，如把 butter 读成 [bʌə]，hammer 读成 [æmə]。而在女性被调查者中则没有这种现象出现。这表明相较于男性而言，女性更倾向于使用标准语音，而男性在语音上更容易发生简化现象。

2. 词汇差异

性别变体的词汇差异主要表现在不同性别在日常交流中选用词汇的不同。同语音上的差异相比，在词汇使用上的差异更加明显，这是由社交话题和行为习惯的不同造成的。总的来说，女性在交际时使用的词汇要比男性更加丰富、对事物的描述能力更强。

在词类的选择上，女性在交流中多用形容词、副词和语气词，男性则相对更少使用这几类词语。在英语国家中，wonderful、lovely、gorgeous、charming 等形容词在女性间的使用频率较高，而男性则更倾向于使用相对平淡的 very、good、utterly 等。在汉语中，用来表达程度的"十分""太""真是""非常"等也是在女性中使用的频率更高。汉语中还有十分丰富的语气词，用来表达各种情感，如用在句尾的"吧""呢""啊""呗""的啦""呦"等。曹志赟（1987）通过对口述实录文学《北京人》中语气词的使用频率的研究发现，女性在疑问句和祈使句中使用"啊""吧""吗""呢"等语气词的频率远高于男性。在疑问句中的平均句次比为72%：33%，在祈使句中则为48%：28.5%。这说明女性在交际中更喜欢使用形容词、副词和语气词来更好地表达自己的感受，同一般认知中女性的情感相对于男性更加细腻、更能够表现自己的情感态度是相符的。

在对事物的描述上，女性也更有能力选用合适的词汇进行精准描述。比如女性能够更准确地描述色彩，在女性语言中常出现描述色彩的词语。在汉语中，女性会使用暖杏色、橄榄绿、朱砂色来描述颜色，而男性则只会使用黄色、绿色、红色等基础颜色词进行描述。加拿大语言学教授Kokeid曾对约克大学的学生进行调查，将一块有20种颜色组成的颜色板挂在黑板上，让学生写出颜色名称。实验结果显示女学生能够写出所有颜色的71%，而男学生只能写出其中的46%。Lakoff提到，英语中某些颜色词如"beige（米色）、lavender（浅紫色）、mauve（紫红色）"是女性专用的，如果不是从事艺术相关行业的男性使用这些词则会受到人们的嘲笑。可见精准描述颜色的词语是更倾向于出现在女性的语言中的，这同女性在衣着、化妆等方面的多样化需求有一定关系。

禁忌语、俚语等非标准、表达含义多含侮辱义的词汇则是男性语言的传统强势部分，女性一般会比较避免使用这类语言，更倾向于使用委婉、文雅的词汇来表达。

3. 语法差异

语言的性别变体在语法上的差异主要是在句型的选择与运用上。上文也提到，女性在语言表达中更倾向于选择模糊概念的短语、采用间接的方式表达请求。在句型的选择上也能表现出这样的特点。

语言学家在分析了大量的语言材料后发现，女性更容易使用反问句。在语言表达上，反问句能够起到征求对方意见、表达说话者委婉态度的作用。女性会更频繁地使用这一表达方式，说明她们在语言表达上更倾向于表现出谦和、有礼貌的特征，也表现出她们更倾向于征询他人意见、期待对方的肯定。而男性在表达时更倾向于陈述问句或省略的特殊问句，表达的语气更加肯定，在语言上更加强势。

在祈使句的使用上也表现出明显的性别差异。男性在使用祈使句表达命令、要求时更倾向于使用简洁的句式，如"Give me the book.""Please open the window."而女性使用的祈使句则大多更加委婉，虽然也包含命令、请求的含义，但是会在表达中征求对方的意见，如"Will you open the window?""Will you please give me that book?"这表明女性更倾向于使用非直接、委婉的形式表达祈使句，拉近说话人和听话人之间的心理距离。

同语音上的差异类似，在语法上男性使用不规则的语法句式的情况也多于女性。比如男性有可能说"He walks too slow."或"I done that."而女性则会更加注重语法规则，一般会使用符合语法规范的句子"He walks too slowly.""I have done that."

4.语言表达差异

在语言表达上，性别不同的人也表现出很大的差异。这主要体现在话题选择、话语策略和话语风格几个层面。这同男性与女性在社会中的一般分工、主流印象、生活方式等都有一定的关系。

从话题选择来看，一般情况下女性谈论的话题主要涉及日常生活层面，包括服装、化妆品、休闲娱乐、子女教育、婆媳关系等内容。男性则更倾向于讨论社会层面的国内外政治、社会经济、科学技术、体育竞技等内容。这与男性与女性在传统社会中的分工不同有关。在传统"男主外、女主内"的男女关系中，女性在日常生活中接触到的是家庭内部和邻里之间的琐事，而男性的社交范围更广、社会化程度更高，因此，二者在话题选择上产生了差异。

在话语策略上，男性表现出对话题更强的控制欲。在谈话中，男性较少附和与应答别人的发言，更倾向于坚持自己的谈话内容、时不时打断他人的谈话。而女性则更倾向于跟随话题的流动而进行发言，话题变化较慢。在谈话中，经常用语气词"嗯""啊""是吗?"等附和说话人。在语言表达上，男性也更加直接地表达自己的意见，而女性则更倾向于选择委婉的表达方式，很少直接提出反对意见。

在话语风格上也是类似，女性语言更加温柔优雅，用词委婉妥帖，注重谈话的细节，较少使用粗鄙的词语。而男性语言则相对简单直白，使用粗鄙词语的时候没有太多顾忌，有时甚至以此作为彰显男子气息的标志。

当然，以上提到的差异都是就普遍情况来说的。在实际的交际中，不同的说话人、不同的交际环境都有其独有的特征。而且随着时代的变化，民众素质与知识水平不断提高、不同性别的社会地位进一步平等，这些都使得这种差异在日趋变化。社会语言学是一门"不断变化的语言学"，语言的社会变体也正是如此。

2.2.3 语言与法律

在社会中除了像性别这样由于人的自然属性造成的分异之外，也有许多因为人为社会因素而产生的分异。职业就是人类社会不断发展、分工不断明确后所产生的一种分类体系。由于不同职业的群体在日常交流中有不同的专业词汇、语言规范，且不同职业之间语言体系相对独立、流动性弱，因此语言在不同职业内部也会发生变异，形成语言的职业变体。语言的法律变体就是语言在和法律相关的职业群体中发生变异的结果。作为一个专业门槛较高的行业，法律系统中的工作者在语言交流或是文字工作中都有一套属于行业内部的语言系统。这一语言变体的特异性主要在词汇、语法和言语交际层面上得以体现。

1. 词汇方面

语言的法律变体同相应的社会环境有着紧密的联系，一个社会的政治制度、时代特征、民族观念等都会对法律语言产生影响。基于各种社会条件和需求，语言的法律变体形成了一套内容丰富、自成体系的独立的术语系统。这些专业术语被严格地应用于公、检、法、司、劳教等具有不同工作性质和工作范围的法律系统中。

除了服务于法律系统内部，语言的法律变体也服务于社会大众，面向全体公民，其目的是更好地保障人民的各项权益。因此法律语言的词汇系统虽然自成体系，但是在表达上仍具有很强的通俗性、简明性，能够被全体民众接受、理解。比如法院常用的"原告""被告""起诉"等；公安常用的"嫌疑人""通缉""罪犯"等，都是在法律系统内部运用的词汇，也服务于广大公民，具有通俗、简明的特征。

另一方面，法律语言中的词汇也都具有庄严性、规范性的特征，因为法律语言除了要做到使人准确理解之外，还要显示法律的权威性以及确保实施、判决执行的强制力。只有这样才能够保证法律的意义与效力。

从词类角度来看，根据李振宇（2004）的研究表明，实词在法律文本中的比例最高，达到82.3%，在政论文体中为81.4%，在文艺文体中为72.5%。具体来看，法律文本语气词、叹词、形容词和副词的使用比例比较低，其中所使用的副词一般是表示否定、范围与时间，只占1.5%，远低于政论文体的4.8%。法律文本中的数量词使用也极少，因为文本中基本不用单数形式，量词也主要是物量词。从这一角度来说，法律语言中使用的修饰成分较少，以直接陈述说明为主。这同法律语言简明严谨、立求权威公正有很大关系。

2. 语法方面

语言的法律变体在语法层面最突出的特点在于法律文本中没有感叹句和疑问句，只有陈述句和祈使句，这同法律本身的功用和特征有关。法律文本及交际的主要目的是陈述事实、进行判断，在其中不需要情感态度的表达。在祈使句中，法律文本完全依靠"必须、应当、不得、禁止"等词语来表达命令、要求的祈使语气。这也体现了法律文本内容执行力强、严肃客观的特征。

从复句的逻辑关系来看，法律文本中的解说、转折和递进关系较多。关联词一般使用"但是、并、并且"例如：

"一切危害国家主权、领土完整和安全，分裂国家、颠覆人民民主专政的政权和推翻社会主义制度，破坏社会秩序和经济秩序，侵犯国有财产或者劳动群众集体所有的财产，侵犯公民私人所有的财产，侵犯公民的人身权利、民主权利和其他权利，以及其他危害社会的行为，依照法律应当受刑罚处罚的，都是犯罪，但是情节显著轻微危害不大的，不认为是犯罪。"（《中华人民共和国刑法》第十三条）

在这里解说复句以分总的形式列举属于犯罪的各种情况，转折关系用来说明可以排除刑法处罚的情况。为了说明法律的具体实施条件、实施方法、适用范围等内容，在语言的法律变体中存在许多复句。

可以看到，在语言的法律变体中，语法的选择都是为了法律的严肃性、严密性与可操作性服务的。在语言中选用规则、简明的格式陈述信息，保证信息传达的明晰与语言使用的严肃；选用长句详细解释法条的使用情况与使用原则，确保信息的完整性与准确性。语言的行业变体服务于行业，在变化的过程中也逐渐形成了和行业规范类似的特征。

3. 言语交际

语言的职业变体在言语交际上的变化主要同职业的语言环境有关。法律语言的使用场合主要在法院、检察院、人民政府等立法、司法、执法环节，这些场景都具有审慎、严谨的特征，在这一环境下的言语交际活动也自然要根据这些特征进行调节。在工作场景下，言语交际自然表现出沉稳严肃的特点，语气平缓、没有太多的情感表达，多为客观陈述与祈使命令。在法律从业者之间的交流中，严格遵循合作原则与礼貌原则，确保信息真实有效的传递。在法律从业者与非从业者的交流中，则涉及语言的转换问题。以诉讼为例，上诉人的诉讼语言并不完全符合法律语体的语言标准。将诉讼口语转换为司法文书语体需要经历从"诉讼口语"到"笔录式书面语"再到"司法文书"的过程，才能形成标准的法律语体。这种现象的产生与法律语体专业性强、自成系统的特征是有关系的。虽然这些词汇通俗易懂，但是专业化程度高，在法律行业以外很少用到，对于非从业者来说虽然理解容易但缺乏使用，因此在具体表达时不会形成规范的法律语言，需要相关从业人员在进一步的完善与规范后再记录在册。

总而言之，使用环境的影响与词汇、语法的选择都导致法律语体在言语交际过程中说话人要秉持沉稳、严肃的特点，进行详细地说明与论证。而为了使法律行业以外的人能够使用法律语体，所采用的方法是将口语内容通过笔录、转写的形式规范语言表达，形成标准的法律语体。

2.2.4 语言与医患

同语言的法律变体一样，语言在医患之间也会发生变异，形成社团变体。这两种语言变体都有大量自成体系的专业词汇，但是又存在很大的不同。语言的法律变体主要是在行业内从业人员间传播、使用的，非从业人员在进行法律活动时（如诉讼）的发言需要经过从业人员的整理、完善才能够成为标准的法律语体。而语言在医患之间形成的社团变体则主要是通过医生与患者间交流而形成的，由于两者在专业知识层面上的不对等，在交流过程中需要采用多种手段实现交流目的，因此发生变异，形成一种独特的语言变体。

1. 词汇方面

在语言的医患变体中存在着大量的专业词汇。这些词汇本来是医疗卫生与生命科学领域的专业词汇，但是因为同患者的切身情况息息相关，因此大量地出现在医患语言之中。这些专业词汇包括身体器官词（胆囊、硬脑膜、三叉神经等）、疾病名称（胃溃疡、肝硬化、阿兹海默症等）、医疗工具（核磁、伽马刀、B超等）和药品名称（青霉素、阿司匹林、糠酸莫米松等）。这类词语数量庞大，在医患交流中具有重要作用，能够让患者了解发病部位、病变情况、处置方法及后续治疗等诸多信息。

这些词汇中，有一部分表意相对明确、易于理解。如"肝硬化""胃溃疡""囊肿"等，患者能够通过词汇直接比较清楚地了解到该疾病的部分特征，但是对于有关疾病本身的科学概念、对身体的影响、诊治方法等可能并不明确。另一部分词汇或是音译外来词，或是专业化程度过高，患者难以理解其中的含义，如"伽马刀、阿兹海默症、阿司匹林"等。这些词语则必须要通过医生的说明解读才能够理解。在医患语言的词汇系统中，存在着严重的信息不平等的情况，因此需要医生采用适当的言语策略为患者进行解释，来弥补这样的不平等，解说专业名词的具体含义。

在词汇层面的另一个特点是医患语言变体中存在着大量的模糊用语。以放射科的一个检查报告为例："两侧胸廓对称无畸形，所见肋骨骨质未见异常。两侧肺叶透亮度正常，未见明显实质性病变；两肺纹理清晰，无增粗，变形；两肺门无增大、增浓，边缘清晰；心影形态未见异常，双膈面光整，肋膈角清晰锐利。"①

这里的"对称""无畸形""未见异常""明显""实质性"等词语都是医学中常用的模糊用语。此外还有如：急性—慢性、轻度—重度、早期—中期—晚期、良性—恶性等对应出现的模糊词语，这些词语都具有内涵明确、外延模糊的特点。

王茜（2006）等认为，模糊用语的大量使用同医疗行为的进行过程有着重要的关联。医学诊断是客观检查和医者主体思维共同作用的结果，人的生理和病理现象并不是静止的，而是一个持续的过程。一方面医生的医疗诊断过程实际是在医生提出假说和验证假说的过程中完成的，医学诊断模糊用语是医学主体思维对医学事物认识受限的一种反应，在这种受限中要遵循伦理学原则，那么最恰当的也是科学的用语方法即模糊语言表达。另一方面，医学检验中的正常值本身就是一个模糊的变量，受到患者年龄、性别、身体素质等诸多条件的影响，必须进行综合分析，因人而异，不能采用同一个标准进行。所以从语言学角度来看，这种表达方式是模糊表达法，而从伦理角度来看，则是医生在行医过程中自觉遵循医学伦理规范的体现。

2. 言语交际

相对于上面提到的法律语言，医患语言最大的特征在于内部成员在专业信息掌握程度上的不平等，这也就直接导致二者在交际策略上的不同。一般来说，医生持有的专业信息数量远大于患者，在各个治疗环节中享有更高的话语权，在对话过程中处于主动地位，掌控对话节奏，而患者则处于被动地位，交际内容由医生决定。

在词汇层面我们提到，在医患语言中存在大量来自医学、生物学的专业术语，包括疾病名称、医疗器材、药物名称等内容，其中有许多词汇的具体内涵

---

① 摘自王茜，《医用模糊用语的伦理分析》（2006）。

是患者不清楚的，因此在医患语言中，患者常用问句询问有关自身状况、诊疗方案、药物作用等内容，而医生常用陈述句具体说明。在这一过程中，由于患者专业知识的不足，导致其在对话中处于弱势地位，极其依赖医生的反馈，在关键问题上表现得语气更加急切，一般问题上语气更加恭顺、委婉，会将自己摆在"求助者"的位置上进行对话，在提问时常用"请问""您""麻烦"等礼貌用语。而医生则会表现得更加沉稳、冷静，一方面出于职业要求，医生只有保持冷静的态度才能够稳定患者的情绪，保障沟通的顺畅与有效；另一方面医生在对话中处于强势地位，平和冷静的表达更符合患者的期待，有利于维持在对话中的地位，帮助信息的有效传递。

当然，在面对儿童、孕妇等特殊群体时，医生也会采用委婉的语言、更为亲切的语气进行沟通。这些变化同医生对患者的内心接受程度、身体状况等主观判断有关。近年来随着现代医学的转变，人们越来越重视患者心理及社会因素在疾病发生、发展、处理等方面的作用，对医生语言的使用也有了新的认识。一方面医生在表达时要注意尊重患者，表现出和蔼的态度，满足患者希望得到尊重的心理需求，这样有利于沟通的进行；另一方面在谈话时，医生要使用鲜明、幽默的语言改善患者情绪、活跃氛围，使患者能够克服环境陌生感、地位失落感、心理恐惧感。

总而言之，相对于法律语言等社团变体来说，医患语言间天然存在医生与患者两方信息上的不平等，因此在交流过程中造成了双方在交流方式上的区别：在专业词汇的交流上，医生需要为患者详细解读；在交流过程中，患者表现出在表达上委婉、恭顺的特点，而医生则更加冷静、沉稳。这些都同双方在对话中承担的角色不同有关。

2.2.5 语言与网络

网络语言是近年来兴起的一种语言变体。有关网络语言的界定在语言学界有许多分歧，基本包括：计算机的编程语言、与计算机相关的科技术语、通用语言中对计算机网络相关的称说、借助网络进行实时人际交流的成员内部（即网民）之间使用的语言四类（王鸿雁，2005）。其中计算机的编程语言是用来定义计算机程序的语言，几乎不用于人际交流；与计算机相关的科技术语和通用语言中对计算机网络相关的称说则更接近于语言的职业变体。本节主要讨论借助网络进行实时人际交流的成员内部之间使用的语言。

网络的日益发达为人们的社交开辟了一种新的途径，不同于面对面的交流，在网络上人们可以通过谐音、符号、表情包等方式代替一般的言语交流。在一些情况下，即使使用不符合一般语法规则的表达方式，也能被其他网民广泛接受。而网络传播速度快、范围广的特点也使得一些个人语言迅速传播扩大，成为网民广泛使用的网络语言。

网络语言在新词新语、误用错用方面有着突出的特点，其传播与发展途径也同其他社团语言变体有较大的不同之处，值得探讨。

1. 新词新语

由于网络交际的休闲性，网络词汇相较于一般的口语、书面语词汇有着诸多的不同，而网络语言又是基于网络平台传播，以文字形式为主，因此在网络交际的过程中产生了许多新词新语。

首先，有许多与网络相关的新词语出现在网络交流中，如"黑客""白客""死机"等，这些词语的出现是随着网络时代而产生的新事物的名称。其次，有一些旧词形被赋予了新的词义，如"锦鲤（泛指能够让人获得好运的人或事物）""人妖（男性玩家在游戏中选择女性角色）""灌水（在论坛或聊天室中大量留言）"等，被赋予的新含义多是对旧有词义的引申。

在网络语言中，也产生了许多不符合汉语一般造词法的网络词汇。这些词汇主要采用缩略、谐音的形式产生，其中包括汉字的谐音与缩略以及字母词、数字词。

通过汉字的谐音与缩略形成的网络词语在网络语言中普遍存在，如"表酱紫（不要这样子）""稀饭（喜欢）""神马（什么）"。通过这些方式形成的网络词语一部分是利用了汉语词语中原有的词汇（如稀饭）来表达和原义毫无关联的新的含义，只是借用其语音的相似性。另一部分是将意义上毫无关联的成分结合起来，只借用其语音形式的词语（如表酱紫）。采用这样的方式能够使聊天内容变得生动有趣，拉近谈话人之间的距离。

数字词则是采用数字谐音的方式表达文字内容，比如"886（拜拜了）""7878（去吧去吧）""666（厉害了）"等。而字母词则主要采用拼音首字母的形式代替整个汉字，如"xswl（笑死我了）""ttl（太甜了）""hhh（哈哈哈）"等。数字词和字母词在网络语言中广泛流行，因为这样的表达方式可以提高打字效率，采用简短的形式表达丰富的含义。

总而言之，网络语言在词汇上同汉语口语、书面语有很大的差别。这同网络环境娱乐化、自由化的特征有关，数字词、字母词的出现则是为了交流的简便性。除了字母词以外，其他的新词、谐音缩略词、数字词等都有进入汉语口语甚至书面语的情况出现。字母词没有进入汉语口语及书面语，是因为它们本身就是汉语词汇或是短语拼音首字母的缩写，无法用口语进行表达。

2. 误用错用

由于网络环境与网络交际的自由、休闲，在语法上，网络语言也表现出自由的特点，产生许多不符合一般语法规则的形式，是对一般语法的误用与错用，但是在交流过程中，网络用户都能够理解句子所表达的具体含义。这些误用错用也更加丰富了网络语言的表达方式，使网络语言更加活泼生动。网络语言的误用和错用最主要体现在词语的错配和标点符号的错用上。

词语的错配体现在一些原本不能直接搭配使用的词汇在网络用语中可以直接搭配，被网民广泛接受使用。比如，最近比较流行的"柠檬""酸"，都是不能和人称代词直接搭配的，但是在网络用语中却普遍存在搭配的情况。如"我柠檬了（我好嫉妒）""我酸了"。在这里，"柠檬""酸"用作动词，表达对别人境遇的羡慕。汉语的味道词都能够引申表达其他的含义，其中"酸"可以用来表达羡慕、嫉妒的含义，如"酸溜溜"在现代汉语词典中的释义为："形容轻微嫉妒或心里难过的感觉。"可以说："这件事弄得我心里酸溜溜的，很不是个滋味。"但是很少说："我酸了。"网络语言的灵活性让这种说法被人们广泛接受并传播。"柠檬"最突出的特点就是"酸"，由于"柠檬"作为名词有更加清晰的实体，在表情系统中也有这一水果，因此常被用来代替"酸"字进入语句当中，获得"酸"表达羡慕、嫉妒的含义，搭配人称代词，也因此产生了很多和"柠檬"相关的表情包，丰富、活跃了网络语言表达方式。其他例如"我佛了""我枯了"等网络语言也都存在语义错配、词类错配方面的问题，有着类似的生成路径。现在这种表达方式也慢慢走进了人们的口语，影响了现实的语言使用。

而标点符号的误用、错用则是网络语言变体中大量存在的一种现象。虽然网络语言绝大多数通过文字的形式进行交流传播，但是实际上其内容、形式更倾向于口语，是人们将日常生活中的交流对话转写为文字进行传播。在这一转变过程中，一方面会发生上文提到的在搭配上更加灵活多样的现象，另一方面则会导致标点符号的错用乱用。在口语表达时是并没有标点符号出现的，但是在文字形式中一定要有标点符号对文段进行划分，以疏通表达。网民在输入网络语言的时候会更在意内容的表达，标点符号的使用则不做过多考虑，经常出现错用的情况。有时会为求方便，直接在短句间使用空格键而不用其他标点；有时会用"。。。"代替省略号；句末的句号也经常不会出现。总之，为了沟通的方便简洁而让渡一部分不影响沟通、无伤大雅的规则。

3. 传播与发展

得益于网络传播速度快、影响范围广的优点，网络语言中的新形式、新词语都能够在短时间内快速传播，被亿万网民迅速接受。这使得网络语言新词语能够在短时间内迅速流行起来，拥有极高的曝光度，在人际间广泛使用。

但是另一方面，网络新词的流行大多只是"昙花一现"，很快就会在网络语言中消失。如"MM（美眉）""大虾（电脑水平较高的人，大侠的谐音）""伊妹儿（E-mail 的谐音）"等网络词语早就不再使用，现在看来这些词语已经很"古老"了。2017 年比较火的网络词语"freestyle（某说唱类综艺节目评委提问）""蓝瘦香菇（难受想哭的谐音）"等在现在的使用频率也大大下降，在交际中很少出现。

当然，也有一些网络用语能够渗透进现实生活中，甚至影响传统媒体的表达。比如，2010 年 11 月 10 日《人民日报》的头版头条发布了《江苏给力"文化强省"》一文，题目中的"给力"就是从网络词汇中走入传统媒体的代表，甚至被《现代汉语词典（第七版）》收录。我们能够看到，网络词汇能够在短时间内获得极高的社会认可度，但是随着时间的推移，会有很大一部分词汇被淘汰，只有很少的一部分能够获得主流语言的认可，进入主流语言的词汇系统中。总而言之，网络语言的实质应该属于口语语体，只不过是通过文字的形式呈现在手机、电脑屏幕上。口语交流的随意性、个性化、交互性、多变性在网络语言中有着充分的表现。许多新词新语、不符合一般语法规则的语言现象能否进入主流语言都需要充分的考察与辨别。我们也应该时刻注意这些变异性的错误可能带来的不良影响，引导学习者充分认识到网络语言同标准语言之间的区别，保证在标准语言使用上的规范性。

2.3 语言变化

2.3.1 语言变化——"进行中的变化"

语言变化是语言变异的一种，但是变异并不等于变化。这一内容过去主要是历史语言学的研究范围，现在则是社会语言学的一个研究范畴。历史语言学的研究主要是确定某种语言在某个历史时期的状况，某种语言与方言的亲缘关系等，我们所说的语言的谱系分类就是历史语言学的研究成果。社会语言学的研究具有更现实性和基础性的目标，主要研究"为什么语言会产生变化""语言变化是怎样产生和形成的"等方面的问题。在语言的使用过程中，变异是无处不在的，而变化则是相对来说较为特殊的现象，并不是所有变异都是进行中的变化，多数变异在目前看来属于稳定的变异。进行中的变化一般都有一种不均匀的社会分布，而且这种社会分布还应该形成一个统一的总趋势。一个语言变化的启动和发展总是需要一股相当强劲的社会动力。文莱奇等（Weinreich et al. 1968）曾经提出过社会语言学所研究的语言变化的课题，主要包括五个方面：1. 变化的制约问题；2. 变化的过渡问题；3. 变化的嵌入问题；4. 变化的评价问题；5. 变化的启动问题。这五个语言变化的方面都与语言变化的机制和实质密切相关。

在谈及影响语言变异的年龄因素时，我们谈到年龄级差与正在进行中的变化之间的区别，指出只有那些正在进行中的变化才与语言演变相关。"进行中的变化"（change in progress）研究也是社会语言学变异研究的重要领域。过去语言学家们曾认为，只能通过对比一种语言不同历史时期的状态才能发现该语言所经历的变化。现在社会语言学家们发现，语言的历时变化就产生于并体现在语言的共时变异之中。研究进行中的语言变化主要是通过发现表现在年龄段上的变异的分布趋势来进行的。不过，仅仅考察共时变异还不够，若要确定是否真正有变化在进行，还要寻找语言历史上确实存在的相关证据。利用年龄段变异分布方法所进行的对语言变化的共时研究，就是所谓的"显象时间"（apparent time）的研究，从不同时期获取语言材料的历时研究就是所谓的"真实时间"（real time）的研究。

2.3.2 语言变化规则

徐通锵在分析语言的变化时，认为语言子系统中含有变异成分，由于两种子系统在他的言语能力中共存，因而一个子系统的成分会进入另一个子系统而成为变异成分，如果某一变异成分在言语社团的某一社会人群中扩散、传播，那就意味着演变的开始；如果使用这种变异成分的社会人群在言语社团中具有某种特殊的地位，那么这种变异成分就可能会成为其他社会人群的仿效对象，从而使它从这一社会人群扩散到那一社会人群，完成演变的过程。他认为，变异成分和某种控制因素存在着一种共变关系，需要联系有关的控制因素去研究。

有一个变异规则公式可以用来分析：

$$A \rightarrow g[B]/X[z]Y$$
$$g[B]=f（C,D,E）$$

这个公式的意思是：A 在 X Y 的语言条件下变成 g[B]。g[B] 表示一组数值，具体表现为哪一个数值由控制因素 C、D、E 决定，即相互存在一种函数关系。徐通锵先生列举了拉波夫所做的《纽约市百货公司（r）的社会分层》中对英语中变异成分 r 的分析，说明常见的控制因素（风格、年龄、阶层等）和变异成分之间的共变关系。r 在第二次大战前一般是不发音，而在二次大战后有些人发音，有些人不发音，发不发音与说者的社会地位、社会阶层有密切的关系。用变异规则来分析这个变异成分，可以表述为：

$$r \longrightarrow g[r]/\text{---}\begin{Bmatrix} k \\ \# \end{Bmatrix}$$
$$g[r]=f（风格、阶级、年龄）$$

这个公式的意思是：r 在辅音前或词末的位置上要发生变化；具体如何变化，由风格、年龄、阶级等因素决定。通过分析得出结论，变异成分 r 的出现既受社会阶级的制约，又受风格因素的制约。在纽约英语中，变异成分 r 是一种威信特征，使用 r 被看成为社会地位高、有教养的一种标志，代表一种标准形式，因而不同阶级的人在说话时总要向这种标准形式看齐，越是在正式的场合，r 出现的指数越高。在这方面，各阶级之间大体上表现出平行的情况，值得注意的是下层中产阶级矫枉过正的现象，在正式的场合会有两次超出上层中产阶级。[①]

社会语言学家通过对语言变异的研究，发现语言的历时变化实际上产生于语言的共时变迁之中，以拉波夫为先驱的社会语言学家展开了对"进行中的变化"的研究。拉波夫对位于美国东北部大陆海岸线附近的马萨葡萄园岛（以下简称马岛）的语音变化进行研究，结果发现在"right, wife, house, out"等词中元音的变异的情况显示出一个正在进行中的语音变化，这些词中发作前低元音的成分产生了央化的趋势，并且央化和无央化发音出现的比例与年龄组的不同有关。通过对 6000 多个发音实例的统计分析，拉波夫发现，从"75 岁以上"的年龄组开始，递次下降到每 15 年一阶的四个年龄组，央化的比例逐渐升高，而且央化发音出现的不同比例不仅和年龄因素有关，还跟职业和居住地区有关。

---

① 参见徐通锵《历史语言学》，商务印书馆，1991 年 6 月。

拉波夫的马岛语音变化的研究是第一个对进行中的语言变化的研究。对于这种语言变化为何发生，拉波夫通过了解英语历史上的变化和马岛居民几代人的人事变迁，寻找到了答案，下面的章节中我们将详细介绍。

第三节　社会语言学的研究方法

由于社会语言学的跨学科属性，其研究方法自然会借助其他的相关学科，如语言学、社会学和人类语言学等。随着学科的发展，在研究方法上也逐渐形成了自身的学科特征。目前社会语言学研究方法的分类可谓是标准不一、方法颇多，通常将其分为定性与定量两类[①]。

定性研究的方法最早起源于对社会科学的研究，所关注的是人们在一定的语境中自然或潜意识发生的行为。研究者运用归纳、综合、抽象概括等方法，对获得的各种语料进行思维加工，从而去粗取精、由表及里，以达到认识事物本质、揭示其内在规律的目的。定性研究是对研究对象进行"质"的分析，又称为归纳性、启发性研究，是一种能够产生假设的研究方法（hypothesis generating research）。常用的定性研究方法有观察法、直觉与内省判断法、个案研究、采访法等。

定量研究的方法最早起源于自然科学的研究，着重从量上对各种社会现象进行分析，是进一步把握事物本质及其内在规律的必要途径。具体来说，定量研究所关注的是社会现象的数量特征、数量关系及事物发展过程中的数量变化等方面，研究者运用概率、统计原理进行分析研究，使人们更为清晰地观察到事物各个因素之间的依存关系，从而使研究的结果更具客观性和说服力。常用的定量研究方法有问卷调查、实验、采访、案例研究、观察及语言变异研究中的量化分析等方法。

3.1　社会语言学调查

社会语言学是语言学的一个分支，研究语言与社会的共变关系，通过研究语言变异现象来解释语言的使用随社会条件的变化而发生变异的规律。美国社会语言学家温瑞奇（Uriel Weinreich）和拉波夫等学者提出了"异质有序"的语言观。所谓"异质"，就是说在实际使用中语言总是存在一定的差异，而不是纯

---

① 参见张廷国、郝树壮（2008）。

粹自足的符号系统。比如，不同年龄、不同性别的人说出来的话都会有所不同，实际使用的语言是"因人而异"的；同一个人在不同的场合下说话的方式、态度也并不相同，这就是说语言的使用是"因时而异""因地而异"的。所以，我们实际观察到的、使用着的语言并不是按同一种语言规则"生产"出的同质的"语言产品"。所谓"有序"，是指语言的这种差异不是任意的、混乱的，而是有章可循、有规律地变化的。社会语言学实际上把索绪尔所说的"言语活动"整个作为研究对象范围，认为它既是有差异的，又是有规则的，并把这种活生生的语言事实作为其研究的对象范围。语言时时刻刻都在变化，而根据社会语言学研究出规律可以判断出语言变化发展的方向，预测语言未来的发展状况。比如，在濒危语言研究中（戴庆夏，2004），可以根据使用人口的多少、语言使用者的年龄结构、使用频度和熟练程度、语言态度以及双语或多语模型特点等预测这一语言的未来变化。然而，要准确地归纳出语言变化的规律就要掌握科学的调查方法、统计方法及研究方法。这一部分的主要内容就是介绍相关的方法。

3.1.1　调查准备

1. 课题的题目确定（提出假设）

选择项目或者说提出假设是进行社会语言学调查和研究的第一步。所选择的项目是否有价值，对其研究是否切实可行，在很大程度上决定了这项研究的成败。而能否提出假设，也是对研究者研究能力、调查能力的一个检验。Brown（1988：65）认为，假设是关于研究的可行性结果的陈述，它反映了研究人员对所研究的课题能够取得何种结果的预想。例如，研究者想研究两个变量之间的关系，一般先将变量确定为一个是自变量，另一个是因变量，并对此继续进行相关的验证。语言变异是由性别、年龄、职业等社会条件引发的，所以在分析时，把引起某种变异的社会因素看作自变量，把产生变异的语言变项看作因变量。比如，纽约英语是发生了变异的英语形式，可以视为英语的一种变体。这种变异表现之一就是（r）的发音差异。所以（r）音就是一个变项；（r）音的发与不发和人们的性别、阶层以及说话的语境有关，这些社会因素就成为这种变异的自变量，（r）变项则是因变量。研究者必须考虑到研究中可能产生的相关结果。例如，研究学生的年龄以及学习外语的能力之间的关系，可以假设年龄是自变量，学习外语的能力是因变量，随着年龄的改变，学习外语的能力也发生改变。我们可以假设，年龄越大，学习外语的能力则越差，就此再设计出一个调查方案，检测我们的假设是否正确。当然，调查的结果也有可能和我们的假设相反，即年龄越大，学习外语的能力越强；或者出现其他的情况，例如，学习外语的能力在一个年龄值上达到一个最高值，离这个年龄值越远，能力则越差。可能的情况很多，研究者必须考虑到研究中可能产生的相关结果，不能只选择适合自己的假设的数据。

2. 假设应具备的条件

一个合格的假设应该明确地反映变量之间的关系。Kerlinger（1970）明确指出一个合理的假设应该同时具备两个基本条件：（1）假设是变量之间诸种关系的表述或判断；（2）假设应该清晰地表述需要检测的变量之间是什么关系，同时假设的表述应该尽可能明了。这两个条件意味着一个合理的假设需要明确地阐明各个变量之间的相互影响关系。假如我们认为"学习策略对外语成绩的提高有重要影响"，我们便在学习策略这个变量和另一个变量，即外语成绩之间建立了一种假设关系。

明确反映变量之间的关系是对假设的基本要求。此外，假设还必须具有可验证性，两个变量应该具有可测量性和可解释性。我们可以通过抽样分析、试验、观察、问卷调查等研究方法对提出的假设加以验证。比如，"学习越勤奋的学生，其外语成绩越高"，这个假设当中"勤奋"这一变量就比较难测量和解释，"勤奋"是指时间投入得多，还是指对同一内容复习的次数多（时间和次数虽然可能相关，但是不是一个概念。因为有的学生可能效率低、投入的时间多，但是复习次数只是一遍，有的效率高，时间少但是复习得多）。变量不能明确界定，也就无法测量，这样的假设也就不合格。再比如，"语言实验室对外语学习没有明显的作用"这个假设当中，"外语学习"这一变量也比较抽象，不能准确定义，是指学习能力、学习效率还是学习成果？这些都有待于进一步明确。

另外，假设必须有意义，也就是说研究的项目必须有价值。齐沪扬等学者（1996）对浦东新区普通话使用状况和语言观念的调查就具有一定的现实意义。据调查者介绍，他们选择这个课题基于以下一些原因：（1）浦东新区在上海改革开放乃至全国改革开放之中处于龙头地位，浦东新区的发展对改革中的中国当代语文生活已经提出，并将继续提出许多新的课题。（2）在生产诸要素中，人是最重要的资源，因此要加强以"人"为中心的各项研究。语言的规范化问题、语言的文明化问题，进而一个社区的语文生活的质量问题等都是以"人"为中心的、与"人"的精神需求有关的问题。（3）浦东新区人口构成复杂的特点决定了在浦东开展语言规范化等问题的调查具有典型的意义。（4）浦东新区是一个新建的、正在高速发展的现代化社区，在该区执行什么样的语言政策、指定什么样的语言法规，可以成为中国语言文字政策法规很好的实验样板。调查者希望通过该课题的研究，能使新区成为经济开发的方言地区，尤其是作为沿海的经济特区在"推普"、正字、术语统一等工作中的试点。总之，选题的时候，要注重选题的实际意义，提出有价值的假设，进行有意义的研究。

最后，好的假设、好的选题应该具有一定的创新精神，发掘出以往没有被发掘的内容。美国社会语言学家佐伊基曾举过一个例子。上他社会语言学课的男生一开始就告诉他，女人说话的声音比男人高，说得也比男人快，比男人多。女生也同意这种看法。学生们认为，男女交谈时女人常先开口说话，她们占据了整个谈话过程中的大量时间，弄得男人插不上嘴。然而经过调查研究才发现，事实并非如此。研究的多数结果证明男人谈话时间占四分之三。有意思的是，不仅一般情况下女人比男人谈得少，就是在课堂里教师对女学生说的话也比对男学生说的话少。美国的一些研究表明，大中小学教师与男生谈话的时间是与女学生谈话时间的三倍。教师对男生提问多，谈话时间也长。不管是男教师还是女教师，都是如此。一般人认为，教师提问学生或与学生交谈时，都是同等对待的，而且持这种看法的态度相当坚定。一次，一个调查者发现，把在教室录下来的实况放给教师看后，教师的结论仍然是男女学生说的差不多一样多，只是通过一句一句地计数时才发现其差别，即男学生说话的机会是女学生的三倍。可见在实际研究当中，要敢于挑战一些根深蒂固的观念，不被这些观念所束缚。只有打破传统、不断创新才能提出新型而又有价值的假设。

3. 提出假设的方法

提出假设的方法基本上有三种：直接假设、非直接假设、选择性假设。

第一种，直接假设

直接假设（directionnal hypothesis）指的是建立在充分理论推理之上的假设，这种推理通常是基于以往的研究结论，并以此来假设在新的研究课题中的变量之间的关系。假设该关系成立，这种假设就称为单向性的假设（one-tailed hypothesis），因为它预测到变量之间的关系是属于非此即彼的关系。这种情况的假设属于正向性或积极性的假设，比如：复习的时间越长，记忆持续的时间越长；一定时间内，学习的单词越多，记忆持续的时间越短。

第二种，非直接假设

假如研究中不存在上述的几种情况关系，研究人员可以采取较保守的方法即采用非直接的假设方法（non-directional hypothesis），这种方法为提出假设提供了双向性的空间，因此也被视为双向性假设（two-tailed hypothesis），从而使提出假设成为可能。例如，"人们的社会背景决定了其学术研究的成功与否"这个假设中，没有直接指出"社会背景"与"学术研究"之间的关系，而是指出它们之间有一定的联系。但是这种联系究竟是什么关系有待于进一步研究。

第三种，选择性假设

选择性假设，有的学者称之为"备择假设"（alternative hypotheses）。桂诗春（2002:256）在谈到备择假设时认为，一般来说，我们可以从一个课题推导出不止一个假设。例如，我们在考察学生的性格与教学程序这两个因素对学习成就发生什么作用时，可以有三种不同的假设：（1）组织得较严密的教学程序使有具体思维的学生取得较大的学习成就；组织得较自由的教学程序使有抽象思维的学生取得较大的学习成就；（2）组织得较自由的教学程序使有具体思维的学生取得较大的学习成就；组织得较严密的教学程序使有抽象思维的学生取得较大的学习成就；（3）组织得较严密的和组织得较自由的教学程序使有具体思维的和抽象思维的学生取得相同的学习成就。这些都是备择假设，三个假设中只有一个符合实际。换句话说，只要证实了一个就自动地拒绝了其他两个。有研究表明"当教学方法和学生的性格保持一致时，学生就能多学到一些东西"。"具体思维的学生和组织得严密的教学程序较一致，而抽象思维的学生和组织自由的教学程序较一致"。

在实际研究工作中要根据具体的情况建立假设。在建立假设之前，应该查找相关资料、了解相关信息、考察少数案例，在此基础上做出合理的推断，并根据这一推断选择合适的形式提出假设。

3.1.2 定性和定量分析

定性分析 定性分析是对所研究的对象进行"质"的分析，即对所研究的对象的本质、特征及其联系进行概括。例如，探求特点、划定界限等。社会语言学十分重视定性研究。定性研究是社会语言学研究中的一个基本工作。定性方法的一个基本特点是寻找事物的类型和模式，以揭示一些社会语言学的事实。定性研究的早期要求观察者不带任何框框，全面观察语言现象，对它采取开放的态度。定性研究所搜集的主要数据是词语，而不是数字。词语可以直接、具体、生动形象地说明现象，具有较强的说服力，连采取定量研究方法的人也越来越认识到定性数据的重要性，因而注意收集定性的数据。定性研究使用各种手段收集资料，甚至在同一研究中也使用不同的方法（桂诗春等，1997：103）。例如，浦东新区语言政策的语文生活研究课题组（齐沪扬等，1996）对上海浦东新区普通话使用状况和语言观念的调查中，对被试者有可能出现的语言态度做了认真的分析和充分的估计，列出了四种场合：（1）您在生活中对亲人说什么话；（2）您在学校或单位里对同学或同事说什么话；（3）您在学校或单位里对学生教师或领导说什么话；（4）您在工作中对顾客或被接待对象说什么话。然后又对"这样做的原因"进行定性，列出16项可供选择的心理态度或认知。这16项是：（1）显得随便；（2）显得热情；（3）习惯了；（4）其他话不会说或说得不好；（5）别人都说这种话；（6）别人听不懂另外的话；（7）别人不会说另外的话；（8）不说这种话别人会不高兴；（9）这样双方都方便；（10）学校或单位提倡说这种话；（11）规定说这种话；（12）工作需要；（13）显得身价高；（14）随大流；（15）不知道；（16）其他。中国社会科学院语言研究所的《方言调查字表》也是一种定性研究表格，它为方言调查和研究提供了方便。

定量分析 定量分析是指社会语言学家试图通过量化的方法，即利用数量、频率、比例的统计等来说明语言差异、语言态度等。例如，上面说到的上海四种场合的调查，就使用了量化的标准，调查的结果很容易从数量上看出来。下表（单位：人；比例：百分比）就是对普通话、上海话、家乡话使用场合的调查结果。

表3 不同场合说上海话或家乡话的比例

	在一切场合下说普通话	前一项说上海话，后三项中说普通话	前一项说上海话或家乡话，后三项有一项或几项上海话、普通话并用	后三项中有一项说普通话，其余说上海话或家乡话	在一切场合说上海话或家乡话
人数	72	395	83	488	182
比例	5.5	32.4	6.7	40.0	14.9

社会语言学从社会学那里学习了定量分析方法。当然，社会语言学作为一门人文社会学科，同时也要广泛运用定性研究方法。定性研究与定量研究相结

合是社会语言学基本的研究方法。直观判断、定性把握是进行调查统计的前提，而系统量化分析基础上的定性研究才能揭示变异现象的本质。另一方面，定量研究的结果较为客观，可以弥补定性研究不系统和不确切的缺陷。因此，定性和定量相结合的方法是研究社会语言学的一种比较理想的方法。

另一个典型的例子是关于北京话"女国音"的研究。早自20世纪20年代开始，黎锦熙等人就注意到北京的一些女学生的发音存在所谓的"女国音现象"。但传统的研究只是描写这一语言现象，并不进行量的分析，这就无法更清楚地认识其实质。到80年代，学者们运用社会语言学的研究方法，详细调查了这一现象，对"女国音"的性别的地区分布、与年龄和家庭语言环境之间的关系等问题进行调查统计。量化分析的结果显示："女国音"只是北京女青年，主要是女学生，在一个特定年龄阶段内的一种特殊的语音现象是一种女性爱美心理对语言的影响。总之，在社会语言学研究中，要把定性研究与定量研究结合起来，才能够客观科学地认识语言现象和解释语言现象。

抽样 在社会语言学研究中，往往希望能解决一些具有普遍意义的问题，但如果研究的对象太多，限于资金、时间、人力等多方面的因素，不能够对研究对象进行逐一研究，不可能把总体中的所有成员均作为研究对象，这就需要针对部分对象而着眼于某个总体。这个时候，往往从整体中抽出部分个体作为资料对整体进行分析。这种从整体中抽出部分个体的过程称为"抽样"（又叫取样）。从中抽取的研究对象的这个总体又称为母体、整体或全域。所抽得的部分称为样本或子样。由来自同一总体的无数组样本数据而获得的该总体的某种特征，称为参数。抽样是为了使研究对象具有代表性，从而可使结论具有推断意义或普遍意义。例如，我们想知道全社会对一种语言现象的态度，但实际上我们几乎没有办法去向全社会的人进行调查，这就需要抽样。

研究者要仔细地考虑如何进行抽样以确定他的调查范围，从而保证其观察能够充分代表所研究的群体。一般来说，抽样要考虑地域性、社会阶层、年龄、职业、性别等多种因素，其中地域性又是最重要的标准之一。之所以把地域标准放在第一位是因为它涵盖面大，每一地域都有我们所想要涉及的其他社会范畴。例如，我们想要调查普通话的推广情况，就应该从不同地区来选定想要调查的对象，这些对象要包括粤方言区、闽方言区、客家方言区、赣方言区、湘方言区、吴方言区、北方方言区等各个方言区的代表。这就意味着只抽取一个地域作为调查对象是不科学的。如果我们一开始就把范围确定为一个地区，就不可能全面地反映普通话在全国的推广情况，只能代表普通话在当地的推广情况。再比如，要调查某市的中学生对父母的称呼，如果不考虑各个地区，一开始就选择某区的一所中学，就有可能出现问题，因为这至多只能是该区的情况。总之，抽样的范围要考虑到各个因素，抽取有代表性的样本，这样才能保证调查研究的结论科学可靠。

在确定了抽样的范围之后，就要使用抽样方法进行抽样。就抽样的方法而言，社会语言学研究中抽样的方法基本上可以分为两类：一类是概率抽样（probability sample），又称随机抽样（random sample）；另一类是非概率抽样（non-probability sample），又称为目的抽样（purposive sample）。这两类之间的区别在于：按照概率抽样，在整体样本中每个成员被选择的概率是已知的；而在非概率抽样中，在整体样本中每个成员被选择的概率是不确定的。或者说，按后者的抽样方法，样本的选择全靠研究者本人的主观意图或目的而定。而究竟采取哪种方式抽样，这取决于研究的性质和目的。

Cohen et al（2000:99）认为，概率抽样是从整体中随机选取研究的样本，这种抽样有利于研究人员对研究进行概括抽象，因为这种方法的目的是寻找有代表性的样本进行研究，并有利于对样本进行控制。相反，非概率抽样的方法有时会有意识地避开一些在整体上具有代表性的样本。这种方法只追求样本能够代表某一特殊的群体。例如，调查某一班级50名学生对某一教师的评价。如果从50名学生中，随机抽取30名学生来填写调查问卷评价老师，那么这种抽样就是概率抽样或者说是随机抽样；如果班里50名学生中有40名学生有手机，抽出其中30名学生，打电话给他们，让他们评价老师，那么这种抽样就是非概率抽样。这种抽样方法中，没有手机的10名学生和有手机的学生被抽取的概率是不同的，抽样的结果也不能代表没有手机的学生对老师的看法。

3.2 社会语言学的调查方法

社会语言学的调查方法主要有问卷法、采访法、观察法和实验法等几种。问卷法是通过严格地设计测量项目或问题向被调查者发放书面形式的调查问卷，以收集研究资料、信息和数据的社会调查的方法。采访法是直接与被调查者交谈获得材料的方法。观察法是调查者通过感官或者录音、录像设备，有目的、有计划、有系统地直接观察研究对象的语言、表情、动作以了解某种语言现象、事件和被观察者的心理活动，从而获取材料的研究方法。实验研究法是指在社会语言学研究中，研究者运用一定的实验条件和物质手段有计划地干预、控制或模拟语言现象，以取得一些研究资料。它主要用于测试人们对某种语言现象的态度或反映。这里我们主要介绍几种具体的方法。

3.2.1 抽样调查法

概率抽样 又称随机抽样，可以分为简单随机抽样、系统抽样、分层抽样、成团抽样、阶段抽样、多阶段抽样等六种类型。概率抽样使每个成员都有均等的被抽样的机会，为此应重视其抽样过程的三个基本步骤：首先确定所选的样本是否能够代表研究的整体特征；在整体中分组抽样；设计随机抽样表，按照计划抽样。下面我们对每一种概率性抽样做一个简单介绍。

（1）简单随机抽样，是在全部对象中采用抽签的方式或者参考随机数表来抽出样本，逐一选择样本直到达到所需的研究人数，从而使所选的样本在整体中具有一定的代表性。这种抽样的方法比较适合整体是一个均质的整体，个体和个体之间的差别不大，或者说个体和个体之间的差别不影响研究的结果。此外，这种抽样的方法只适合在样本的整体数量不大的情况下使用，样本数量过大时，随机抽样则非常复杂。例如，要调查学校300名老师对课程改革的意见。根据随机数表，要在300名老师中抽取169个样本来进行调查。这样可以把这300名老师的工作证号或者姓名写成纸条放在一起，随机从中抽出一个作为样本，重复直到达到169个样本为止。

（2）系统抽样也叫等距抽样，指在对象序列中规定每隔若干个样本中选取出一个样本。这种方法是对简单随机抽样法的补充修正，它指的是系统地随机抽样。例如，要调查全区所有学校共1400名老师对课程改革的意见，根据随机抽样数量列表，在全区1400名教师中需选择302个样本参与调查。其选择的方法可以按照下面的公式进行计算：

$F=N/sn$（$F=$ 间隔频率；$N=$ 整体人数；$sn=$ 样本所需人数）

先将本例中的数据代入公式可得：

$F=1400/302=4.635$（接近5）

因此，研究者可以从每五人中选取一位老师作为样本参与研究。

这种系统性随机抽样法要求将老师的名字随机排列，通常是将女性排在前，然后是男性。这种方法对每位老师来说并非是机会均等，因为其排在第1—4，6—9位的老师总是无缘被选中。要解决这一问题，就要在开始排序时便采取随机排序的方法，而且在系统抽样的开始就随机抽样。整体对象的排序应该选择与因变量和自变量不相关的方式，如姓名册、电话号码簿等，以保证抽样的随机性。

（3）分层抽样，是按样本的特征划分为不同的层次或小组进行抽样，如年龄、性别、社会阶层等因素。如果抽样的整体中所容纳的成分复杂，在此情况下如果采取纯粹意义上的随机抽样，则抽样的结果并不能真正代表整体中各个层面上复杂的成分组合。只有在抽样数量较大、其整体的成分又相对一致时，才能进行纯粹地随机抽样，无须事先进行分析处理。在样本数少，且分组成分又比较复杂的情况下，须事先进行认真的分层处理。在社会语言学的研究中，分层抽样的方法是最常用的抽样方法之一。

（4）成团抽样，指的是在一个特定的区域里、一个特定的社会阶层、一个特定的社会群体、学校、机关等，对地理区域集中居住的人群，如企业员工、中产阶层、学生、职员等进行的抽样，也可以对住宅区或者整条街道，就某一问题从这个区域中随机抽样。例如，在检测某市各个学校卫生情况时，在整体样本分布广泛的情况下，利用简单抽样法会有一定的困难。这个时候研究者就可以利用成团抽样的方法，选取一定数量的学校，例如，一些在地理位置上较靠近的学校（几所学校在同一地段，在某条街上，等等），并对这些学校的卫生情况进行抽样研究。成团抽样的方法可以广泛地适用于一些小规模的研究，在这种研究模式下，有利于研究者对研究结果做出概括性的评价。研究者亦可以从这些成团抽样中再分层抽样，并可获得更理想的样本。

（5）阶段抽样，是对成团抽样的进一步拓展，它的特点是在抽样过程中分阶段进行，从整体中选择较大的样本，再从大样本中抽取较小的样本。阶段抽样的方法是随机选取一些社会单位，如学校等，再从所选的社会单位如学校中随机选取一些班级，然后从选取的班级中再选取一定数量的学生作为样本参与研究。

（6）多阶段抽样，是将抽样过程分为几个阶段，在每个阶段，按不同目的，都采用从整体中选择较大的样本，再从大样本中抽取较小的样本的方法进行。多阶段抽样和阶段抽样的区别是，在阶段性抽样中，抽样的目的通常是单一性的，比如，它的目的是单一地从某一特定的地区选取特定的学生。而在多阶段抽样中，其抽样的目的是随着抽样阶段的变化而发生变化。例如，第一阶段的抽样是以地区为标准（选择某一地区的学生）；第二阶段的抽样以年龄为标准

（例如，从抽取的地区中抽取 15—17 岁的学生）；第三阶段的抽样以性别标准划分（例如，抽取女生，等等）。这种抽样法的目的是使抽样的整体在不同的阶段都有所变化。

非概率性抽样 其方法源于研究人员有目的的研究活动，比如，文化研究、行动研究、案例研究等。这种方法常用于小规模的研究中，例如，研究活动是在一两所学校中，或在一两组学生中，或在一组特殊的教师中进行，等等。尽管非概率抽样缺乏一定的代表性，但操作简便、经济实用，非常适用于所研究的对象是特殊的群体、特殊的案例，或者就大范围的问卷调查进行预先调查试点时也很实用。非概率性抽样可以分为便捷抽样法、定额抽样法、判断抽样法、滚雪球抽样法等四种类型。

（1）便捷抽样法，有时被称为机会抽样，或者称为偶然抽样法。例如，调查人员在特定的场合下，可以把偶然遇到的对象作为调查样本。比如，在商场门口，让顾客填写调查问卷，这就是典型的便捷抽样方法。这种方法简便、易行，可以就近逐个选择抽样的对象直到满足样本的需要为止。研究者可以选择容易找到的人作为样本，诸如学生、教师、职员等都可以作为抽样的对象。由于这种抽样缺乏抽样的计划性，通常只能代表所选人员本身，不足以代表研究的整体，因此很难将其抽样的研究结果在更广泛的范围内推广应用。这种抽样方法所获得的研究参数对大规模研究的作用甚微，因此便捷抽样的方法在多数情况下只适用于案例研究。例如，祝畹瑾等人在调查北京地区社会称呼语"师傅"的使用情况时，用到的一种方法就是在 18 处公共场所连续观察，把听到的"师傅"案例记录下来。这样的调查对象或抽样是偶然遇到的，因此其方法也是便捷的、容易操作的。

（2）定额抽样法，也叫非概率形式的分层抽样（Bailey，1978）。与分层抽样相类似的是，定额抽样法关注于展示整体的主要特征；与分层抽样不同的是，定额抽样法展示的是在整体中按比例抽样的样本特征，故而又称为比例抽样。例如，某中学整体样本是由 60% 的初中生、40% 的高中生组成，则定额抽样法亦要 60% 的初中生和 40% 的高中生作为样本组合；又如某一学校里 70% 的老师是女性，30% 的老师是男性，那么定额抽样中亦需包括 70% 的女性和 30% 的男性。但是具体的抽样方式并不是机会均等的随机抽样，而是调查者根据自身的情况，采取便捷的方式抽取的。再比如，假定某民族地区的人口中，双语者（包括多语者）与单语者的比例是 2:1，那么在调查双语者和单语者对民族语的语言态度差异时，就应当在双语者中选取两倍于单语者的样本数量进行调查（祝畹瑾，1984）。定额抽样法在市场调研和民意调查中比较流行，它是按各个层次中各种研究对象在整体中所占的配额比例进行抽样，但是从各个层次中如何抽样则取决于研究者的选择。定额抽样的步骤通常分为三步：一、确定整体样本中各种组成成分的比例是多少；二、确定分组样本中各种成分的比例是多少；三、确定分组样本中各种成分的组合是否与整体样本中的相关比例相同。

（3）判断抽样，又称"立意抽样"，是根据调查人员的主观经验从样本中选择那些被判断为最能代表总体的单位作为样本的抽样法。这种抽样方法在容易满足研究者的某种特殊的需要的同时，也就不可避免地会出现抽样的主观性。因此，判断抽样需要在对所研究的问题进行反复思考、推理论证的基础上，参考大量文献，做出合理判断。在判断抽样的过程中，调查者根据一套标准来抽出样本，如年龄、性别、社会阶层、文化程度，等等。在判断合理的前提下，研究者可以为了抽样的方便，根据主观判断从整体中抽取一部分样本作为调查对象。这种方法对于研究者个人的经验、主观判断标准依赖性较大，但却具有简单、省事、易行的特点。虽然判断抽样不如随机抽样的方法科学合理，然而，在社会语言学调查中，判断抽样却是首选的方法之一。例如，要对流行语的使用情况进行调查，调查者可以凭经验选择在校的学生作为调查的主要对象，因为他们通常是社会流行语的创造者和使用者，这样就不需要进行全社会范围内的随机抽样了。再如 Romaine（1978）和 Reid（1978）对爱丁堡学生的语言研究就是根据1971年人口调查的资料，按照住房、教育、就业、健康等情况选择了处于贫穷地区和富庶地区的学校各一所，然后调查、比较不同社会阶层的孩子的语言情况。他们的研究目的很明确，就是要观察某些特定社会群体的语言特征，因此没有必要再使用随机抽样法。由此看来，要不要坚持随机抽样的原则应该根据研究的具体项目、具体目的而定。

（4）滚雪球式抽样法，指的是研究者根据研究的兴趣，先确定小部分具有某种特征的人为样本，这部分人作为研究的"种子成员"协助研究者接触到更多的具有相同特征的人，从而建立起一个源源不断的调查网络，使研究的样本逐渐扩大。滚雪球式抽样主要用在定性研究的课题中。例如，一个研究者可能找几个关键的人来访谈，然后由这些人再提供一些人的名字，进而将这些人也纳入样本进行访谈。

通过上面的介绍可以基本了解概率抽样和非概率抽样的相关方法。而在具体抽样过程中还需要注意以下两个问题：

（1）确定总体界限。研究者打算把范围确定在哪个范围，就要在哪个范围内抽样，例如，我们要调查某一方言的发展趋势，就应该在使用这个方言的整体范围内抽样。在抽样之前，要正确确定研究对象、科学地选择调查样本。在具体研究中，上述抽样方法往往可以结合使用，从而提高研究的可操作性。

（2）样本应具有代表性。从总体中选取的那部分研究对象，应基本具备总体对象的性质和特点，使样本对象能够在较大程度上代表总体对象。样本的代表性将影响研究结论的推断。要不要坚持随机抽样的原则应视情况而定。研究者对整体的构成和特征所知甚微，则只能使用随机抽样来保证样本的代表性；而对一些目标明确的研究，则可以采用定额抽样法和判断抽样法来收集研究的数据。

3.2.2 问卷调查法

问卷法是通过严格地设计测量项目或问题，向被调查者发放书面形式的调查问卷以收集研究资料、信息和数据的方法。问卷可以当场填写收回，也可以事后填写让被调查者将材料寄回调查单位。如果采取匿名填写的方式，可以提高材料的真实性。问卷调查可以分为全面调查和抽样调查两类。全面调查以所有的研究对象作为调查的对象，数据广泛全面，但是耗费的人力财力较大。抽样调查从被调查的整体中抽取一部分作为调查对象，节省人力物力，但是需要进行科学的抽样以保证其代表性，具体的抽样方法可以参看抽样方法一节。

调查问卷有三种结构形式：结构式问卷调查、半结构式问卷调查和无结构式问卷调查。结构式的问卷调查需要研究人员严格地设计好调查的对象、内容、时间、方式、数量、抽样方法等情况，按照预先的方案有序进行。半结构式调查需要对调查的时间、方式、数量、抽样方法等情况进行认真地设计，但是对问卷调查的内容和问题的设计则比较灵活。无结构式调查则无须进行严格的设计，只要调查的信息可以满足研究者的需要即可，这种方式适合于某些特殊案例和小规模抽样调查研究。通常调查群体的数量越大，问卷形式的结构化程度越高。

问卷调查中的题型有不同的分类方法。从题目对答案的影响来看，可以分为三类：诱导式问题、封闭式问题和开放式问题。诱导式问题的题目有意引导回答者做出某种回答。在问卷调查中要避免出现诱导性问题，以使研究客观公正。封闭式问题的题目要求回答者做出选择性回答。封闭式问题的形式主要有四种：二选一式问题、多项选择题、等级排序题、程度排序题。开放式问题的题目对回答者没有限制，回答者可以自由表达意见，进行解释和描述。开放式问题的形式主要是简答题的形式。比如以下几种题目：

（1）二选一：老师批评过你吗？是（　　）；否（　　）

（2）多项选择：你在什么时候被老师批评过？（可以选一个也可以选多个）
　　　　　　小学（　　）；初中（　　）；高中（　　）；高中以后（　　）

（3）等级排序：你认为下列哪方面没做好容易被老师批评：成绩退步、不讲礼貌、上课迟到、上课不守纪律、和同学打架？（请按可能性的高低顺序排列，1是最容易被批评的方面）
　　　1.＿＿＿；2.＿＿＿；3.＿＿＿；4.＿＿＿；5.＿＿＿

（4）程度排序：你认为教师对学生学习的兴趣有影响吗？（数字表示程度，选择一个数字）
　　　没有影响—1—2—3—4—5—影响很大

（5）开放式问题（简答题）老师批评你的时候，你的心理感受如何？＿＿＿＿＿

问卷调查的关键是要合理设计问卷。首先要明确问卷调查的目标。研究的目标决定了问卷设计的各个具体环节，能够使问卷设计有的放矢。其次，要对问卷进行整体设计。总体而言，调查内容的项目不宜太多，回答问卷的时间一般不要超过一小时，否则会因为被调查的人不耐烦、疲倦而影响到调查的质量。在此基础上明确调查问卷分为哪几个部分，各部分的主要内容是什么，对于那些被调查者比较敏感、可能回避的内容，要放在靠后的位置问，并且最好使用被调查者能接受的方式委婉发问。最后是问卷的具体内容的设计，这就涉及确定题型、每一题的内容、总题量等多方面的问题。

问卷应该简明清晰、引人注目、层次分明，在条件允许的情况下应该使用比较好的纸张，从而引起被试者的重视和好感。问卷的开头部分主要是说明调查研究的目的和性质，告知被试者问卷调查的保密性，问卷的内容、信息不会被公开，问卷不会用于研究以外的目的，请求被试者配合调查以反映出自己的真实的情况和观点。如果是有奖调查，还应该说明奖项的设置以提高被试者的积极性。例如，"尊敬的答卷人，我们……（单位）正在进行一项关于……的调查研究，很想知道您对……的看法。您填写的内容将对我们的研究有重要的作用，因此请据实填写此问卷。您不需填写姓名等个人信息，所填写的内容也会严格保密。此次问卷所获得的信息仅供学术研究之用,非常感谢您的合作!"

问卷的正文部分要标明调查的名称或标题。此外问卷的各个问题通常会分为三个部分,各用小标题标明,使问卷具有连贯性和逻辑性。高度规范化的问卷在正文开始的部分通常是一些关于被试者的信息的问题,如:性别、出生地、出生年月、父母的出生地、学历、职业等。这些信息是研究语言现象的重要变量,同时也可以由这些客观的问题引发出相对正式的调查的话题。随后一般是封闭式的问题,这些题目可以使研究者获得一些客观的研究数据,可以结合其他变量进行对比分析。问卷的最后一个部分一般是开放式问题,被试者可以通过这部分问题表达自己的观点、看法。这一部分需要被试者花费一定的时间和精力去完成,因此要求相对较高。同时,开放式问题对研究者的分析能力的要求也比较高,必须从问卷作答的各种语言当中分析出核心观点,并应用到自己的研究中去。

在各个部分之间要说明该部分调查的目的以及具体的填写要求。在每一部分的填写要求后面尽量追加一个范例以保证被试者明确标准的作答方式。此外,各种题型必须合理搭配,既要满足研究者对信息的需要,也要照顾答题者的情绪,避免题型单一、无趣。最后要注意题目的数量和层次,使得每一道题目都有信度和效度。问卷的结尾部分要提醒被试者不要漏做题目,尽早提交问卷,并且要感谢他们的合作与参与。如果条件允许,可以注明"将向被试者反映问卷调查的结果"。另外,不是当场收回的问卷要注明填完问卷后应该在何时何地向何人提交,当然这个信息也可以放在问卷的开头。

在设计问卷的时候还需要注意以下几个问题:所有的题目必须围绕研究目的展开,避免引入与研究无关的问题;为了便于分析,在大群体的抽样调查中应该多使用封闭式的问题;应该尽量一题一问,避免一个问题包含两个问题;问题和答案的表述必须简洁、易懂、礼貌;尽量保持封闭式问题和开放式问题的平衡;需要寄回的问卷应该附带信封并且贴好邮票;缺失了信息的问卷要做一定的分析处理,尽量厘清为什么被试者没有回答这些问题,尽力寻找相关的心理因素;对于答卷中作答相对完整的数据和信息要认真处理、重点分析;妥善处理好敏感性问题。敏感性问题是社会不赞赏的不良行为或涉及个人隐私方面的问题。在涉及敏感性问题的时候要注意:开放式的问题比封闭式的问题更能够收集到信息,但是提问时要尽量使回答结果便于量化;使用人们熟悉的语言比较容易使人们回答敏感性问题;要谨慎地设计敏感性问题,促使被试者不保留或过分夸大自己的回答。

问卷初步设计好之后，要找几个和正式的研究对象同质的对象对问卷进行测试，从而改进和完善调查问卷。要特别注意的有以下几个方面：检验问卷的设计及答题的方向是否符合研究的目标；检验问卷的问题选项、问题指示、整体布局是否合理；检验问卷题型设置是否得当；检验措辞是否得当；检测答题的时间及被试者的情绪反应，长短、难易是否适中，是否虔诚有礼。

问卷调查这种研究方法既有优点也有缺点。问卷调查的优点在于：客观统一、高度量化、执行效率高、成本较低，适合进行大规模调查研究，也易于分析说明问题，匿名调查能够真实反映被试者的观点、信度较强。但是问卷调查也有一定的局限，主要表现在：设计难度较大，难以进行定性分析，不利于解决"为什么"这样的问题，而且问卷形式高度统一不利于充分表达个人观点，此外问卷调查对被试者的文化素质要求较高，不能用于文化低的被试者。

已经填写好的调查问卷收集在一起之后就可以开始处理问卷的数据了，在处理问卷的数据时应该注意以下几个方面：（1）完整性：检查被试者是否完成了所有的问题，对没有完成的问题要尽量从其他部分推测出来，或者联系被试者完成问卷，并且要详细记录下所有问题的答案。（2）准确性：确保准确地记录了被试者的回答，检查是否存在漏填、误填的现象。（3）一致性：检查被试者的作答与题目的要求是否一致。（4）数据处理：问卷调查的数据处理既可以用手工方式完成也可以用电脑来完成。如果工作量大，一般采用电脑软件来处理数据。常用的统计分析软件有"问卷统计2.4"和SPSS统计软件。这里不多赘述。

问卷调查的结果通常采用调查报告的形式展现出来。调查报告的内容主要应该包括：问卷调查的主题；本次问卷调查的价值；问卷调查的目的；问卷调查的基本情况（时间、地点、对象、抽样方式、程序，等等）；调查的结论及结果，这部分可以利用图表、条形图、饼图、趋势图等多种方式展现出来。在调查的结论部分，应该重点概括出问卷中各种现象的内在联系，还要指出本次问卷调查中没有解决的问题或发现的新问题，以促进本人或其他学者进一步的研究。

3.2.3 采访法

采访法是直接与被调查者交谈、获得材料的方法。采访是没有问卷实体的开放式问卷，在调查过程中，采访者针对性地提出有关问题，被访者无须在纸上作答，只需做出口头回应，采访者需要做好笔录或者录音。采访法适用于小型的、征求意见型的研究活动以及涉及语音、语态等话语方面的调查。采访方式、深入程度、交流情况、情感因素、内容的敏感性等问题直接影响到采访的效果，因此，在采访时，特别要注意这几个方面的问题。

Patton 将采访分为四种类型：非正式会话式采访、诱导式采访、开放式采访和封闭式采访。其中"诱导式""开放式""封闭式"的大概意义前面已经提到过，这里就不再重复。这里说的非正式会话式采访指的是在被访者不知道正在进行采访的情况下，询问问题，通过被访者的回答获得研究者所需要的信息。比如，为了调查纽约社会不同阶层（r）音的情况，拉波夫针对性地向商场服务员询问问题，比如"女鞋在哪层"，服务员告诉他在"四层"（fourth floor）发出（r）音。整个调查过程中，服务员并不知道在进行采访，但是研究人员却能很自然地了解（r）音的发音情况。

拉波夫对（r）音的调查简短且范围广，并且要调查售货员在不注意时（r）的发音，因此，使用非正式会话式采访是切实可行的。但值得注意的是，一般情况下尽量不要在被访者不知情的情况下进行采访，因为在讲话人不知情的情况下录音被认为是不道德的行为。特别是使用的语料较多的情况下，应该采用正式参访的方式。同时非正式的采访不能光明正大地录音，所以录音质量差，而且一旦被发现，就会被认为是侵犯了被访者的隐私，将引起严重的后果。此外，公开录音也必须尊重讲话人的隐私，隐藏他们的身份。可以使用笔名、代号等标志来代表说话人。许多研究机构还要求，调查者在访谈结束离开之前还必须出具相关证明，保证所收集的语料将仅供学术研究使用。此外，在经费充足、条件允许的情况下，访谈结束时应该给被访者一定的报酬或者小礼品。

采访的方式还包括以下几种。（1）非引导式采访。采访者没有事先设计问题，在采访过程中不给被采访人以引导和控制，被采访人可以自由、充分地表达自己的感受。这种采访方式适合于调查复杂的、采访者本人比较模糊不明确的选题。这种采访方式可以深入挖掘被访者的态度和感情，避免采访者的主观偏见，但是不利于迅速获取采访者所需要的信息，花费的时间也比较多。（2）集中式采访。采访的对象共同涉及某一事件，比如，看过某一电视节目、读过某书或文章、参加过某一活动。采访的焦点集中在被访者对他们共同经历的事件的观点和看法。采访者事先通过了解事件的情况做出一定的假设，然后通过采访来证明或者推翻假设,从而得到相应的结论。(3)面对面采访。根据采访人数的多寡,面对面采访又可以分为单人式采访和团体式采访(一般5—10人)两种。团体采访时应注意抽取有代表性的采访对象,鼓励大家发言,同时要控制过分积极的被访者,使得每个人发言的时间基本均衡,大家各自谈自己的看法,一般不批评驳斥别人的观点,谈论内容要有主题,不能偏离研究目的。

随着现代科学技术的不断发展,一些新技术手段可以应用在采访当中,比如,电话、网络等。利用电话、互联网进行调查研究具有简便易行、成本低、范围大的特点,适合于对那些普遍而敏感的语言问题的调查。

电话采访是指采访者通过电话向被访者了解情况。在一些被采访人由于时间冲突或类似原因而不能接受面对面采访时,电话采访也可以作为补充手段。拉波夫在他的许多项研究中都使用了电话采访这一手段。比如,在纽约东部贫民区做研究时,就曾采用了电话采访法(Labov, 1966:457-458)。此外,在绘制北美英语地图时,他也采用了电话采访来收集数据(Labov, 2000)。此前,他在20世纪60年代后期做过一次探索性调查,通过该调查,他确信能够使用电话采访进行大范围的数据收集(Labov, 1991:31-32,42)。通过电话采访,拉波夫收集到一些特定词语的发音。随后在此基础上,拉波夫和他的团队在美国和加拿大的英语讲话人中开展了大范围的长途电话采访。电话采访法为大范围的语音研究提供了一个行之有效的调查手段。电话采访法也存在一些不足,比如,不能采访到没有电话的被访者,不能够看到他们的非语言行为,比较有距离感,不利于采访者和被访者之间进行沟通交流,采访者可能因为保密性而拒绝回答。要做好电话采访需要做好以下几个方面的准备:写出所有要问的问题,提出一个则勾掉一条;适时结束通话;多提出一些封闭式问题,减少复杂的问题;认真科学地设计采访抽样。

网络采访是利用网络收集研究信息的方法。主要的渠道有电子邮件、论坛、聊天室、聊天工具,等等。利用网络进行采访具有很多优点,如资源丰富、范围广泛、应用方便、成本低廉、时效性强、功能多样(音频、视频、文本等),而其主要的不足在于网络没有完全普及,可能没有覆盖到调查者需要采访的对象,如中国农村的广大地区,或者老年人等群体。网络采访既可以是点对点的采访(单人式采访),也可以是点对面的采访(团体式采访)。事实上,电话和网络等工具是调查研究的手段和媒介,不但采访式调查的时候可以用,其他时候也可以用,比如,问卷调查的时候,也可以通过网络的方式,以电子邮件、在线问卷的形式传播问卷。总之，电话和网络作为现代化的调研手段，具有广泛的用途，有待于进一步挖掘。

根据采访的准备程度可以分为：结构式采访、半结构式采访、非结构式采访。结构式采访是将采访的内容和程序事先计划好。半结构式采访对采访对象、主题有了初步的计划，但是具体的问题并没有周密地计划好。非结构式采访对采访的对象、问题、顺序都没有成形的计划，随机性很强。采访的题型和问卷调查的题型类似，也包括选择式问题、等级排序问题、程度排序问题以及简答题等题型，只是这些问题都是通过口头的方式问出来，和问卷的形式不同。采访者在采访时应该注意自己的口头表达，把问题清楚地表达出来。

在采访开始前一定要进行科学的抽样，选取有代表性的采访对象，拟定好采访的名单。同时要围绕研究的目的，对采访的内容进行一定的设计。在采访时要把采访的目的告诉被访者。保证对被访者提供的信息保密，采访信息仅供学术研究使用，为被访者提供安全可靠的说话环境。在采访过程中要注意和被访者沟通，关注他们的情绪变化，如同意、不安、烦躁、愤怒，等等。要根据实际的访谈情况控制访谈的话题、时间、进度等，并且适时结束访谈。一般来说，从客观的封闭式的问题开始发问，逐步过渡到开放式的问题，逐步深入。在访谈前还要设计好采访的时间地点，创造良好的访谈环境。

在采访过程中，要注意区分语料的语体差别，讲究访谈的技巧，设法获取有用的材料。采访法的主要不足是当被访者知道自己是在接受采访时，会在访谈中特别注意自己的说话方式，使用比较正式的语体，因此，采访所获得的语料常与被访者平时使用的语言存在差别。拉波夫在这方面进行了有益的探索。他认为访谈的不同语境导致了谈话的不同语体风格，所以访谈通常可以采用下面的办法来掌握语体差异：

（1）念词表体 被调查者在要求念词表时，注意力主要集中在发音上，这时的发音比平时说话正规得多，语体最为正规。

（2）念语段体 被调查者读指定的一段话时，因为要根据内容进行语篇衔接、句读停顿，注意力有所偏离自己的发音，所以语体的正式度略低。

（3）留意说话体 受访者在回答调查人员的正式提问时，说话较为严密、谨慎，表现出的语体较平时自由说话时正式，但低于上述两种情况。

（4）随便说话体 当受访者认为访谈还没有开始或已经结束，或者某个话题让他忘记是处于访谈中时，他的说话非常接近平常的随便状态，这是最自然的

日常语体。（戴庆夏，2004:224）

上面几种语体材料都具有研究价值，通常可以进行对比研究。在采访中采访者有时会采用请说话人朗读已经准备好的词对、词表、段落的方式来收集语料。这样做的好处在于：一方面，朗读时一种较正式的语体可以与一般性访谈的非正式语体形成对比；另一方面，朗读调查者预先准备好的材料可以确保每一个说话人的语料中都包含相同的变项。如果采访一些视力不好或不识字的老人，可以由调查者朗读材料后再让他们复述，同样能够收集到很多有用的信息。拉波夫曾指出，每个社区都需要有一份专用的朗读材料（Labov，1984）。在很多社会语言学论文的附录中都包括这类调查材料，可供后来的研究者参考。假如我们主要是为了调查一种日常说话中的语言变异现象，为了不引起受访者的过分注意，可以先让他读词表或语段，然后告知他访谈结束了，在接下来的闲聊中获取我们真正想要的语料。此外，描述一些童年的歌谣，如《跳绳歌》等，也会让讲话人不自觉地转化到非正式、自然的谈话中。

使用合适的话题与被访者沟通和交流在采访调查中起着非常重要的作用，这就要求采访者最好对当地的风俗、宗教及热点问题有一定的了解，这样有助于提出一些让讲话人感兴趣的话题。有时候，让被访者回忆他们所取得的成就会激发他们的表达欲望，促进沟通。有时候，谈论关于社会活动的话题也会使被访者增加谈话的热情，增加谈话的内容。埃克特采访青少年时，当问及学校的社团活动时，他们马上变得滔滔不绝（Eckert，2000）。在美国南部，"你什么时候得到你的第一支枪"或"1954年龙卷风发生的时候你正在做什么"都能促进被访者积极说话。而在美国白人当中，当问到被调查者与他们的爱人第一次见面的情景，常常会引起他们兴致勃勃的谈话。

但是不同文化社区的人对不同的话题感兴趣，因此采访的话题必须是与当地的情况相适应。拉波夫最广为人知的一个提问"你是否有过接近死亡的经历"曾在纽约市的采访中获得良好的效果。但费金在安妮斯顿提出同样的问题时，讲话人通常在短暂的停顿后回答："没有！"钱伯斯在多伦多使用这个问题同样也失败了，因为调查对象的一位朋友刚刚遭遇不测。米尔罗伊在贝尔法斯特使用该问题也未引发讲话人激动的叙述，因为当地处处都有死亡的威胁，人们对死亡已习以为常（Milroy，1980）。当费金在安妮斯顿使用"死亡的危险"这一问题遭遇失败时，她转而提出另一个问题"在这儿，你是否听说过有人见过鬼"，这反而使来自工人阶级的老年人开始激动地叙述当地的谋杀及伤害事件。

同样，钱伯斯发现，在多伦多的被访者往往对"人们总是说我们变得越来越美国化了"这样的话题更感兴趣。

在方言调查中，可以围绕当地的方言谈一些大家都感兴趣的问题。例如：还有哪些人讲这种话？他们住在什么地方？他们还讲任何其他话吗？当他们初次碰到陌生人的时候都讲些什么话？"桌子"这个意思用什么词来表示？一天当中的几个时段，如"上午""下午""晚上"怎样叫法？对小孩子讲话有什么特殊的方式吗？

针对不同的调查对象要采取不同的采访方法。如果是进行方言的采访调查，通常要在事先准备好的调查表格上列举出各种语言形式，让调查对象确定哪一种是常说的。如果调查表里列举的那些他都不说，他说的是另一种形式，那就把他说的那种形式记下来。但是他的回答不一定会准确，因此，在调查的过程中一定要敏感细心，注意观察。在进行方言调查时如果询问某种说法当地人说不说，他们的回答有时候会前后自相矛盾。一些调查对象（特别是文化程度比较低的）在回答问题时，总想让自己的话说显得的文雅、标准，不愿意表现出自己的"土腔"，也有的是对自己平时使用的语言不关心，自己也不知道自己平时是怎么说的。胡明扬（1983）提到他们的一次调查。有一位家庭妇女在调查中一再表明她们只说"我们"，从不说"姆末"。可是等到调查结束送调查组出门的时候，她却一连说了五个"姆末"。

在采访的过程中，采访者应该客观公正地记录采访的内容。记录的时候要注意提高笔记的速度，使用各种符号；事后要进行整理，把不完整的内容补充完整，并且附上自己的感想；处理好记录和交流的关系，不要埋头记录而忘记对被访者做出回应。记录的内容主要包括：被访者说话的内容、语气（苛刻、友好）、语调（抑扬顿挫）、重音、情绪、态度、动作、持续程度，等等。

条件允许时，在征得被访者同意的情况下要做好录音工作。如果是语音研究，要对被访者说的话进行标音。采访法的一个主要优点在于它所使用的录音材料具有持久性：研究者转写材料时能反复听辨，提高研究的可信度；并且录音材料保存下来，也可以用于进一步的研究。采访也存在一些缺点。首先，因为采访本身就是一种特殊的谈话类型，讲话人仍然会觉得不自然。例如，调查时用来录音的录音机和话筒，常常使得说话人感觉非常不自然。其次，录音采访虽然能够收集到大量语音变异和一些常用的语法变异（例如否定形式）的语料，但是在研究其他一些语法结构，例如疑问式、完成式等时，就不容易收集到足够的语言材料。

采访结束后要对采访的内容进行分析，按照内容的不同将语料分为若干部分，然后分别整理提取出和研究目的相关的重要材料。之后便可以撰写采访报道。采访报道应该包括四个主要的部分：①导语，应该包括主题和内容简介；②采访所使用的方法介绍，包括设计思路、采访过程、记录过程和分析过程；③结果分析，包括语料分析、解析和验证；④对采访结果的讨论，得出最后的结论（Kvale，1996:263）。如果采访的结果中有大量数据，也可以使用数据列表和图形展示的形式表示出来。

3.2.4 观察法

观察法是调查者通过感官或者录音、录像设备，有目的、有计划、有系统地直接观察研究对象的语言、表情、动作以了解某种语言现象、事件和被观察者的心理活动，从而获取材料的研究方法。这里的观察不只是"用眼睛看"，而是问、听、记、体验、理解综合观察的过程。实地观察法是人类学经常使用的调查研究方法，后来引入社会学和社会语言学的研究中。观察法可以观察自然场景、人物场景、交际场景、项目场景，等等。

观察法所获取的资料具有客观性，有利于验证提出的假设。此外，研究观察具有可选择性，可以选择典型的时间、地点、环境来观察所要观察的对象。观察法运用方便，可以保持观察对象的自然状态。但是观察法也有一定的局限性：首先，观察法的运用受到一定的时间和空间的限制，另一方面观察法不能观察到对象的心理活动，观察的结果也带有一定的表面性和偶然性。

根据不同的分类标准，观察法的分类也会有所不同。按实施的方法（准备是否周密）可以分为结构式观察与非结构式观察两种；按照观察者是否直接参与被观察者所从事的活动可以分为参与式观察和非参与式观察；按照观察的情境条件可以分为自然情境中的观察和实验室中的观察（实验室中的观察法也可以理解为实验室法，是另外一种研究方法，与观察法有一定的重合）；按照操作的方式可以分为公开观察与隐蔽观察；按照观察的方式可以分为直接观察与间接观察（利用一定的仪器或其他技术手段作为中介对观察对象进行观察的方法）。下面将举一些学者实际研究的例子介绍参与式观察和非参与式观察以及公开观察与隐蔽观察。

参与观察法是指调查人员深入到被调查对象的实际生活中，通过参与其言语活动来观察、搜集所需的资料。因为研究人员与讲话人打成一片，被调查者通常并不知道自己在受观察，这使得调查者可以观察到自然的语言状态。参与观察法在收集某些语法形式时特别有效，这些语言形式往往是采访法等其他研究方法所不能获取到的形式。语言学家戴顿研究美国黑人英语就使用了参与观察法。在刚开始的一两年中，她仅作为一个研究生居住在黑人社区附近，随后的四年中，她参加了社区活动，并当上了一个社区的负责人，完全融入该社区的生活之中。最后戴顿共收集到 3610 个时体和语态的语言变项的用例，同时还有相关的言语使用者的社会背景材料。（Dayton，1996）

参与观察法可以获得大量真实的语料，而且能体验、感受到该群体的语言习惯、交际方式、文化特点等。参与观察法与采访法不同的是，当你听到一个变项时，必须尽快地记录下来。戴顿一般在一小时内记下听到的例子，并且每次记下的例子不超过三个。参与观察法的不足在于，观察者不能记录下所有听到的例子，那么也就不能提供变式出现的频率。另外，由于对语料没有永久性的记录，所有的语言材料都不能重现，这又会使人产生对数据精确性和可信度的怀疑。此外，参与观察法虽然能在一定程度上克服"观察者的矛盾"，但这种调查要花费较多的精力和时间。

还有一个例子是英国社会语言学家米尔罗伊（L. Milroy）在 1975 年至 1977 年间，花了近两年的时间对贝尔法斯特市三个工人居住区居民的语言状况进行了观察调查。她首先深入到一些家庭的生活中，成为他们的朋友，然后通过这些家庭的关系网络，扩大交往范围。根据这次调查，她掌握了大量语言变异材料，提出了一个新的语言变异理论模式——社会网络模型（即认为语言变异是由不同的社会关系网络造成的）。通过参与可以获得第一手的研究资料，这就为后来的理论研究奠定了基础。

与参与调查法相对的是非参与式调查法。比如，想要了解社会上大家对陌生人的称呼，可以采用非参与调查法。比如，站在公交汽车站或者商店，听大家对陌生人是怎么称呼的，可能的称呼有"师傅、同志、先生、小姐、美女"，等等。在公共场合，听到一个称呼就记录一个，并且适当地标记使用这个称呼的人的性别、大概年龄段等信息，作为研究的一个变量。通过这样的非参与式研究就可以知道当前社会什么称呼比较流行，不同年龄段流行的称呼是什么，不同性别的人常常使用的称呼是什么，等等。

隐蔽观察法是指调查人员以其他身份，在调查对象完全不知道的情况下，暗地里进行观察记录。这种方法的优点是可以获得自然状态的语料，缺点是无法充分控制变量，不能完全掌握被调查者的特征。拉波夫在对纽约三家百货公司售货员的（r）发音情况进行调查时，就用了隐蔽观察法。为了调查纽约（r）音的社会分层情况，拉波夫向同一个调查对象重复询问同一个问题，促使对方在两次回答中分别采用随便语体和正式语体给出（r）在辅音前和音节末尾时的发音情况。fourth floor（四楼）这个短语中正好包含了（r）的两个不同的语言环境，因此希望售货员说出 fourth floor（四楼）这个词。拉波夫到达商场后先了解什么商品在四楼出售，比如说女鞋，然后装作不了解情况的顾客向该店的售货员询问哪里出售女鞋，这样对方就会回答：fourth floor（四楼）。这种对话是顾客和售货员之间经常出现的，所以对方的回答比较自然，使用的是随便语体。接着，调查人员装作没有听清对方的回答，再重复一遍自己的问题，售货员只好比较认真地重复他的回答。这次，他对自己的话语可能给予了极大的注意，从而使它成为正式语体中的语音形式。

拉波夫在短短的六个半小时内就从 204 个讲话人中收集到了 528 个用例（Labov, 1966）。这种方法最大的好处就在于简便易行，因此在随后的许多调查中被广泛使用。例如：在特定的时间中向路人询问"请问现在几点了"，就能很快收集到很多关于 five 和 four 的发音。这种方法的不足之处在于牺牲了一些关于讲话人的背景信息。调查人员在可以隐蔽处做发音记录，同时注明该发音人的性别、口音等特征，但却很难得到关于年龄、职务、种族的确切信息。拉波夫这个例子我们在前面非正式访谈法中也提到过。事实上，这个例子介于非正式访谈法和隐蔽观察法之间。说它是非正式访谈法，因为调查者和售货员存在一定的交谈，可以算是访谈；说它是观察法，因为它不注重谈话的内容而是注重被观察者的发音特点，所以归为任何一类都有一定的道理。

在进行观察之前要对观察过程有一定的计划和设计。首先要明确观察的目标、焦点、语料收集的方式等方面的内容。在选择观察对象的时候尽量抽取较小的样本来观察，因为观察是非常费时间和精力的。LeCompte and Preissle （1993:199-200）建议观察研究应该包含以下几方面的内容：谁处于被观察的群体、场景和活动中，参与观察活动的人是谁；被观察者有多少人，他们的身份如何；发生了什么事情；观察到了哪些常规的、重复的、模式化的、规律的和不规律的行为；不同的参与者是如何与对方交流的；被观察者处于何种地位，扮演着何种角色；经常谈论的内容是什么，不经常谈论的内容又是什么；讨论了哪些重要的问题；发生了哪些非语言的交流，如体态语的交流；交流的事件是如何开始的，何时开始的；事件的发生或持续的时间有多长；被观察者对发生的事件有何看法；这个被观察的群体有着什么样的历史背景、目标与价值观。

观察前的准备工作主要包括：①观察提纲，列出需要通过观察获得的材料要目。②观察过程，确定观察的方法、时间、次数、地点、密度等信息。③观察分工，确定观察人员的分工与组织。④观察仪器，如果观察要借助仪器（录音、录像）就必须事先对仪器进行检查、安装，以及做好仪器使用的计划安排。⑤观察用品，记录的材料，记录的表格，记录的符号，规定有关的统一的参照标准。⑥印制观察记录表格，以便迅速、准确和有条理地记录所需要的材料，便于日后的核对、比较、整理和应用。（张廷国、郝树壮，2008：226—227）

观察记录的方法因为观察内容的不同而有所差异。通常记录的方法分为描述记录法和现场记录法。描述记录法包括日记描述法、轶事记录法和连续记录法。描述记录法可以包括以下内容：快速简记关键词和符号标记；转录、写下详细的观察内容；将观察的内容详细列出；将交流的内容重组；对事件发生的场景进行描述；对事件、人物行为和活动进行描述；可随时进行记录，记录可以是逐句进行的，也可以是根据情景分类的；可按先前制定好的计划条目记录（包括一览表和计划观察表）。（张廷国、郝树壮，2008：227）

现场记录法的种类很多，既可以用符号记录也可以用文字记录。比如，观察某次教学活动，记录的内容就包括讲授的时间、地点、内容、课堂活动、学生感受、学生参与程度，等等。此外现场记录还可以做间隔性记录，即在一段时间内记录某类事件发生的频率；也可以做程度排序记录，即观察者就某一现象的程度做出判断，并记录下来，比如，课堂上学生的反应是冷漠还是热情，这两个极端的态度之间分成五级，观察者即可记录下某节课上学生的态度。

对记录下来的资料要进行整理分析，第一步是要对记录资料进行初步的整理，以确保资料的准确性和完整性；第二步，对记录资料的再次整理，进行编码、分类；第三步，在整体把握观察事件的基础上，确定分析单位、分析工具与框架；第四步，借助于确立的概念和分析工具，对原始资料进行量化处理（行为的分布统计和差异检验），最终建构理论。

在运用观察法进行调查研究的时候要注意观察和分析的结合，不能仅为了观察而观察，观察是为了更好地检验假设，得出结论。另外，观察要精细、敏锐，注重细节，只有细致的观察才能真正获得有价值的数据和信息。此外，相关的专业知识以及坚持不懈的研究精神也是做好观察研究所必不可少的要素。最后在观察过程中要注意道德伦理问题，不能侵犯别人的隐私，不能影响别人的正常生活。

3.2.5 实验法

实验研究法是指在社会语言学研究中，研究者运用一定的实验条件和物质手段有计划地干预、控制或模拟语言现象，以取得一些研究资料。它主要用于测试人们对某种语言现象的态度或反映。

语言学研究比较偏重于理论的建立和文献资料的整理、综合、分类和对比，这样的研究所掌握的研究资料都是第二手的。然而社会语言学研究涉及语言的实际使用的问题，仅仅依靠前人的经验和方法是不够的。经验和方法需要实践的检验，理论和假设也需要科学的验证。这样，不少研究人员把原来属于自然科学的方法借用到语言学研究中来，实验法就是其中最为重要的一种。通过实验法获得的研究资料都是一手的。进行实验法的研究是语言学研究更加科学、更加严密的重要体现，是一次巨大的进步。

采用实验法进行调查研究的优点主要体现在它的探索性上。实验法的重要主张就是强调理论和假设必须使用科学的方法、周密的实验进行检验，才能辩明真伪，别人提出的理论、假设，别人所主张的经验不能盲目相信。通过实验法这一研究方法也可以对以往别人提出过的理论、别人总结的经验甚至别人做过的实验进行再验证。只要实验设计得合理、科学、严谨，就可以对别人提出的理论、方法和结果进行再检验。通过改变实验条件和实验人员，可以检验别人的结论，同时扩充别人的研究成果。而自己在进行实验的时候也可以指出自己实验的局限性，让别人去补充和扩大自己的研究成果。采用实验法调查语言现象，并不是针对某一现象本身进行实验，而是针对一类现象选取其中的一个代表进行实验，实验的结果具有规律性，可以代表这一类现象的规律。采用实验法进行语言调查必须客观科学地进行实验，实验结果应该客观科学，不因研究人员的改变而变化。

进行实验设计是使用实验法进行调查研究的重要环节。实验设计的主要内容有：实验目的，实验原理，实验用品设备，实验内容，实验人员及分工，被试的人数及抽样方式，被试的招募方式，预测的实验结论，等等。在实验开始之前就要对这些内容非常明确，才能够保证实验能够顺利有效地进行。

研究实验在实施的过程中，研究人员根据实验条件对实验对象的行为作客观的观察，观察到、记录下来的数据便可以用来作分析。可见，在使用实验法进行调查研究的过程中，观察是十分重要的一个环节。因此，实验须采用控制和操纵的手段，根据假设来设计实验，使某些要观察的行为在实验室的环境下更为集中地显示出来。这种方法的特点是：有明确的观察目的、周密的实施计划、精确的观测，以此来对对象的行为表现进行观察。在这种条件下，观察者要对影响被观察者行为的因素进行控制，从而取得理想的观察结果。通过实验观察法可以对所发现的问题集中系统观察，从一般到特殊，从而得出相应的规律。

实验之后要进行数据分析。数据分析的目的也就是探索语言的规律，即通过实验样本的特点概括出相应的规律，从而反映出总体的特点。进行数据分析要用到统计学的知识。统计学可分成两部分：一部分是描述统计学，用描述性统计学可将总体和样本的数字特征（如平均值、方差等）用数字、表格、图表表示出来；另一部分是推论性统计学，用推论性统计学可说明观察到的样本统计量在多大程度上反映了总体的参数，以及两个或多个组间的差别是否有显著性，即差别是由随机因素引起的，还是由研究中的变量引起的。数据分析之后就要对数据所反映的问题进行解释。解释的同时，事实上也是对实验开始时假设的一个照应，通过实验要判断出实验前的假设是否成立，如果不成立，为什么不成立，原因是什么，从而引出进一步的研究。如果成立，则表示假设得到印证，可以作为一个结论归纳出来。

史密斯（Greg Smith）曾在英国伦敦的一所学校进行实验，以调查该校学生对标准英语和伦敦方言的态度。他让被调查者分别给说标准英语的人和说伦敦方言的人在"友善、明智、勤勉、诚实、漂亮"等指标上打分，结果表明：尽管许多被调查者本人也是说伦敦方言的，但他们普遍给说标准英语的人打了高分。这说明标准英语在他们心目中有较高的位置。这种实验法被称为主观反应实验法。

此外，所谓变语配对试验也是实验法的其中的一种。变语配对是美国心理学家 W. E. 兰伯特（Wallace E. Lambert）在长期的研究中摸索出来的一种方法，使用这一方法的目的在于测试语言学习者对另一语言文化集团的"态度好坏"和"归附动机的强弱"。这一实验的步骤是：先根据定下的调查目的，请一些双语说得很好的人用他们所掌握的两种语言朗读同一篇材料，并录下音来；然后让被试者听这些录音，并且要求他们凭声音去对"每一个说话人"（必须让被试者以为这是两个不同的人在读）的各个方面去进行评价。这一方法的实质是，利用语码的转换诱导出某个社会集团成员对另一集团成员所持的偏见或是带倾向性的看法。从学习第二语言社会心理的角度来分析测试的结果，我们可以了解某一社会集团成员对另一特定的社会语言文化集团的"态度好坏"和"归附动机的强弱"，从而考察某一社会集团成员学习某种第二语言的热情，预测学习的成效。这个理论在西方社会里进行了大量的实验性研究。

近年来国内一些学者也试图用这一理论对汉语方言区的人学习民族共同语的心理进行调查，取得了初步的成果。例如，沙平（1991）公布了自己对福建一所高校大学生的初步调查结果。该校莆田籍学生在该校历年的普通话测试中总体水平总是倒数第一。这次实验一共抽取 222 名大学生作为样本，分为三个受试组，其中以莆仙话为母语的 80 名学生组成实验组，另外两个组由 72 名以闽南话为母语和 70 名以闽东话为母语的学生组成，作为参照组。多次实验的结果表明，莆仙学生群体中多数总是做出偏袒"莆仙话说话人"的评价反应，特别是在"可靠性""诚恳""热情"这些与方言所负载的"一致关系"信息相关的项目上，反应尤为强烈。在"总印象"一栏中，莆仙学生群体也总是要夸大地表现出对方言集团成员的偏爱和对共同语集团成员的偏见。

实验法刚刚引入语言学研究当中，目前国内采用实验法进行的社会语言学研究相对较少，但是实验法在今后的研究当中必然会发挥更加重要的作用。

3.2.6 语篇补全测试

语篇补全测试（Discourse Completion Test，简称 DCT）是常用的语料收集方法之一，采用问卷调查的形式（另外两种形式是多项选择和排序）。具体操作是：研究人员首先设计和描述对话发生的情景，然后在情景后面留出空白，最后请被试者根据情景写出可能的回答。

例如：

情景 1：张先生/女士是你的一个老朋友，他/她有严重的拖延症，经常不能按时完成任务。你要建议他/她改变拖延的坏习惯。

你可能会说：

情景 2：妈妈把切熟食和生肉的刀具混在一起用，这样做并不卫生。你要建议她改掉这个坏习惯。

你可能会说：

1975 年，语篇补全测试首次应用于 Levenston 在对加拿大移民的英语水平测试中。1982 年，Blum-Kulka 把该方法应用到言语行为研究中，用来对比希伯来英语学习者和英语母语使用者的言语行为实现方式。该测试被充分应用于 20 世纪八九十年代的 CCSARP（Cross-cultural Speech Act Realization Project）对道歉和请求言语行为的研究中。

语篇补全测试在具体操作时有不同的形式。测试人员在描述情景时可以简单描述，也可以详细地描述，比如，对事件发生的时间、地点、原因、过程加以详细地描述。在留给被试回答问题的空白处后面，测试人员根据研究需要，可以不再提供任何回答，也可以提供肯定或否定的回答，从而构成一个完整的话轮。

语篇补全测试能够在较短的时间内快速大量地收集语料，能够帮助研究者初步了解自然话语中可能会出现的言语行为的表达方式和话语策略，还可以通过选择测试对象有效控制诸如社会距离、年龄等影响因素。这些优势使其成为社会语言学、语用学等领域使用最多的语料收集方法之一。

语篇补全测试出现以来大多用于英语的研究，也有部分研究者把语篇补全测试应用到汉语研究中。比如，Hinkel（1997）用语篇补全测试和多项选择问卷这两种方法，对比研究了母语为汉语的英语学习者和英语母语使用者的建议言语行为；Yi Yuan（2001）运用书面语语篇补全测试、口语语篇补全测试、笔记和自然语料四种方法，收集了 175 名汉语母语使用者的赞扬和赞扬答语的语料；王爱华、吴贵凉（2004）采用语篇补全测试收集语料，调查研究了汉语和美式英语拒绝言语行为与社会因素之间的关系；王楠（2012）在对中国和西班牙受试者进行语篇补全测试的基础上，对比研究了这两种语言针对请求言语行为的真实拒绝言语策略的表现方式；何兆熊（2013）在研究中国英语学习者在表达和感知层面的语用迁移和二语水平与语用迁移的关系这一课题时，采用语篇补全测试作为主要的语料收集工具之一。

语篇补全测试也有其固有的缺点，它作为引出式、非口语的语料收集方式，采用的是笔试问卷的形式，因此，不能体现自然口语中的语调、情感、话语转换、说话人和听话人之间的合作等特征，即不能真实地反映交际中的自然语言的使用。因此，如果研究对象是自然话语，那么语篇补全测试则不是最佳的选择。但是，如果是为了了解说话人的社会语用知识、影响说话人言语选择的语境因素，或是为了研究某个言语行为的核心话语部分，那么该方法不失为一种较好的选择。在使用语篇补全测试时，如果能把观察和记录自然语料作为设计问卷的基础，比如，研究者可以通过采访、问卷调查、观察现实生活等方式，从而设计出更贴近日常生活的情景，这样能够增强语料收集的有效性和真实性。另外，在实际操作中，20个情景和30名被试者是设计测试时可以遵循的大致原则。并且，问卷长度不宜太长，回答的时间应该少于30分钟，以15到20分钟为佳。

3.2.7 "真实时间"和"显象时间"调查法

以布龙菲尔德和索绪尔为代表的传统语言学派认为，语言变化本身是无法观察到的，可能被观察到的只是语言变化的结果，语言变异只不过是自由变异或方言混杂的现象，对语言发展意义甚微。在解释语言的发展进程上，拉波夫（1963，1966）开创的变异社会语言学（Variationist Sociolinguistics）取得了突破性的发展，认为语言的历时变化（diachronic change）反映并扎根于共时变异（synchronic variation）。从拉波夫起，人们认为通过共时方式可以对进行中的语言变化加以研究，而研究进行中的语言变化则又被认为是当代语言学中最显著的单项成就（Chambers，1995）。

研究进行中的语言变化的最佳的方法似乎是全程追踪整个变化过程，但这种方法的可操作性很低，一来这个过程可能极其漫长，二来某个受关注的共时变异可能最终没有演变成语言变化。因此，对语言变化的研究一般运用真实时间（real time）观察和显象时间（apparent time）调查法。

真实时间研究可以分为两类：一类是比较已有的目的、方法和理论基础都不同的研究，包括方言地理学的系统记录，以及历史记录中不完全的观察、偶然的记录和较为详细的系统描述。这种分析仍然是定性而非定量的，依然是对两个不同时期的语料做静态对比。另一类是重返以前研究过的言语社区，调查记录当前的实际语言，通过与以前的记录比较，从而发现语言变异的过程。比如，游汝杰在20世纪80年代对上海市区和郊区方言进行调查并留下详细的记录，30 年后重返以前的社区进行再次调查。将调查结果与 30 年前记录的材料做比较，发现郊区方言原有的语音特征消失不少，郊区方言不断向市区靠拢，如内爆音消失、ie 韵与 i 韵合并、入声韵尾减少、单字调调类减少等。

然而，语言变化研究中，真实时间数据使用不多，原因是获得真实时间数据极其困难，而且真实时间数据的可比较性、语料取样的设计、调查对象所使用的特定语言的方法、调查人群的人口学变化等因素在研究中不可忽略，从而大大增加了研究的难度。

相较而言，语言变化研究中使用较多的是通过显象时间观察得到的数据。显象时间研究考察的是语言变异在言语社区中不同年龄群体的分布情况。使用该方法是基于个人语言使用具有稳定性的假定。这个假定认为，母语使用者从青少年后期起，其语言使用的主要特征基本上定型，而且在其一生中基本保持稳定。拉波夫对纽约和费城元音系统变化的研究是该调查法的典型例子，他通过数学计算和图表分别演示了显象时间上的变化情况。在同一时代，通过调查老年人（所谓老派）和青年人（所谓新派）的语言，来发现语言变化，这是汉语方言学惯用的研究方法。比如，游汝杰在 20 世纪 80 年代曾调查上海市区十个区十个家庭的祖孙三代 30 人的上海话，比较三代人的语音，结果发现声母、韵母和声调都正在发生变化。例如，老年人分尖音和团音，如"精"和"经"读音不同，中年人部分分尖团，青年人完全不分尖团，"精"和"经"读音完全相同。

采用显象时间概念来收集语言数据，对语言变化进行研究是一种比较切实可行的研究方法，其优点是在较短的时间内通过采集语言的共时变异来推断语言历时变化，使得研究者能够同时采集到数十年间反映语言使用状况的各个时期横断面的数据。运用显象时间概念收集到的不同年龄段语言使用的共时变异可揭示语言的历时变化，并预测语言可能的发展方向。

3.2.8 自我测评法

调查者设计有关语言能力、语言态度等题目，请被调查人自我打分，或做出其他形式的自我评价，这种调查方法被称为自我测评法（self evaluation test）。比如，特鲁杰在英国诺里奇市曾就 12 个词进行自我测评，首先他对被调查人用两种或多种不同的读音大声念出每一个词，例如 tune 有两个读音：① [tjuːn] ② [tuːn]，然后要求被调查人指出哪一个读音更接近他平时说这个词的发音。

自我测评法的优点是操作起来比较简便,如果立足语言本体设计调查问卷,要求被调查人填写答卷,成本将相当高。缺点是评价往往偏离实际情况,通常是自我评价过高,当然也有过低的情况。如拉波夫在纽约对元音后变体 r 的有无进行自我测评,结果显示,自报通常使用标准形式 r 的人中,有一部分人实际上并不使用这种较有声望的形式。这种"不诚实"的自报,说明他们对自己平时说话的方式并不满意,而愿意使用更标准的形式。特鲁吉尔在诺里奇的调查发现,中产阶层的女性在"自我测评"时,往往自报得分过高,而中产阶层男性往往自报得分过低,有认同较低阶层语音标准的倾向,这说明较低阶层的非标准语音对中产阶层男性具有"隐威信"(covert prestige)。

3.3 调查实例介绍

3.3.1 马萨葡萄园岛的语音变化研究

1. 研究的基本情况

马萨葡萄园岛(以下简称马岛)位于美国东北部大陆海岸线附近,是个有大约 6000 常住人口的小岛。拉波夫选取了 69 名居民作为调查对象,这些人代表了不同地区、职业、民族和年龄的群体。通过对语料的收集及定量分析,发现了一个正在进行中的语音变化,即某些词语(如 right、wife、house、out 等)中发作前低元音的部分产生了央化的趋势,并且央化和无央化发音出现的比例与年龄有关。

通过对 6000 多个发音实例的统计分析,拉波夫发现,从"75 岁以下"的年龄组开始,每 15 年一组,在这五个年龄组中,央化的比例逐渐升高,如下表所示:

表 4 不同年龄组的人的元音央化比例(%)

年龄	(ay)	(aw)
75—	25	22
61—75	35	37
46—60	62	44
31—45	81	88
14—30	37	46

由表可知，随着年龄的降低，央化的比例逐步增高，不过，在更年轻的年龄组即 14—30 这一组中，（ay）和（aw）的央化比例又降低了。总之，前四个年龄组的央化比例显示出，至少在大约 50 年左右的一段时间，央化是处于不断发展的状况中的。

与此同时，拉波夫通过分析还发现，央化发音出现的不同比例不仅和年龄因素有关，还跟职业和居住地区有关。将所有调查对象按照职业分作三组，即渔民、农民、其他职业，结果发现渔民的央化比例最高，其他职业次之，而农民组的央化比例最低。在地区分布上，住在西部的岛民比住在东部的更容易出现央化发音。

2. 研究结果的分析

央化比例与年龄因素有关表明，共时层面的这种语言变异同时又是历时层面的一种正在进行中的变化。拉波夫的马岛语音变化的研究可谓是第一个对进行中的语言变化的研究。不过，要确定某个变化是否在进行，不能仅仅依靠共时层面年龄段上的变异的分布趋势，还必须寻找语言历史上确实存在的证据。拉波夫认为，在研究某些正在进行中的变化时，最为可取的办法是将显象时间的研究与真实时间的研究结合起来。

至于这种语言变化为何发生，拉波夫通过了解英语历史上的变化和马岛居民几代人的人事变迁寻找到了答案。根据历史语言学的研究，现代英语中的前低元音是由几百年前的央元音演变而来的，这种演变主要体现在标准英语和大部分方言中。在某些方言中，包括早年移居马岛的英格兰移民所操的方言中，央化元音还有不同程度的保留。到 20 世纪 30 年代，由于受到主流变化的影响，央化元音几近绝迹了，即使是在偏僻的马岛也不例外。可在第二次世界大战之后，央元音似有卷土重来的优势。如何解释马岛方言的这一激烈的变化呢？

央音的重新发展有其社会动因。马岛的传统经济结构以渔业和农牧业为主，二战以后，旅游业逐步发展起来，一方面影响了传统产业的发展，另一方面又抬高了生活费用，引起岛上许多居民的强烈反感。居民的反感很自然地会表现在他们的语言行为上，也就是自觉不自觉地夸张了岛民和大陆来客之间的方言差异。央化的发音象征着马岛的传统语音，居民通过强化自己海岛的语言特征来表达对马岛的认同感与归属感，这是一种海岛意识或地方意识的体现。这种社会动因不仅解释了央化发音的年龄差异，同时也解释了职业及居住地区的差异。当地的渔民对马岛最有认同感，对旅游业的发展也最反感，所以他们在这一象征马岛传统的语音变化上也表现得最为突出。在地区分布上，岛民早先基本上都住在东部，后来由于旅游业在东部的发展，许多人被迫迁至西部。还有一些人留在东部，他们或是参加了旅游业，或是没有直接加入旅游业但仍喜欢和大陆人来往。总之，东部人较多地接触大陆人，而西部居民则生活在岛民小圈子中，这自然为西部马岛方言的独立发展创造了良好的条件。

以上所论述的社会动因也可以解释该社区某些特殊成员的语言现象。一般来说，具有明显马岛发音特色的人应该是那些对传统生活方式有依赖性的人，如渔民，他们较少接触外部社会。可是在所调查的马岛居民中，有几个是在外面服过兵役或上过大学，他们应该是受过较多大陆语言的影响，但却有相当高的央化率。尽管这些人都是有能力在外谋生的，但是仍回来了，之所以回到海岛定居，是因为他们具有更强的归附海岛的意识，反映在语言行为上自然是强化自己海岛的语言特征。另外，如上所述，14—30这一年龄组的元音央化率又大大降低了，而进一步的分析发现，这一组中央化率的差异悬殊，甚至有两极分化的现象。其中有一小部分人有着极高的央化率，明显高于更大年龄组的平均水平，可见，央化在年轻人中只被一小部分人继承和发展了。这一组央化率的差异依然与海岛意识相关：央化率高的都是决心留在海岛的年轻人，央化率低的都是向往大陆、准备到外面谋生的年轻人。

3.3.2 纽约城市方言研究

1. 研究的基本情况

纽约市居民英语发音存在一种所谓"自由变异"的现象，即在讲某些词汇（如car、cart、four等）时，有时候发出（r）音，有时候不发该音，而且什么时候发、什么时候不发似乎完全没有规律。但拉波夫经过调查分析发现，这种发与不发的变异现象并不是杂乱无章的，而是具有很强的规律性。对于元音后的卷舌现象，纽约市居民之间的差异表现在这种现象的出现比率，而不是这种现象的出现与否。所谓出现比率是指，在所有可能出现这种卷舌音的词的发音中，实际上出现卷舌音的次数与其可能出现的总次数的比率。这种比率不是绝对的，而呈一种概率性、相对性分布。研究发现，卷舌变异与社会阶层、社会场合相关。

按照一定标准，拉波夫将调查对象分为三个"社会阶级"（social class），即中等阶级、劳工阶级和下层阶级，又进一步分为六个社会阶层，即上中等阶层（UMC）、下中等阶层（LMC）、上层劳工（UWC）、中层劳工（MWC）、下层劳工（LWC）、下层（LC）。此项调查主要涉及了两个社会变项，即社会阶层与社会场合。拉波夫在收集语料的时候刻意采集了讲话人在不同场合的发音样本，这些场合包括随便谈话、正式谈话、读段落、读词表、读词对等。这几种场合的发音构成一个"讲话语体连续体"（style continuum），以随便谈话为一个极端，以朗读"辨音词对"（minimal pair）为另一个极端，前者代表最随便的讲话场合，后者代表最正规的社交场合。

不同阶层发音人在不同场合的（r）变异比率如下表所示：

表 5　三个不同社会阶级的（r）变异指标（%）

语体	读词对	读词表	读段落	正式谈话	随便谈话
下层阶级	50.5	76.5	85.5	89.5	97.5
劳工阶级	45	65	79	87.5	96
中等阶级	30	44.5	71	75	87.5

所谓"指标值"（index）指的是一种概率，即谈话中在可能卷舌的地方不出现卷舌现象的概率。由表可知，下层阶级在词对认读、词表朗读、段落朗读、正式谈话、随便谈话时的指标依次为50.5、76.5、85.5、89.5、97.5。可见，该阶级的人在随便谈话时很少出现卷舌现象，随着讲话语体变得更加正规，讲话人对发音会越来越注意，卷舌现象的出现概率也就越来越高。劳工阶级和中等阶级同样具有语体越正规、卷舌比率越高的趋势，不过，中等阶级即使在最随便的场合也有一定程度的卷舌率（高于10%），而在最正规的场合其卷舌率则大大超过下层阶级，达到了70%。由各阶层的卷舌变异现象可以看出，纽约人的语言表现好像是分层次的，这种语言现象就是所谓的"层化"现象。拉波夫曾对这种卷舌层化现象进行描写，如下图所示：

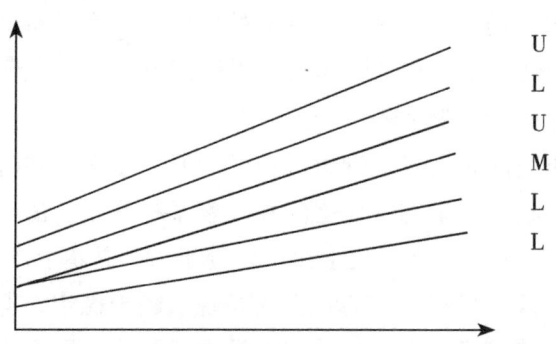

图6　不同阶级随语体正规性卷舌现象出现的倾向

在上图中，竖轴代表卷舌率，箭头指向高卷舌率；横轴代表语体变化方向，箭头指向更正规的语体。随着语体的正规化，各阶层几乎是平行地向上移动。由此可见，元音后卷舌音的变异现象与社会的相关性十分显著，能够区别社会阶层及讲话语体。拉波夫将这种区别社会群体和语体的语言变异称为"标志项"，而将那些能区别社会群体但缺乏语体变化的语言变异称为"指示项"。

在研究中拉波夫还发现了一种所谓的"超越现象"（crossover），即最接近顶层的社会阶层的语言表现在最正式的语体中超越较高阶层的现象。实际上，纽约市元音后卷舌层化现象中经常包含"超越现象"，如下图所示：

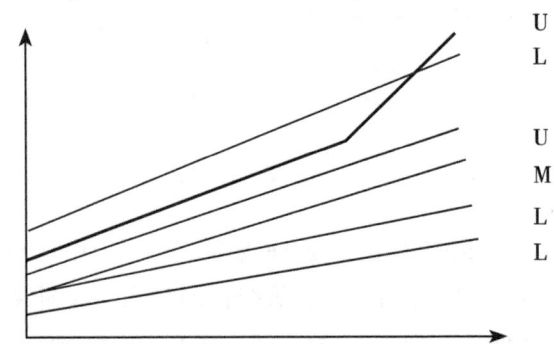

图7 不同阶级随语体正规性卷舌现象出现的倾向性及"超越现象"

由图可知，下中等的卷舌率超过了上中等。拉波夫对"超越现象"的解释是：具有该种表现的人们往往具有较多攀升社会阶梯的机会和渴望，因此对卷舌音变异的社会象征意义格外敏感，以致达到"矫枉过正"（hypercorrection）的地步。

2. 研究所得结论

纽约市人的英语发音中存在一种语音变异，即元音后卷舌变异现象，这种变异具体体现在出现卷舌音的多寡这一量的区别上。通过对该变异现象的分析发现，(r)的卷舌变异与社会阶层和语境语体双重相关，说话人的社会地位越高，或交际场合越正规，卷舌率也就越高。

另外，此项研究同时具有语音历史演变的研究意义，共时层面的卷舌变异现象与历时层面正在进行中的变化之间存在着某种联系。由于卷舌变异在纽约市有着广泛的分布，同时，在历史上纽约曾处于一个基本上不卷舌的大方言区。因此，我们可以想象，尽管现在的卷舌变异现象趋于稳定，但在历史的某个时期，纽约卷舌变化曾经经历了一个快速大发展的阶段。那么曾经发生的这种语言变化的社会动因是什么呢？经过研究发现，第二次世界大战以后，美国经济和纽约城市的急速发展为纽约市民带来了相当多的发展机会，也为广大群众提供了攀登社会阶梯的现实途径，于是，那些想要改善自己社会地位的人就会有意识地仿效较高阶层人的语言行为，卷舌的社会威信也就得以确立了。因此，二战以后的一段时期内，卷舌变化得以迅速发展。可见，这种卷舌音的变化是社会变化带来的结果。

3.3.3 我国北京话"女国音"现象研究

对于北京话"女国音"现象，黎锦熙早在20世纪20年代就提到过，他发现北京一些女子中学的学生常把[tɕi-]、[tɕhi-]、[ɕi-]读成[tsi-]、[tshi-]、[si-]，他将这种女学生特有的读音命名为"女国音"。之后又有不少学者调查、讨论过该现象，如徐世荣、陈松岑、曹耘等。胡明扬的该项北京话"女国音"调查是在1987年4月至6月之间进行的。

1. 调查目的、调查对象及调查方法

调查目的是要解决以下问题：所谓"女国音"究竟是什么音，是真正的齿音，还是靠前的舌面音，还是别的近似齿音的音？"女国音"是成系统的、全面的，还是个别的、只影响一部分字音？"女国音"的地区分布情况如何？"女国音"是否受韵母、语体等的制约？"女国音"是否受年龄、性别及家庭语言环境等因素的影响？影响"女国音"的社会因素是什么？

调查对象是狭义的北京人，即在北京城区和近郊区出生和长大的人，不包括远郊区出生和长大的人，也不包括在外地出生和长大的人。一共调查了202个北京人。此项调查采取的是非随机抽样调查，选点大多视方便条件而定。在正式调查时使用了词表调查法，让受试者朗读一张包含声母[tɕ]、[tɕh]、[ɕ]和不同韵母相结合的音节的词表。之所以使用词表，而不使用短文，这里存在一个"国情"问题。国外经验一般认为，朗读词表时的发音最不能反映平时的发音特点，读短文时就会自然一些。比如，在美国，不少人读小学时就意识到自己的读音不同于公认的标准读音，所以在朗读词表时会力求合乎这种权威读音，而读短文是就像在讲故事，会很放松、自然。但在北京，每一个北京人都认为自己的读音和别人一样标准，所以读词表时一点也不紧张，而在读文章时往往特别认真，生怕读不好，所以就很容易紧张。调查使用的词表考虑到了历史上的尖团音，也考虑到了韵母和主要元音的开口度，而且不仅有[tɕi-]、[tɕhi-]、[ɕi-]，

也有 [tɕy-]、[tɕhy-]、[ɕy-]。

2. 调查结果

（1）"女国音"的音值。

所谓"女国音"是把一部分 [tɕi-]、[tɕhi-]、[ɕi-] 的字读成 [tsi-]、[tshi-]、[si-] 或非常靠前的 [ʇtɕi-]、[ʇtɕhi-]、[ʇɕi-]。不过，发 [ts] 等和 [ʇtɕ] 等音时，舌尖都在下齿背，和发正常的 [tɕ] 等音时一样，只是发 [ts] 等时舌叶前部紧靠上齿背，发 [ʇtɕ] 等时舌面前部紧贴上齿龈。发"女国音"的 [ts] 等和 [ʇtɕ] 等音时嘴形小而闭，送气音的送气声减弱，在听感上是一种"细"音。

（2）"女国音"的地区分布。

过去"女国音"现象也许仅限于某些女子中学，但现在这种语音现象已经遍及北京全城和近郊区，还传播到了远郊区，并且已经不限于女学生。至于"女国音"现象向远郊区的传播，原因在于郊区中学的女学生在语音上会竭力模仿具有权威地位的北京话。

（3）"女国音"与韵母结构、语汇、语体之间的关系。

在韵母结构上，"女国音"现象集中在韵母是 [-i] 的音节上，其次是韵母为 [-in] 和 [-iŋ] 的音节，再次是韵母为 [iɛ] 的音节。可见，读"女国音"的音节的开口度都是比较小的。

在语汇、语体方面，单音节口语化常用的语汇容易读成"女国音"，不常用的书面语语汇较少读"女国音"。不过，这仅仅是一个大致的倾向。

（4）"女国音"与性别、年龄、家庭语言环境之间的关系。

在调查的 137 名女性中，有"女国音"现象的占 30.65%；在调查的 65 名男性中，没有发现任何"女国音"的发音现象。

调查表明，"女国音"基本上和青春期共始终，一般来说，女学生结了婚步入社会以后就不会再保留这种发音特点。由于女学生的结婚年龄在不同社会条件下会有所差别，"女国音"开始和终止的具体年龄也就会因社会条件的不同而有所差异。在新中国成立前，女学生高中毕业后多数人结婚了，"女国音"现象也就消失了。现在女学生的结婚年龄推迟了，一般要等到大学毕业后才结婚，所以"女国音"消失的年龄也就推迟了。

调查结果表明，"女国音"现象的有无似乎和家庭语言环境无关。

3. 调查结论

这次调查表明，"女国音"只是北京女青年（主要是女学生），在一个特定的年龄阶段内的一种特殊的语音现象，在男青年中没有这种现象。因此，这种现象并不代表北京话本身舌面音普遍前移的一种语音演变趋势，而是受社会因素影响的一种语音变体。有这种发音习惯的女青年多数没有意识到自己的读音和别人有什么不同，也并没有有意识地这么去读，不过调查表明，使用这种语音变体不完全是无意识的，至少是受某种潜意识支配的。

女孩子都有爱美的意识，但这种意识由于受到传统封建意识的压制而只能潜伏在潜意识中，"女国音"现象正是在这种潜意识的促使下产生和发展起来的。有的女孩子说话时会尽量嘴张得小一些，声音"尖"一些、"细"一些，因为社会风气普遍认为女孩子细声细气才合身份，尖而细的声音比较好听，也会显得娇气。总之，"女国音"现象是女性爱美心理这一社会因素影响的结果。

3.3.4 我国北方话鼻韵尾变异研究

1. 调查研究的理论背景

目前，社会语言学领域存在两种研究语言变异的理论与方法，即社会层化分析与社会网络分析。社会层化分析的方法是拉波夫在纽约市卷舌音变异现象的调查中提出的，这种理论方法与所谓"言语社区"的理论密切相关。拉波夫所定义的"言语社区"指的是一个具有基本相同的语言态度的人群，社区成员对于语言变项具有相似的社会评价。例如，纽约人大多尊重卷舌音的发音变式，认为这种发音特点标志着较高的社会地位和较正规的交际场合。同时，卷舌音的出现比率与发音人社会经济地位的层化结构相对应，这种语言变异与社会层化相匹配的现象就是所谓的"语言的社会层化"。该理论提出后的一段时期内，学界一致认为，社会层化结构就是现代社会都市言语社区的基本结构。

与社会层化分析理论相对立的是社会网络分析理论，该理论是米尔罗伊（Milroy）在北爱尔兰的工业城市贝尔法斯特所进行的调查中提出的。经调查发现，在一些聚集着许多失业工人的居民区，居民大量使用非标准的语言变式，而且这种语言变式的分布不具备多层分化的特点。调查中涉及的多个语言变项如 pull, took, would 等词中的元音和 brother, other, together 等词中的 -th 的发音，结果发现，男性居民几乎总是发与标准音差距很大的具有本地特色的非标准音，而女性在这些变项上的变异范围则比男性居民宽得多。可见，该工人阶级居民社区的社会结构特征显然不是社会经济多层分化的结构，而是米尔罗伊所指出的高密度和高复合度的社会网络。这种紧密的社会网络形成了一种保持土语文化的基础，那些大范围内受到轻蔑的非标准变式在该网络内却被视为正常的形式，甚至获得尊重，而那些大范围内流行的标准变式反而在该网络内被视为疏远和背叛的标志。此外，女青年们的活动范围往往超出本地社区，她们的社会网络比较开放，所以她们就具有较宽的语言变异域。总之，社会网络会对语言变异产生影响，网络越封闭，变异域越窄，网络越开放，变异域越宽。

在对语言变异现象的调查研究中，需要综合考虑社会阶层和社会网络两方面的影响因素，同时考察两种因素对变异现象的制约能力的差异。徐大明在"北方话鼻韵尾变异研究"中，就成功地使用定量分析的方法平行地比较了阶层和网络的解释能力。

2. 语料收集及定量分析

该项研究的语料是徐大明 1987 年在包头市昆都仑区收集的录音语料，收集语料时采用的是定额抽样和滚雪球抽样相结合的方法，语料是从 70 位当地居民的自然谈话中得来的。定额抽样时保证不同年龄、职业的人都有一定量的分布，而滚雪球抽样则是利用社会网络关系逐层扩大调查范围，由此得来的语料库就同时具有了社会特征分类和社会网络分类两方面的指标，这就创造了在同样条件下比较社会阶层和社会网络解释能力的机会。

在对语料进行定量分析的过程中，研究者采用的是变项规则分析法。变项规则分析法是在变项规则概念的基础上结合语言变异现象的概率性特征而发展起来的专门进行语言变异研究的统计方法。这种方法的任务是估算语言、社会等环境因素与变式同现的概率，在实行这个任务的时候，采用的是多元回归的统计方法。变项规则分析法的功能是遴选出能够有效解释有关语言变式的出现频率的环境变项，并且显示出这些环境变项对语言变式的解释力的强弱。具体地说，此项调查涉及的语言变异现象包括鼻韵尾中元音鼻化变异和鼻韵尾中鼻辅音脱落变异两种，影响这些语言变项的社会环境变项涉及社会阶层和社会网络两类。因此，此项调查可以在相同条件下验证和比较社会阶层因素和社会网络因素对语言变异的解释力。

3. 调查结果及分析

鼻韵尾中元音鼻化以及鼻辅音脱落的变项规则分析法的统计结果如下表所示[①]：

---

① 由于此处的讨论仅涉及社会环境变项对语言变异的影响，所以有关语言因素对鼻韵尾变异的作用力的统计结果没有在这里展现出来。

表 6 社会因素对鼻韵尾中元音鼻化的作用力的统计结果（N=5597）

社会环境变项							
家庭社会地位		原居住地		社会网络		职业	
较高 中等 较低	.477 .468 .513	西北 本地 华北 东北	.636 .525 .481 .424	S. W. L. D.	.606 .580 .511 .451	干部 工人	.552 .469
范围	.045	范围	.212	范围	.155	范围	.083

表 7 社会、语体因素对鼻韵尾中鼻辅音脱落的作用力的统计结果（N=5666）

社会、语体环境变项							
家庭社会地位		社会网络		职业		语体	
较高 中等 较低	.481 .586 .485	S. W. L. D.	.389 .385 .451 .573	干部 工人	.438 .537	朗读 会话	.335 .506
范围	.105	范围	.188	范围	.099	范围	.171

在以上两表中，所列出的数字都是"因素作用值"，即有关环境特征与变式同现的概率；所谓"范围"即"变异范围"，就是一个变项的最大因素作用值与最小因素作用值的差。由表可知，影响元音鼻化的社会环境变项包括家庭社会地位、原居住地、社会网络、职业；影响鼻辅音脱落的社会、语体环境变项包括家庭社会地位、社会网络、职业、语体。通过两表的对比观察（如表7所示），可得出以下几项结果：a）在社会环境变项中，社会网络、家庭社会地位和职业同时对两项语言变异起制约作用，原居住地仅与鼻化有关，而语体仅与脱落有关；b）年龄、性别、教育程度、居住区域等西方都市社会语言学调查中反复发现的制约因素在这里没有表现出来；c）社会网络因素和家庭社会地位、职业等的社会分类因素同时对两项语言变异有影响，说明网络解释和层化解释互相之间是不可替代的。

表 8　鼻韵尾变异鼻化和鼻辅音脱落的社会环境条件制约力变异范围统计结果

	原居住地	社会网络	语体	职业	家庭社会地位
鼻化	.212	.155	—	.083	.045
辅音脱落	—	.188	.171	.099	.087

调查结果显示，元音鼻化是个"指示项"，而鼻辅音脱落是个"标记项"，也就是说，鼻化只能反映出说话人的不同社会背景，而不能表现出语体条件，脱落则既显示群体特征又显示语体特征。在昆都仑，越是正规的场合，鼻辅音脱落的现象就越少出现；干部省略鼻辅音的情况一般总是比工人少。同时，鼻辅音脱落没有受到"原居住地"的制约作用，说明它不是不同方言背景的差物，而可能是整个北方话中的一个正在进行中的变化。

如表 7 所示，社会网络对两项变异的制约力都明显大于职业和家庭社会地位的约束力，这一结果表明，在此次运用定量分析方法比较层化变量和网络变量的测试中，测试结果是网络变量的解释力更强。当然，这到底只是昆都仑言语社区的特性，还是中国城市言语社区的一般特性，还是言语社区的一般共性，仍需要进一步的调查研究。

研究结果表明，像包头这样的中国言语社区具有与西方城市言语社区相当不同的内部结构，这种言语社区的内部结构自然与中国的社会结构特征密切相关。中国是个社会主义国家，在改革开放还没有深化的年代，像包头这样新兴的工业城市里，当地居民在社会经济地位上不会出现类似西方大都市中的阶级分化那样的社会结构。人们最重要的社会标签不可能是经济地位，而只能是职业，即"工人"/"干部"的区别，干部的社会地位明显高于工人。以住房待遇为例，工人一般只能分配到没有下水设备的平房，而多数干部可以享受具有厅房厨卫的单元楼房待遇。另外，调查者还从当地社区了解到，干部中还存在一般干部与领导干部的区别，部分领导干部及其家庭所得到的社会经济利益明显超出一般干部。可见，在当地社区，工人、一般干部、领导干部基本形成了不同层次的社会群体。不过需要指出的是，三个不同层次的社会群体之间的界限是相当模糊的，这种结构的层化性远不如西方的层化社会。正如变项规则分析的结果所显示的那样，职业、家庭社会地位两个层化因素制约力的变异范围都不大，分别为"鼻化 .083、辅音脱落 .099""鼻化 .045、辅音脱落 .087"，都明显小于社会网络的变异范围。

  总之，徐大明在"北方话鼻韵尾变异研究"中，运用变项规则分析法平行比较了网络变量和阶层变量的解释力，结果证明网络解释和阶层解释可以相互结合。在此项调查中，社会网络因素显示出了较强的制约能力。该研究开创了中国大陆言语社区研究的先例，揭示了中国言语社区所具有的与西方言语社区不同的许多特性。

第二章 交际社会语言学

第一节 引言

1.1 交际社会语言学的兴起

认识到"语言是一个符号系统"是20世纪语言学的主要成果之一。大量的工作投入到了对语音、语法和词汇系统的描写和分析上面。然而,到了20世纪后半叶,一些语言学家开始认识到,语言交际所包含的内容远远超出了语言的词汇意义和语法组合关系,他们开始把研究对象扩大至谈话和语篇部分,研究不同社会文化背景的人分别利用什么手段组织话语,使得话语间交际产生困难,这种困难是缘何而起的。

于是,有语用学家提出了会话蕴含的概念(Grice,1968),有交际民族志学家提出了交际能力的概念(Hymes,1972)、话语的标志功能概念(Fillmore,1972)和语境意义(Lakof,1978)的概念,进一步扩展了对语言交际的理论认识。以这些理论和观念为基础,甘柏兹1982年的《会话策略》一书又将社会学中"互动"的概念引入语言学,并且强调互动在语言交际过程中的重要性,把它提高到语言学理论的核心位置,构建出"互动社会语言学"。由此,20世纪七八十年代兴起了一个语言学流派——交际社会语言学。

1.2 交际社会语言学的特点

交际社会语言学的主要任务是研究语言知识和非语言知识在会话过程中的作用,以及说话人的社会文化背景如何跟这些知识相互影响。它的特点是用语言学的知识解释人际交流的过程和结果。与以往的语言学相比,交际社会语言学研究的焦点不再是文化间或个体间的比较,而是转向交际中被共同构建的方面;不再单纯地解释意义是否得到有效的交流,而是开始寻求理解意义在话语互动中的方式和过程以及通过话语互动所构建的方式和过程。它与跨文化的交际时有重叠，但后者常常涉及不同种族、文化圈的交流，两者的侧重点有所不同。

交际社会语言学是在交际民族志学影响之下发展出来的另外一个社会语言学分支，必然受到了交际民族志学很大的影响，这一点通过其对海姆斯相关理论的吸收中可见一斑。交际民族志学重视交际环境的构成部分，包括不同类型的交际对象。海姆斯是交际民族志学的代表人物，相当重视实际的言谈交际，关注言语会话活动中所体现的语言文化与社会民俗。交际社会语言中一个很重要的概念——"交际能力"（communicative competence）就是最先由他在其《论交际能力》一文中提出的。"交际能力"理论不仅对交际社会语言学有很大的影响，而且对整个现代语言学产生了重大的影响。

1.3 交际社会语言学的核心理论

交际社会语言学与经典社会语言学的共同基础是主张把语言放置到大的社会环境下进行考察，研究不同社会文化背景下的社团的语言实践：人们如何使用语言，理解语言和影响语言的发展。经典社会语言学中的相关理论构成了交际社会语言学的核心。

交际社会语言学的理论框架，一般上认为跟高夫曼（Goffman）以及布朗（Brown）、莱文森（Levinson）的论述有很大关系。以布朗与莱文森的著作《语言使用中的共性：礼貌现象》为基石的"礼貌理论"自20世纪80年代初期以来一直被语言学界奉为研究礼貌现象的经典理论，影响极大。总的来说，早期莱文森礼貌理论体系中包含了以下四大核心理念：面子说、损害面子行为、礼貌策略及损害力计算式。

作为交际社会语言学中两个很重要的概念，布朗与莱文森的"面子概念"是建立在高夫曼对此定义的基础上；"礼貌原则"最早可以追溯到格莱斯。1967年，格莱斯在哈佛大学题为"逻辑与会话"的演讲中提出了"合作原则"和"会话含意"理论。他认为，交际双方采取合作的态度是交际成功的基础。利奇在仿格莱斯合作原则的基础上，提出了"礼貌原则"。

甘柏兹关于言语事件的概念和海姆斯的"风格"（Key）的说法相似，两者共同来源于白森（Bateson，1972）的"框架说"——没有一个语句的含义可以离开一个合适的框架而得到解释。这是一个十分重要的概念，在交际社会语言学中语言的表达性质往往会被解释成谈话人之间框架转换的一个过程。

甘柏兹的研究成果，涉及语言学的方方面面。除了话语分析、语境研究以外，还有语码转换的类型和功能分析、社会网络对语言保持和语言转用的作用。甘柏兹认为谈话人常常使用一系列能起到指示作用的线索，用它们来表达自己要说的意义，应用于指明当前的言语事件的类型，即他们自己对当前正在进行的言语活动的认识。后来这一概念演变为"指示线索"，同时包括言语和非言语特征。甘柏兹对语码转换的研究具有开拓性，现在语码转换的研究已经成为一个蓬勃发展的领域，甘柏兹的影响仍然显而易见（徐大明等人，1997）。在语言研究中重视社会网络，甘柏兹也是先驱（Gumperz，1966）。他将语言学中不受人重视的现象的意义提高到了一个前所未有的高度。

同时，社会学中的会话分析学派也是交际社会语言学中十分重要的流派之一。会话分析不是指任何对会话的研究，而是一个专门的学派。

奥斯汀于1955年在美国哈佛大学做了"论言语行为"的系列讲座，建立了"言语行为"（speech act）理论。由于奥斯汀对以言行事行为的分类把动词和行为混淆了起来，存在一些重叠不清的情况，奥斯汀的学生赛尔继承了其言语行为理论，并对其做了进一步的修正、发展和系统化；谭南理论上继承了甘柏兹等人在跨文化交际方面的研究方法，提出了"话题转移""谈话修复""话语评价"等概念；此外，舍格洛夫（Schegloff）提出的会话分析方法，以及拉波夫式的微观社会语言学研究方法也是十分重要的。

交际社会语言学对话语的解释评价通常都是建立在微观的或者是与特定语境相联系的社会文化背景知识上，这些背景知识以预设的形式出现，在互动的交际过程中不断地转移、转换。话语中话轮的顺序排列是会话推断的重要依据，但会话推断还涉及许多其他的言语的和非言语的因素。听话者必须超越话语的字面意义，推断出隐含在其中的真实意图。交际者通过以往交际经验中获得的背景知识来推断对方的意图，如果没有共享的背景知识，交际者有可能对相同的话语产生不同的会话释义。该研究集中于不同社会阶层对在谈话时话题转移的实践理解，人们对插话、沉默时间长度等现象的理解和容忍，特别强调谈话的协调性和节奏性。

由于交际社会语言学仅把交际实践当成社会力量和话语力量的交汇点，重心在于用话语分析的方法研究跨文化交际，使得研究者可以摆脱任何预设的族群身份，而去探求在动态的交际过程中，诸如文化之类的概念如何以及在什么情况下被交际参与者用于协商人际关系、获得社会资源的相关范畴，因此，会话分析对日常会话的结构所做的深入研究以及提出的分析概念，给交际社会语言学家提供了一套非常有用的分析框架。

总之，交际社会语言学继承了跨文化交际的研究传统，利用语言学、社会学及人类学的方法，在次文化的交际策略方面自成一个学派，也因此引起学界内外的注意。

第二节　言语交际

2.1　语言和社会交际

2.1.1　交际的需求是语言产生的动因

1. 劳动是交际产生和发展的直接动力

人类生活的性质在劳动中发生了本质的变化。随着劳动的发展，人类活动的群体性不断加强，个体与个体之间的相互依赖性越来越大，集体劳动逐渐成为人类活动的核心部分，成为人类主要的生存方式。而在集体劳动中，原始人类必须分工合作，协调一致，使个体间的行动相互统一，如此才能顺利地完成劳动任务，收获劳动成果。而要合作协调，就必须要及时地表达、传递、交换彼此间的信息，频繁地联络互动，这便提出了迫切的交际需要。因此，可以说集体劳动必然地引发人类交流的强烈需求，且随着这种集体劳动的不断发展壮大，人类交际的频率也必然会大大地提升。

另外，随着劳动的发展，人类生存活动的范围扩大了，所处的环境、所面临的场合、所需应对的场景也越来越丰富多变。劳动中常常会遇到新的事物、新的状况、新的内容，这就意味着原始人所要接收、了解和处理的信息日益的复杂和多样。而信息的不断丰富和更新其实是强化了人类交际的需要，并促使了交际内容的扩大。

同时，在集体劳动中，人的社会性得到了发展，人类的群体生活构成了社会，人开始成为社会的人。而在这个过程中，人们的意识、需要都产生了质的变化。根据美国人格和社会心理学家马斯洛所提出的需要层次理论（1943），人类的需要是分层次的，由低到高，分别是：生理需要——安全需要——社会需要——尊重需要——自我实现的需要。人类潜藏着这五种不同层次的需要，从低到高表现出一个从基本的物质层面的需求向形而上的精神情感的满足的提升过程。但在不同的时期，人类表现出来的对各种需要的迫切程度是不同的，人的最迫切的需要才是激励人行动的主要原因和动力。并且在高层次的需要充分出现之前，低层次的需要必须得到适当的满足。

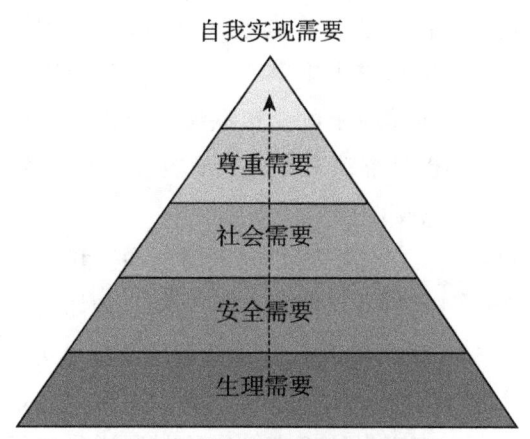

图8　马斯洛需要层次理论

马斯洛的需要层次理论主要用来解释个体成长中需要的发展和变化，但其实我们也可以用它来观照人类的进化历史。

生理上的需要是人最原始、最基本的需要，如采集足够的食物充饥、满足身体的保暖御寒、拥有自己的生活领地、实现繁衍生息，等等。若不满足，个人则会有生命的危险，种群的代际传承也可能遭到破坏，从而濒临灭绝。这就是说，生理需要是最强烈的不可避免的最底层需要，是人类个体为了生存而必不可少的需要。安全上的需要则是一种生活稳定的渴求以及免于灾难的需要。它比生理需要较高一级，当生理需要基本得到满足后就要保障安全的需要。在人类的早期阶段，这种需要主要体现为抵御天敌的侵犯和其他部落的进攻，通过群居生活等方式，不断壮大自己的部落，强化对各种危险因素的防御能力，从而增加安全感。安全需求得到满足之后，就产生了社会需求。社会需要也叫作"社会交往的需要"或"归属与爱的需要"，是指个人渴望得到所在集体的关怀爱护，是对友情、亲情、信任、理解、给予、接受等的需要。社会需要具体而言可包括社会交际的欲望和对归属感的追求。在集体劳作中的人们，为了协调生活，必须有组织、有计划地分工合作，而在这种协作劳动中，便自然会培养起情感上的亲疏远近，人际关系开始变得复杂化，逐渐产生情感沟通、交流、共鸣的需要，产生融入群体、共同合作、相互帮助的需要，产生个体对于血亲、对于部族的归属感和责任感。总的来说，人开始有情感上的需要，人的社会意识逐渐生成。随着人的需要层次从生理需要上升到社会交往需要，人类交际的内容不断地复杂化、深刻化。

所以，在劳动之中，由于要合作沟通，原始人类产生了迫切的交际需要，并且不仅仅交际的量在不断地扩大丰富，交际的内容也得到了本质的升华，从现实信息的必要交换上升为情感上的交流联络。可以说，劳动是人类交际产生的决定性因素，同时劳动也是推动人类交际发展繁荣的直接动力。

2. 交际是语言产生的直接动因

有关语言起源的问题，在各民族的创世神话中，我们的先民就已对这个问题展开想象、进行诠释。而语言起源的各种论断，譬如模声说、感叹说、手势说、契约说等更是不一而足。无论是语言起源于原始人对自然界声响的模仿，或起源于原始人因情绪表达而发出的感叹，或起源于原始人交流的手势语阶段，还是起源于原始族群中大家事先的规定，这些起源说虽然部分也还存在一定的理据，但都未能抓住决定语言产生的普遍原因、本质要素和直接动因，无法构成对语言起源问题的合理解释。我们目前所普遍接受并坚信的理论主张则是劳动说，即"劳动创造人，也创造了语言"，这才是语言起源的根本性原则，是马克思主义对于人类语言产生问题的科学解释。正如恩格斯曾明确地指出："语言是从劳动当中和劳动一起产生出来的，这个解释是唯一正确的解释。"（恩格斯《自然辩证法》，P139）

一方面，劳动使得原始人类的身体得到进化，这其中包括人脑的发展以及发音器官的改善，从而使人类的大脑具备抽象思维的能力，使口部、喉部的构造可以逐渐发出清晰的音节。因此，可以说，劳动为人类语言的起源提供了生理方面的前提和条件，是语言得以产生的必备基础。

另一方面，劳动过程中人类的思维和发音器官都已具备基本的条件，而人类社会又产生了强烈迫切的交际需要，因此原始人类必须寻找一种最合适的交际工具来实现彼此间顺利便捷的交流沟通，来满足社会交际的需要。于是，人类社会便到了恩格斯所说的"彼此间有什么东西非说不可的地步了"（恩格斯《自然辩证法》，P511），从而最终导致了人类语言的产生。所以，可以说语言最根本的功能、语言产生的主要动因，在于它是一种交际工具。

当然，人类的交际工具不只局限于语言，除了语言之外，还有很多种，譬如文字、旗语、灯光语、身体手势语，等等。但这些只能成为人类交际的辅助工具，其作用远无法和语言相比。在所有交际工具中，语言的受限制性、引发误会歧义的频率是最小的，而语言的可运用范围也是最大的，在信息交际传播的快捷性、经济性、便利性等方面都具有很强的优势。

所以，劳动、交际需要和语言之间的关系，总的来说，可以概括为：集体劳动使人类产生了迫切的相互交际的需要，同时也使人类在劳动进化中具备了某些必要的生理条件；那么，为了真正地实现这种社会交际，就必须有一个完善到足够满足社会交际需要的交际工具，人类的语言便在此基础上产生了。所以，劳动决定了社会交际的需要，而社会交际的需要则是人类语言产生的前提基础和直接动因。

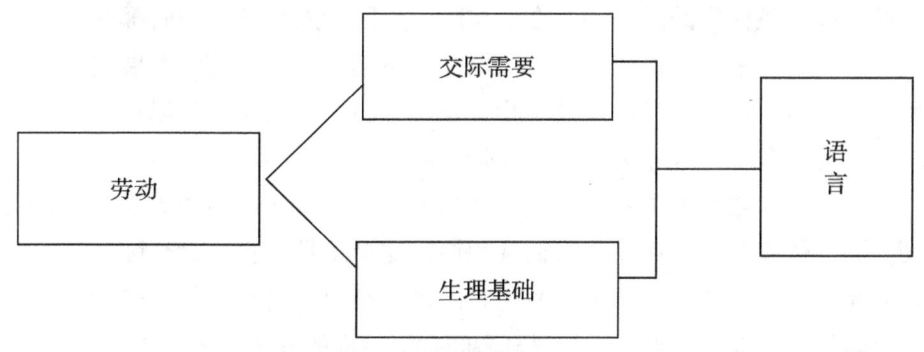

图 9　劳动、交际需要和语言之间的关系

我们知道，在印度等地发现的狼孩，从小被狼叼走，虽然在狼群的抚养下生存了下来，却始终不会讲话、不会使用语言。这其实便是交际需要直接导致语言产生的一个现实层面的佐证。正是因为狼孩的成长过程中没有参与人类社会的交际行为，而他处在狼群之中，也不会生成人类社会那样复杂的交流需要，所以狼孩不会、也不需要（假设他一直生活在狼群中的话）去使用语言，像动物一样发出一些纯粹属于本能的叫声已经足够他生存。

2.1.2　语言的发展和社会交际

语言自诞生之后，它并不是停滞不变的，而是处在不断地变化发展之中。前面我们已经说到，人类社会交际的需要决定了语言的产生，语言最根本的功能便在于交际。那么，语言的变化发展与人类的社会交际活动之间又是怎样的关系呢？

瑞士语言学家索绪尔首先明确提出并区分了语言和言语的概念。语言是人们说话中所存在的一套符号规则系统。在这个系统里，意义和音响形象的结合是主要的，我们熟知的语音、语义、语法都是语言系统中必要的组构部分。而言语，则是人们对语言的操作和运用。所以，前者是相对静态、稳定、同质的系统，由不同的社会集团所约定俗成，它不能被随意地改变和创造；而后者是动态的、异质的，人们可以利用有限的语言符号和规则，说出无限多的句子，创造各类纷繁复杂的言语活动。因此，语言和言语的关系，其实就好比工具和工具运用的关系。索绪尔虽然区分了语言和言语的概念，但是这种区分只是相对的。语言和言语这对工具与工具运用的关系是如此的密切，难以截然将其划分。我们说语言是从言语交际中产生的，同样，语言也是在言语交际中发展的。语言的发展，最根本的原因还是在于交际，正因为人类社会随时都要进行动态的交际行为，要不断地使用语言，所以才会引起、推动语言的发展变化。社会交际可以决定、影响语言的发展历程、发展方向。我们甚至可以这样说，决定语言命运的是交际，是对这种语言的实际运用。

语言与交际之间的关系，其实就相当于语言与言语之间的关系，二者联系密切、相互依存。言语活动是人们利用语言这个工具进行社会交际的过程，而语言则是人类独有的最重要的交际工具。语言最根本的功能就是交际功能，而言语交际的基础也存在于交际与语言之间根深蒂固的联系之中。

语言发展和社会交际的关系可以从语言在宏观层面的历时变化和微观层面的共时变化这两个角度来展开。

1. 语言的宏观变化

语言的宏观变化，即语言整体性的历时演变。语言并不是"长生不老、永不灭绝"的，如同物种一样，人类语言的发展前途可以是不断发展、不断完善的，但也可能会在某一阶段便停止发展、逐渐消亡。而这种发展命运其实取决于语言的运用，取决于言语交际。所谓"户枢不蠹，流水不腐"，如果一种语言一直被广泛地运用，富有交际价值、交际功能的话，那么这种语言必然拥有比较强大的生命力，处于积极的发展之中；而如若一种语言已经很少被人使用，逐渐失去其交际的价值和功能，那么它就很可能会面临消亡的结局。

譬如鲜卑语就是个典型的例子。北魏孝文帝为了革除鲜卑旧俗，吸收汉族的先进文化，巩固北魏的统治，在其所实施的系列改革中推行了汉化政策，即实行汉制与移风易俗，包括学习汉语，要求臣民"断诸北语，一从正音"，使用汉语文字，改用汉姓，改易汉服，与汉族通婚，融入汉族的风俗文化等。孝文帝改革虽然在政治经济上收到了良好效果，有利于各民族的团结和进步，但是在短短的 30 多年里，整个鲜卑族完全被汉化了，鲜卑语彻底地消亡了。这是一个人为因素强制干预导致语言消亡的例子。语言的消亡也有语言在其自然发展中由于交际价值日益削弱而最终濒危的实例。据统计，在我国正使用的 120 多种少数民族语言中，其中使用人口在一万人以下的语言，就占了总数的一半；也就是说有将近一半的少数民族语言已经处于衰退状态，特别是其中的 20 余种民族语言，每种语言的使用人数已在千人以内。譬如赫哲语，目前能用本族语交际的只有十几个 60 岁以上的老人；满语，现在只有约 100 人能够听懂，约 50 位老人还可以说；塔塔尔语，使用人口不足 1000 人。当全世界使用某种语言的人已只有一个村庄，甚至是几户人家、几个人时，它已濒临灭绝。由于该语言已几乎丧失其交际价值，无法再利用其进行广泛地交际，出于现实的需要，年轻的一代不得不放弃对母语的学习而改学其他更为通行、更为有用的语言；故而仅剩下一些老年人还会使用这些语言，若不采取任何保护或抢救措施，一旦这些老人全部过世，那么这种语言也就消亡了。

但一种语言消亡，而记录该语言的文字材料尚存于世，如果人们利用这些文字材料重新开始学习并广泛使用这种语言，恢复其交际功能的话，那么这种语言其实是可以复活的，譬如希伯来语。但如果一种已消亡的语言没有留下任何资料信息，那么它的交际价值就会完全丧失，不可能再复活使用了。

所以，一种语言的交际价值与其发展历程息息相关。语言的运用——言语交际决定了一种语言整体性的发展路径。

2. 语言的微观变化

而从共时层面考察，看语言的微观变化、语言系统内部要素的发展变化也同样是处在言语交际之中，受言语交际所决定、所影响。这种出现在交际语流中的语言系统的微观变异，正是社会语言学所着重考察探讨的对象。

在语音层面，一种语言的语音系统总是可以被描写分析出一套音位体系，但是所谓音位的概念，其实涉及一类发音，而非实际的一次发音。譬如 [a] 音位，是一类可归并于此音位的发音，并且这一类发音能够与其他最小语音形式存在意义上的区别和对立。而不同的人每一次的实际发音其实只是一个音素，所以音素只存在于实际言语中，不同人的嗓音特点、音质特征不同，当他们要表达 [a] 音位时，实际发出的音素其实都是不同的。同样，在人们的每次言语活动中，由于说话人和听话人身份、职业或彼此关系的不同，由于言语交际所处的具体情景语境的不同，一个人说同样的一句话可能会采用不同的语调，声音的高低升降、强弱缓急可能都会有所变化。所以说，虽然语言学家能够为具体语言的语音提取出一套规则的系统，但现实生活中人们每一次发声说话，所产生的语音都是一个变体。另外，同化、异化、儿化、弱化、脱落等语流音变现象的存在，也都证明了共时层面的语音存在着微观变异。

有关语音层面的变异研究，美国社会语言学家拉波夫（1966）曾进行过一个著名的实验。他调查了纽约市上中等级百货公司里职员的语音，并用一句包含 fourth 的句子作为调查手段。他发现，不同的 r 发音，实际上代表了不同的社会阶层：上层和中层的职员，发 r 音的百分比比较高，而下层的职员发的比例则相对低得多。这是语音变异研究中的一个经典的案例。

我们不能忽略这种言语交际中的变异，因为当某种形式的音变所发生的频率不断增高，被接受、被运用的范围越来越广，它有可能就会进入到语音系统内部，使得语音发生改变。

在词汇语义方面，社会交际所体现的作用更是强大。一个词被编入词典后，总是会被概括、综合出诸如本义、基本义、引申义等几条义项，这是这个词孤立存在时所基本涵盖的相对稳定的系列语言意义。但是一旦这个词进入言语交际后，其意义就可能会完全不同。语言意义在言语交际中运用时，可以根据情境对象的不同、根据说话人表意用途的不同，而产生不同的言语意义。这些言语意义是临时的，是灵活多变的。

譬如"杨柳"和"松柏"，其词汇意义与概念所对应的客观事物之间并无矛盾对立关系，在语言词汇系统内部，不属于反义词。然而置于具体的言语语境，比如"莫学杨柳半年绿，要学松柏四季青"（《红旗歌谣·山上松柏青又青》），因为比喻修辞的运用，"杨柳"只绿半年，而"松柏"却持之以恒、四季常青，从而使这组词具有了象征隐喻的色彩，构成临时的言语反义。

又譬如在年轻一代，特别是学生中间，许多词汇被进行了新鲜奇特的意义解构，例如"天才"指天生的蠢材，而"偶像"则是呕吐的对象。这些词义都只存在于特定群体的特定言语之中，而非该词的语言意义。但是，随着社会的飞速变化发展，随着网络等新兴媒体的日新月异，创造新词、旧词新用等言语现象越来越普遍流行，这也就意味着词汇语义在言语中的变异会越来越频繁，具体的变异形式也将越来越丰富奇特。同样，如果一个词的某一种言语意义被高频使用，受广泛认可，它完全能够进入该词的语言意义，成为其中一个新增的义项，从而使其语义得到变化发展。

至于语法层面，句法是有明确的规则的。但是人们的言语交际中所说的句子，却可以灵活多变。有时甚至会颠来倒去、不合语法，但是在具体的交际环境中，说话人的意图往往还是能够被听话人顺利地理解。

综上所述，语言系统的内部要素，在实际的言语交流中往往会发生临时的变异。而这种变异可能只存在于临时的交际中，也可能会随着使用频率的提高而进入语言系统，从而对语言的发展变化产生影响。

2.2 言语交际行为

社会交际是社会中人与人之间的交际，所实现的是交际双方在信息上、思想上、精神情感上的交流沟通。而人们的社会交际中，最重要的交际工具便是语言。所以说，人类社会最主要的交际方式、交际行为是从属于言语活动的。所谓言语交际，就是交际双方利用语言作为工具而进行的相互间交往联系的言语活动。

要对言语交际行为的规律特点进行准确地把握，我们首先得对言语交际的构成元素及其行为动态过程的具体环节做完整的分析和细致的了解。

2.2.1 言语交际的构成元素

言语交际是运用语言这种交际工具进行的社会交际，作为一种人类的社会活动，它由多种要素有机构成。社会语言学家海姆斯在谈论交际能力时曾指出，我们要学习、实施言语交际行为，就必须先把握如下元素，即"跟谁谈什么事，什么时候谈，在什么场合谈，用什么方式谈"等。这其中就包括了言语交际的对象、内容、时间、场合和方式。其实，言语交际作为一个信息流通的过程，它必然有其起因、经过和结果；而言语交际作为一项以语言为载体进行交流的人的行为，它必须有人参与其中，必然会有施加的一方和接受的一方。

将上述种种元素归结整合，言语交际的构成，可概括为主动者、受动者、语境、方式、目的和内容。其中语境即言语环境，包括言语交际时间、言语交际场合，它是一个由多种情景因素综合而成的交际环境。

1. 主动者与受动者

主动者就是说话人，是言语交际的启动者、施加者，是信息交换最初的源头。相对的，受动者则是听话人，是言语信息的接受者。主动者发出信息，信息传递到受动者，被受动者所接受，同时还可能做出一定的反应，这样，一次具体的交际过程也就结束了。主动者和受动者各自的身份、角色、地位，彼此之间的社会关系以及情感上的亲疏远近，这些变项都会对交际的内容、交际的成功与否产生很大的影响。这些变项随着具体交际行为的不同而发生变化，每一次交际，这些变项总是结合在一起综合发挥其作用的。另外，主动者和受动者的对立也只是相对的。本次交际过程中的受动者，很可能在下次交际中成为主动者，而本次交际过程中的主动者，则可能在下次交际中变成受动者。一个人不可能永远是主动者，也不可能永远是受动者，主动者和受动者的角色，两者总是处在频繁的交替之中。

2. 语境和方式

语境，即言语交际行为发生时所处的时间和空间境况。语境有大小之分，进行言语交际时的大的社会时代背景，这是大语境；言语作品的上下文、口语交际中的前言后语，这是小语境；而言语交际当下所处的具体的时间、具体的情境场合，则位于其中，可称为中语境。一般所说的言语交际环境，主要指中语境，指的是公开场合还是私人场合，正式场合还是非正式场合，工作时间还是休闲时间，有没有第三者在场等，这些时空环境的不同都会对交际的具体内容、具体方式、对话的语量以及话语的真实含义等形成制约。时代背景、社会政治文化环境这个大语境对言语交际也会产生鲜明的约束作用。譬如嵇康被杀之后，向秀所作的《思旧赋》，鲁迅先生写道，"很怪他为什么只有寥寥的几行，刚开头却又煞了尾"，实则是在魏晋时期动荡的社会背景下，在司马朝廷血腥统治下的不得已而为之，社会时代背景不容许他直抒胸臆、畅所欲言，而只能以含蓄的笔法、简短的笔墨，隐晦曲折地传述对已故友人的深情厚谊，表达自己哀伤的激愤之情。鲁迅本人的杂文多用曲笔暗语，机智地对世事进行讽刺，这也是当时的社会背景所致。可见，社会时代背景这个大语境可以制约整个社会中人们言语运用的氛围。至于小语境，无论是说话还是作文，前言后语或上下文都必须相互衔接，连贯成语流，若是中途脱节断裂，生出一句与前后语句截然无关的话，则很可能就会导致言语运用的语无伦次、杂乱无章，或给人以横生枝节的突兀之感，令人不明所以。

言语交际的方式，即为信息表达和传递的方式。根据语体，可以区分为口语方式和书面方式两种，所采用的信息交流的语言载体分别是口头方式的有声语言和书面方式的文字语言。这两种交际方式的特点差别较大。

口语方式的交际是面对面的直接的信息传递流通，具体可感，直观性、真实性强。言语双方的情感态度可以通过表情、语调等可见可闻的形式被当场感知，言语的受动者也可以对信息做出及时的反馈，并让说话人看到这种反馈。而书面方式的交际，则无法实现面对面的交流，交际双方必然有一方是不在现场的，所以可以说是一种间接的交流，而作者的情感，也无法通过语调、表情等辅助的手段传递给读者。此外，口语方式的交际，其交际对象的范围和交际的场合都是相对封闭确定的，口语交际时，说话人清楚自己所交际的对象，有多少人、是什么样的身份、与自己之间是什么关系，而交际的场合也是具体的、确定的，交际过程中无须再去赘述交代；但书面方式的交际，作者写作时是无法掌控其交际对象的范围的，因为这个范围是开放的，读者的人数，读者所处的时代，读者的身份、年龄、职业、地位等都是不确定的，而且，书面方式交际的场合是抽象的，需要作者用文字去进行专门的交代，但由于这种场合无法现实地呈现于读者眼前，因此即使作者交代了，对于读者来说，此种交际环境依然是比较抽象的，只能凭想象去了解，所以不同的读者会做出不同的解读。

3. 内容和目的

言语交际的内容便是交际中所要传达的信息，这种信息要通过话语这一载体表达出来，所以言语交际的内容即言语交际所产生的话语。因此，言语交际的内容属于交际过程的经过和结果。言语交际的目的则决定了交际的内容，内容是为目的服务的。内容是外在的，是具体可感的话语，而目的则是潜在的，尚存在于说话人的思维之中。说话人希望通过其所表达的内容，让听话人理解其言语的目的；而听话人则要通过对交际内容的解读，才能明了其发话的目的。

英国语言哲学家奥斯汀于 1955 年在美国哈佛大学做了"论言语行为"的系列讲座，建立了"言语行为"（speech act）理论。奥斯汀认为，发话行为的背后，包含有说话人的发话用意，即说话人的意图目的，他把这种行为称之为"语旨行为"（the illocutionary act）。奥斯汀提出了"言语行为三分说"，认为我们每说一句话的同时便完成了三种行为：以言表意，即使用语言来表达某种意义；以言行事，即使用语言来传达某种行为；以言取效，即使用语言来达到某种效果。其中，奥斯汀着重讨论了以言行事行为，将其划分为五大类：判定式、阐释式、执行式、行为式、承诺式。

奥斯汀的学生赛尔继承了其言语行为理论，由于奥斯汀对以言行事行为的分类把动词和行为混淆了起来，存在一些重叠不清的情况，赛尔对其做了进一步的修正、发展和系统化,将以言行事行为分为五类:断定式、指令式、承诺式、表情式、宣告式。断定式是指句子所表述的命题是可以评判真假的,而说话人要保证所述命题为真,像陈述、断定、确信、估计、说明、报道等都属于此类;指令式是指说话人试图使听话人去做某事,像要求、命令、建议、指使、告诫等都属于此类;承诺式是指说话人保证自己将采取某种行动或将去做某事,像许诺、保证、发誓等都属于此类;表情式是指说话人对于所述事情的某种心理状态,像祝愿、感叹、称赞、道歉等都属于此类;宣告式是指说话人通过自己的言语,使某一事态实现或发生变化,像宣告、任命、通告等都属于此类。

言语交际的目的,其实便是"以言行事","以言"指用语言进行交际,而要行之"事"则是言语交际的目的。所以根据言语行为理论,我们可以将言语交际的目的分类为断定、指令、承诺、表情和宣告。其中,也可以将断定和宣告归为一类,二者都属于一种客观的陈述传布的言语目的,而表情和承诺也可归为一类,都是一种主观上的表白的言语目的。

2.2.2 言语交际的基本过程

从信息传递的角度看,言语交际的一个完整的、基本的过程,就是以语言为载体的信息从交际的其中一方产生、发出直至交际的另一方听到、理解的过程,包括言语编码、言语发话、言语传递、言语接收、言语译码五个环节阶段,可以呈现为如下的言语链:

言语编码 ── 言语发话 ── 言语传递 ── 言语接收 ── 言语译码

言语编码 言语编码是言语交际的初始环节,它是一系列心理活动的过程,属于内部言语的范畴。言语交际的目的便在这一阶段形成,言语交际的内容框架、顺序条理也在这一阶段酝酿、构思、加工,当思路清晰化、明确化之后,才能开始说话,否则思绪还是一团乱麻,说出的话必然会语无伦次、表意不清。需要指出的是,人类在交际中,并不是把全部内容编好后再进行说话的,而是在说话的过程中会随时进行编码,不断地组织、调整、补充自己的话语。言语编码阶段的详细描写涉及语言与思维、语言与大脑等诸多因素,需要心理语言学和神经语言学领域的交叉研究。

言语发话 言语编码完成之后,在大脑言语运动中枢的指令下,经过神经传导,发音器官会在大脑的指挥下把想说的语义内容以语音的形式表现出来,成为可以感知的外部言语形式,形成有声语言。这一环节要求语音发音准确清晰，发音不标准有可能会对整个交际过程产生影响，甚至造成言语链的断裂，令听话人无法准确接收言语信息而造成误解。这一环节的研究更多地属于生理语音学的范畴。

言语传递 言语传递是一个纯物理的运动过程，是指在经历了编码和发话之后，语音通过空气、电路等传递介质向听话者的传递。在这个过程中，任何存在的对于话语声音会产生干扰的因素，都可能会对语音的传递造成影响。如果声音无法顺利地传递到听者的耳朵里，那么言语交际链的进行就无法继续。言语传递的研究主要属于物理声学的研究范围。

言语接收 言语接收环节是听觉语音学着重研究的对象，是指言语声波转换为空气的振动波，在空气振动波的压力下，听者的听觉器官内的神经开始接收内容，将其传递到大脑的言语听觉中枢的过程。

言语译码 当言语接收后，大脑便对所接收到的信号进行辨析，唤起人们对信号所表示的意义的联想和理解，从而明白说话人的意思。言语译码与言语编码阶段一样，也是一系列心理活动的过程。由于种种原因而导致的言语译码的错误，会产生误解，令言语交际失败。

这五个阶段是瞬间完成的，言语交际的任何一个环节出错，说话人都必须得重新编码、重新发话。而当听话人译码成功后，听话人便会开始新一轮的编码，从而由听话人的角色转换为说话人的角色。所以言语交际实际上是这五个基本阶段的不断反复。

以上分析了言语交际的基本过程，除了上述几个环节，言语交际过程还会包括信息的反馈、损耗、补充等复杂的交际措施。

2.3 言语交际的基本原则

言语交际的基本原则是社会交际活动中运用语言工具来表情达意、进行信息交换时所需要遵循的准则，这些准则贯穿于言语交际活动的每个方面、每个阶段，对言语交际构成制约、影响。在人际交往的过程中，只有自觉遵循这些交际原则，才能使言语交际能够顺利进行，成功地达到其交际目的，实现或强化言语交际的效果；反之，如果违背这些原则，就会削弱言语交际所能达到的效果，甚至破坏整个言语交际过程。下面我们将介绍几种言语交际的基本原则。

2.3.1 合作原则

1967年,格莱斯在哈佛大学题为"逻辑与会话"的演讲中提出了"合作原则"和"会话含意"理论。格莱斯认为,交际双方采取合作的态度是交际成功的基础。而合作原则的遵循,必须首先满足一个重要的基础,或者前提条件,即交际的双方拥有共同的交际目的和对交际结果的共同的期待,在交际的过程中,双方的话语会朝着同一个方向展开、进行。格莱斯将合作原则划分为四项准则,从而对合作原则进行更为具体细致的诠释。

1. 数量准则

这里的"数量"指交际中所承载的信息量。数量准则要求说话人在交际过程中所提供、传递的信息,应满足会话所需的足够的信息量,从而使当前交谈的目的得以实现,否则就会背离数量原则。理想的数量标准是:

a. 不要少于会话交际所需的信息量。譬如下面的例子便是对这一准则的违背:

曾霆:你哭,哭什么?

曾瑞贞:我没有。

…………

曾霆:(莫明其妙)怎么,说吧,还有什么不舒服?

曾瑞贞:(失望)没有什么,我,我——(向卧室走)

曾霆:你又哭什么?

曾瑞贞:(止步)我,我没有哭。

(曹禺《北京人》)

曾瑞贞在与曾霆的交际对话过程中就违反了数量准则,面对曾霆的询问,欲言又止,始终未能说出自己身上真正发生了什么事,没有正面地、明确地回答曾霆所提出的问题,因此没能提供会话所需要的足够的信息量,使双方的交际陷入僵局。

b. 不要过量,不应该包含超出交际目的所需的信息量。譬如:

愫方:(擦擦眼睛,微微打了一个呵欠)不,姨父,我不要睡,我是在听呢。

曾皓:(又忍不住埋怨)都怪你,他们都睡了,老运不好,连自己的亲骨肉都不肯陪着我,嫌我讨厌。

愫方:(低头)不,姨父,我没有觉得,我没有——

曾皓：（唠叨）愫方，你也不要骗我，我也晓得，他们就是不在你的面前说这些话，我也知道你早就耐不下去了。（呻吟）哎哟，我的头好昏哪。

愫方：并，并没有人在我面前说什么。我，我刚才只是有点累了。

曾皓：（絮絮叨叨）你年纪轻轻的，陪着我这么一个上了年纪的人，你心里委屈，我是知道的。（长叹）唉，跟着我有什么好处？一个钱没有，眼前固然没有快乐可言，以后也说不上有什么希望。（嗟怨）我的前途就，就是棺材，棺材，我——（捶着自己的腿）啊！

（曹禺《北京人》）

在上述对话中，愫方显然采取回避的态度，不愿去应和曾皓的言语，不愿展开曾皓的话题。在这种情况下，曾皓自说自话地絮絮叨叨，其话语信息完全超出了交际目的所需的信息量。

2. 质量准则

所谓"质量"，就是指交际双方所交换的信息的真实性质。通俗地说，就是要求说话者要尽量说真话，说的话要符合实际。具体而言，质量准则包含两点要素：

a. 不要说自己明知是虚假的话；

b. 不要说缺乏足够证据的话。

譬如在《围城》中：

忽然鸿渐摸着头问："辛楣，我今天戴帽子来没有？"

辛楣愣了愣，恍有所悟："好像你戴了来的，我记不清了——是的，你戴了帽子来的，我——我没有戴。"

（钱锺书《围城》）

方鸿渐突兀发问，表面上似乎是想证实自己是否戴帽子出来，但实际上则是明知故问，希望能替赵解围，助其摆脱范小姐的纠缠。赵辛楣对其意图心领神会，故而回答"是的，你戴了帽子来的"。但其实就是说了假话，违背了言语交际的质量准则。两个男人可谓是用彼此心知肚明的言外之意出演了一出绝妙的"双簧"。

其实上文中违背数量准则的例子——愫方与曾皓的谈话，同样也违背了质量准则。愫方实则已经十分疲倦，也不愿附和参与曾皓的话题，但表面还是坚称自己"我不要睡"。

3. 关系准则

所谓关系准则就是要求双方的对话要有关联，交际的内容围绕交际的目的展开。即：

a. 不要答非所问，牛头不对马嘴；

b. 不要离题，说很多与话题不相关的话。

譬如：

曾文清：你要怎样？你说呀，说呀！

曾思懿：（故意做出一种忍顺的神色）我什么都看开了，人活着没有一点意思。早晚棺材一盖两瞪眼，什么都是假的。

（曹禺《北京人》）

面对曾文清的提问，妻子曾思懿的回答在表面上可谓是答非所问、离题千里，说一些不相关联、不切题的话，已经脱离了曾文清的交际目的，违背了言语交际的关系准则；实质上则是语带讥诮，刻薄地挖苦讽刺其夫和愫方之间的暧昧关系。

4. 方式准则

"方式"即为言语表述的方式。方式准则要求言语交际中的话语清楚明白、条理严整，避免晦涩啰唆、混乱无章。所以，话语含义最好能够直接地进行表达，而不要迂回曲折；所传达的语义最好能够明确了然，不应带有歧义，而令人发生误解。

譬如，你想知道下午会有哪些人过来参加活动，于是向某人询问，结果那人告诉你的是"张三让李四和他的同学过来这里"。那你就一定会感到困惑：究竟来的人是李四及其同学呢，还是李四和张三的同学？在这里，言语表述方式中代词的指代不明，导致了话语的含糊歧义，从而令听话人生疑。

应该说，合作原则的提出，强调交际意图和交际过程的不可分离性，强调交际行为中交际双方展开合作的重要性，为解释言语行为提供了一定的理论依据，极大地丰富、发展了奥斯汀、赛尔的言语行为理论。但是合作原则只是言语交际的理论性的原则，具有很大的理想性、主观性和现实受限性。事实上，现实生活中的言语交际，时时处处都存在着大量违背合作原则的现象。譬如，上面所列举的各种言语作品中不遵守合作原则的例子，便是非合作原则的表现。

所以格莱斯在谈合作原则时，也提出了若干种不遵守合作原则的情况，其中特别分析了说话者故意违反合作原则的情形，指出说话者这样做的目的并非是要破坏、中止其言语交际链，而是为了传达另外一层意义，即会话含意，也称为话语的交际意图。譬如以上文中方鸿渐和赵辛楣的对话为例，表面上看似乎是违背了合作原则，传递了虚假的信息，然而实际上却顺利传达了隐藏于言外的会话含意，满足了话语交际的真正意图。

格莱斯正是据此提出了"会话含意"的理论。会话含意主要指话语的隐含意义，而非表层意义，是话语行为的真实的交际意图，说话人在交际过程中试图使听话人认同自己的这种潜在的意图，并使自己的愿望、自己的交际目的得以实现。格莱斯还阐释了会话含意的五个基本特征：可取消性、不可分离性、可推导性、非规约性、不确定性。可以说，会话含意理论的提出，使得我们对语言意义的研究从"意义"向"含义"延伸转换，语用学开始重点研究言语交际中的会话意义。同时，会话含意的提出也补充说明了合作原则所存在的一些问题，解释了部分故意违背合作原则的言语交际行为。

但总的来说，合作原则依然过于理想化。因为在现实的言语行为中，"言语羡余"所占的比例是很大的，有人做过统计，人类的日常交际中，有近一半的话几乎都是废话。可以说，由于各种主客观因素的存在，言语羡余是不可避免的。而这种羡余恰恰是对合作原则的数量准则的违背。此外，在现实生活的很多情景中，我们并不是有意要违反合作原则，但是受限于各种条件，我们必须采取不合作的原则。譬如，学生在考前问老师试卷的内容，老师必须采取不合作态度，申明不能透露试题，并指出学生做法的错误，否则，若是遵循合作原则，告诉其考试内容，就违背了教师所必须遵守的规章制度，丢失了一个教师应有的责任。再如医生安慰一个重症患者，告诉他只要有信念，病一定会好的。这其实也违反了合作原则中的质量准则，却是语境和人际关系的要求所使然的，被称为"白色谎言"。所以，很多时候我们不能盲目追求合作原则。

应该说，合作是交际的必要条件之一，但仅靠合作原则，难以对交际过程做出充分有效的解释。并且，现实生活的经验证明，交际并非必须要合作，人类的言语交际中充斥着各种离心式的、不相合作的交际对话。如上文曾家夫妇的对话，妻子曾思懿出于对丈夫的不满，在对话中所采取的显然是不合作的态度。所以说，交际中不是必然要合作，特别是在争执、辩论等情境中。但是了解合作原则，对于我们的言语交际行为，对于我们交际能力的培养，是十分有利的。在需要履行合作原则以顺利达成交际目的的一些重要场合，合作原则的遵循还是十分必要的。

2.3.2 礼貌原则

由于人们在言语交际中常常出于各种原因而违反合作原则，社会语言学家便开始预设,言语交际行为除了要遵循合作原则外,还需要遵循其他一些原则。所以在特定的条件下,为了实现对其他原则的遵循而会违反合作原则。礼貌原则就是其中一条十分重要的交际原则。人们常常会出于礼貌的需要,而有意违反属于合作原则的一些准则。譬如,商场的营业人员为顾客细致地服务,推荐试用各种商品,但最后顾客依然感觉没有十分中意的商品,决定不购买。于是,发生了如下的对话:

顾客:"实在是不好意思啊。"

营业人员:"没关系的,您太客气了,欢迎您下次再来啊。"

这样的交际显然是违反了数量准则,话语信息似乎重复多余,并且用语委婉,在一定程度上也违背了交际合作原则的方式准则,不够直接明了。但是,这样的交际对话,却很好地遵循了礼貌的原则,较好地达成了言语交往的目的。

在社会交际中,这类现象是被允许的,同时也是必须的。于是,不少社会语言学家开始研究礼貌原则,以之来补充合作原则。

1. 绝对的礼貌原则

在英国学者布朗和莱文森1978年发表的文章《语言应用的普遍现象:礼貌现象》中,第一次对礼貌、面子等问题进行了探讨,从人类学、哲学等角度进行了分析。

而首先提出言语交际的礼貌原则的则是英国语言学家利奇。利奇在效仿格莱斯合作原则的基础上,对礼貌原则进行了重新归纳和分类,将其分为以下几个准则:

① 得体准则 在会话中尽量让别人少吃亏、多得益;

② 宽宏准则 在会话中尽量让自己少得意、多吃亏;

③ 赞许准则 在会话中对别人少贬低、多称赞;

④ 谦虚准则 在会话中对自己少称赞、多贬低;

⑤ 赞同准则 在会话中尽量减少双方的分歧,尽量增加双方的一致;

⑥ 同情准则 在会话中尽量减少双方的反感,尽量增加双方的同情。

这六条准则其实可合并概括为四条。第1、2条准则是如何对待别人的准则;第3、4条准则是如何对待自己的准则;而第5条准则是双方要达到的言语交际的目标,第6条准则是双方要取得的言语交际的效果。

利奇阐释礼貌原则,主要是为了说明说话人违反合作原则常常是因为出于礼貌的考虑,礼貌原则是说话人采用的语用策略,说话人为了维护和谐的人际关系而策略性地使用礼貌原则以达到特定的交际目的。

2. 相对的礼貌原则

应该说，利奇所提出的礼貌原则是绝对的礼貌原则，没有考虑到具体的社会、文化背景以及实际的语境等因素。但其实不同的社会习俗、民族文化、不同的言语场合，所能遵循的礼貌原则、可以采取的礼貌策略可能都不同。

就我国而言，由于中国文化自古尚礼，重视人际关系的和谐，在几千年悠久的文化传统的熏陶下，礼貌原则成为人们言语交际中运用得极其普遍的一条交际原则，是人际关系的润滑剂，也有助于个人在社会中树立良好的形象。

早在《礼记·曲礼上》就已有"夫礼者，自卑而尊人"的劝诫。"自卑而尊人"也成为中国式礼貌的一大特点，对别人要用敬语尊称，对己则用谦辞，别人的姓氏是"贵姓"，自己的姓氏则是"鄙姓"，别人的子女称为"令郎、令爱"，自己的子女则是"犬子、犬女"，别人的作品是"佳作、大作"，而自己的作品则是"拙作、涂鸦"，探望别人称"拜访、拜见"，别人来自己这儿作客则是"光临、赏脸"，汉语中尊称、谦辞之多，不一而足。在言语交际的过程中，如果不这样用，似乎就显得很没有礼貌、缺乏教养，不尊重别人，从而破坏人际关系。但是如果在英美等西方国家，这种过于贬己尊人的礼貌原则恐怕是行不通的，当别人夸赞自己时，只需要说谢谢就可以了，不用过分地自贬推让，说自己其实并非如此，或者以"哪里哪里"之类的套语来表达谦虚之意。

2.3.3 得体原则

奥斯汀在表述其言语行为理论思想时，指出不同言语行为应具备不同的适切条件，从而提出了言语行为的"适切性"问题，即对使用语言的边界条件进行界定。但是有关言语交际的适切要求，在当时并没有引起学界足够的重视。直到海姆斯提出"交际能力"的概念，将奥斯汀的言语行为的"适切性"概念导入"交际能力"问题的研究中，才使该交际原则成为社会语言学所关注的热点。

这种"适切性"要求，即可概括为得体原则。因此，我们这里所说的得体原则，不同于礼貌原则中的第一条——得体准则，得体准则是从会话的礼貌策略的角度去界定的，而言语交际所要遵循的得体原则，则是指言语交际存在的边界条件，需要切合情景特征。因此，不能将两个概念混淆。

海姆斯的交际能力理论我们将会在下面的章节具体阐述，这里，我们先简单地介绍一下海姆斯理论中有关得体原则的部分。海姆斯认为，说话的得体性属于言语能力的范畴。儿童在学习语言时，不仅仅要考虑自己说出的句子是否合乎语法，而且还必须考虑自己的语言是否运用得体。也就是说他们所要具备的语言能力必须包括"在什么时候说话，在什么时候不说话，跟谁谈什么事，什么时候谈，在什么场合谈，用什么方式谈"等。可见，"得体"即为对情景的适切。所以，人类的言语交际能力，（其中一个关键性的构成元素便是是否或在什么程度上能够对当下的语境进行准确地评价并得体地使用语言。）海姆斯在其理论中将交际情景的因素提升到一个很高的地位，认为情景对言语交际过程具有决定性的制约作用，故而对情景的适切，即得体原则给予了很大的重视。

虽然说，海姆斯交际能力理论中有交际情景决定论的嫌疑，但不能否认的是，语境对于人类交际行为的意义，的确是相当重要的。语境是人类生活、行为的前提和条件，我们任何时候的任何交际，都摆脱不了语境。语境对说话人言语编码阶段发话动机的形成和语码的选择编排，以及言语发话时声音语调的起伏停顿、从中所传达出的情感态度等，无一不起着重要的作用。可以说，得体原则是言语行为发生的前提和条件；也是言语交际过程的要求和约束。

所以语境的适切要求，即言语交际的得体原则，无疑是至关重要的。可以说，它是言语活动中最基础、最重要的交际原则，无论哪一类型的会话，无论交际双方是否采取合作的态度，都必须遵守一个共同的原则，也就是得体的原则。得体原则对言语交际的全过程存在约束作用。任何会话都必须切合交际语境，一旦违背这种适切，言语交际必然会遭遇失败。

得体原则可以指导说话人如何正确地进行言语编码和言语发话，从而顺利地实现交际目的。而要遵循得体原则，就要使自己的言语会话与语境相切合，具体来看，有以下几个方面的基本要求。

1. 把握"在什么时候说话，在什么时候不说话"，即发话时机的选择要与语境相切合。

譬如，《雷雨》中当周朴园因为矿地罢工之事而心情阴沉，继而又摆出家长制的"暴君"姿态，逼迫妻子繁漪喝药。在这样的语境下，周冲想插话提起别的话题，显然不合时宜。

周冲：（犹豫地）爸爸。

周朴园：（知道他又有新花样）嗯，你？

周冲：我现在想跟爸爸商量一件很重要的事。

周朴园：什么？

周冲：（低下头）我想把我的学费的一部分拿出来。

周朴园：哦。

周冲：（鼓起勇气）把我的学费拿出一部分送给——

周朴园：（四凤端茶，放周朴园面前。）四凤，——（向周冲）你先等一等。（向四凤）叫你给太太煎的药呢？

（曹禺《雷雨》）

2. 把握"谈什么事"，即话题内容的选择要与语境相协调。

同样，上述周冲希望与周朴园交谈的话题——为四凤交学费，也与当时的言语情景极其不符。故而此番言语交际的结局只能是周冲意识到交际目的无法实现而主动放弃此次会话，只能说道，"（低声）我现在没有什么事情啦"。

又譬如，鲁迅的杂文《立论》里有这样一个故事：

一家人家生了一个男孩，合家高兴透顶了。孩子满月的时候，抱出来给客人看——大概自然是想得一点好兆头。

一个说："这孩子将来要发财的。"他于是得到一番感谢。

一个说："这孩子将来要做官的。"他于是收回几句恭维。

一个说："这孩子将来是要死的。"他于是得到一顿大家合力的痛打。

虽然鲁迅说这个故事的用意是为了讽刺"说要死的必然，说富贵的说谎。但说谎的得好报，说必然的遭打"。但是，故事中第三人选择的话语内容，无论其是否是真实或必然的，它的确是不合当时"高兴透顶、得一点好兆头"的交际情景的，这样的话题完全破坏了当下的交际氛围，那么惹人生气、挨打也是自然的事了。

所以，在日常的言语交际中，交际者为了达到交际的目的，总是会有意识地选择合适的话题内容，避免不恰当的话题内容，从而顺应言语环境的需要，以尽可能地实现交际的目的。

3. 把握"用什么方式谈"，即表达方式的选择要据语境而定。

为了交际目的的实现，人们必须选择与当下语境相适应的交际方式来进行言语会话。譬如，在非正式的场合，上下级之间可以是无话不谈、亲密无间的朋友，但到了工作等正式的场合，上下级之间的交际方式必须合乎工作的语境，采用正式的语体，言语会话之中避免乱开玩笑、嬉笑胡闹、措辞随意。

概而言之，在合适的时间、合适的场合，对合适的对象，以合适的方式，说合适的话，便是对得体原则的最好遵循，并且也是我们每个人所期待实现的最佳的言语交际状态。而这种言语交际的能力，需要在交际实践、社会经验中培养起来。

　　要遵循得体原则，使会话顺利地切合语境，首先必须对当下的交际语境进行正确的把握和评价，即要准确地认识了解当下的时间、具体的场景、谈话的氛围、说话人的情绪心态，以及处在这个语境中的交际者所承担的角色、相互间的关系等要素。只有在对语境做出正确认识、评价的基础上，我们才有可能去使我们的言语交际符合得体原则。而要培养正确评价当前语境的能力，没有任何捷径可走，必须依靠个人的社会阅历和长期言语交际实践经验的积累。只有在经验阅历的累积中，在不断地进行交际接触、言语实践的过程中，我们才能逐渐体悟、把握究竟什么样的语境适合什么样的话题，什么样的语境适合以什么样的方式提出话题。

第三节　交际社会语言学的理论基础

3.1　海姆斯的交际能力理论

3.1.1　"交际能力"的提出

　　"交际能力"（communicative competence）这一社会语言学的重要概念最先是由美国社会语言学家、人类学家海姆斯在其《论交际能力》一文中提出的。海姆斯的交际能力理论主要是针对乔姆斯基转换生成语法的"语言能力"理论提出的。"交际能力"理论在现代语言学的历史上对社会语言学、应用语言学产生了重大的影响。

　　乔姆斯基在《句法理论面面观》引进了"能力"（competence）和"表现"（performance）这两个概念，并做了如下区分：能力指说话人—听话人的语言知识，表现则指具体情景中语言的实际使用。乔姆斯基认为，人的语言能力是内在的语言知识，是内化了的句法规则，它与生俱来，是人类遗传机制的一部分。人类大脑先天就已被赋予了语言习得的机制，而这种先天的初始状态包含了人类一切语言的共性特征，即普遍语法。正是因为人拥有这种语言能力，一个儿童便能够从有限的句法规则出发，生成无数其未曾听闻的句子。乔姆斯基还指出，转换生成语言学研究的重点主要在于对"能力"的探索，而现实中的语言运用必定带有各种非语法因素的干扰，并不能完全、真实地反映语言能力，因此，语言的实际运用，即"表现"，它与语言的本质无关，并不是乔姆斯基所关注的重点。

应该说，乔姆斯基的语言能力，只是表征了一套高度理想化的抽象的语言模式，抽去了语言的社会文化特点；然而，现实世界里其实并不存在这样理想化的语言能力。语言能力常常随着不同的对话者而发生相应的变化，先天的语言能力在不同的人身上的发展程度是参差不齐的。这表明我们需要从社会的角度去描述语言，掌握社会文化等外部因素对于人的言语能力的作用。而如果只研究先天的语言机制，研究共性的语法规则，那么语言的多样性就会使人无法了解。此外，乔姆斯基重视儿童的母语习得行为，希望从中研究人类先天的语言能力，即普遍语法，但我们必须解释儿童学习母语时的另外一个现象，即正常的儿童在学习掌握句子知识时，不仅仅要考虑是否合乎语法，而且还必须考虑其用语是否得体。儿童逐渐学会判断什么是得体的说话，什么样的话语方式是不得体的；逐渐掌握其所在的言语社团认为是恰当的整套说话规则。所以说，人类在语言学习中所要掌握的能力不仅仅局限于语言能力。

3.1.2 "交际能力"理论体系

内部的语言能力固然重要，但是忽视现实的语言状况，其实是对语言本质的另一种远离。于是，海姆斯针对乔姆斯基"语言能力"理论所存在的问题，提出了"交际能力"这个概念，从内部的语言能力，转向语言的实践运用，从理想的语言模式，转向现实的自然语言。所谓"交际能力"，简单地说，就是指说话人在社会生活和交往中，在各种交际环境里，运用语言的能力。要研究被乔姆斯基所忽略的"表现"的部分，探讨生活于现实社会中的人所拥有的真实的、完全的语言能力。海姆斯的交际能力包含以下四个方面的内容：

1. 语法性　是否（以及在什么程度上）从形式上来讲是可能的。语法性相当于乔姆斯基的"语言能力"理论，即能辨别和构成合乎语法的句子。

2. 可行性　是否（以及在什么程度上）在依靠可获得的实施手段的情况下是可行的。可行性也称为可接受性。掌握可行性即能够分辨哪些形式在心理方面是可以接受的，哪些在心理上是不能接受的。

3. 得体性　是否（以及在什么程度上）在特定的使用和估价语言的情景中是得体的。掌握交际能力的得体性，即要求语言恰当得体，语言形式要能切合具体的言语环境特征。

4. **实现性** 是否（以及在什么程度上）实际上做了，真正实现了，以及行动产生什么结果。把握实现性，即能够判断一种语言形式在现实生活中的可否实现以及实现程度，也就是某种语言形式的实际使用频率。

可见，海姆斯将言语交际能力看作是人的各种使用语言能力的总称。"交际能力"的范围要远远超出"语言能力"，"语言能力"只是交际能力的一个组成部分。一个人获得交际能力，他就不但获得了句法规则的知识，还获得了语言在社会交际中使用的规则，他就应该知道"在什么时候说话，在什么时候不说话，跟谁谈什么事，什么时候谈，在什么场合谈，用什么方式谈"。

海姆斯将语言能力界定为"潜在的"，而语言运用则是"实际的"，强调使用规则的重要性，指出缺少了使用规则，潜在的语言能力、语法规则将会毫无用处。

需要指出的是，交际能力与语言能力两者其实并不矛盾，正如海姆斯所言，"运用语言的能力和掌握语法的能力都是同一发展模式的一部分。"语言能力是先天的普遍机制，而交际能力则是后天形成的，是人们在社会生活、言语交际或教学培养中逐渐习得的能力。

此外，海姆斯还将交际能力视为从另一个角度来看象征形式的民俗学的一个方面。这与海姆斯的研究倾向有关，海姆斯是交际民族志学的代表人物，故而相当重视实际的言谈交际，关注言语会话活动中所体现的语言文化、社会民俗。而他提出交际能力理论，其根本目的也是为了能够全方面地把握人类运用语言的能力。

3.2 甘柏兹的互动社会语言学理论

社会语言学奠基人之一甘柏兹[①]把社会学中的概念"互动"引入社会语言学，并且通过强调"互动"在语言交际过程中的重要性，把它提高到语言学理论的核心位置，构建出"互动社会语言学"。甘柏兹的社会语言学理论精华主要体现在他的《会话策略》（1982）一书中，研究方向主要是把"语言行为"作为交际在社会生活中的功能，以及包含言语内容的"互动行为"的整体意义，本

[①] 约翰·甘柏兹（John J. Gumperz）是美国语言学家，加利福尼亚大学伯克利分校人类学系教授，曾任美国社会科学研究院社会语言学委员会委员（1968—1973年）。

书主要介绍他的以下三个代表性理论。

3.2.1 "互动"理论

甘柏兹将"会话人保持会话持续进行并且能够不断增强理解的能力"称作会话策略。他认为，语言与其他符号系统不同，是最有力、最多能的交际工具，它可以通过语法、语义的细微差别来指示各类物体及相关概念；同时语言也是一个社会过程，人们在其中总是按照社会公认的规范和期望来选择话语。

语言最实质的部分并不是语法学家所概括出来的语言结构系统，而是讲话人利用有关语言和非语言的知识以互动的方式所进行的交际实践。因此，"互动"就成了语言的最重要特性，一切语音、语法规则的价值只存在于传情达意的具体交际活动之中。通过使用语言产生了交际效果，那些实现了的语言形式才是语言事实。如果只是产生了一些合乎语法的句子而没有任何交际效果，则不能认为是真正的语言现象。

在现实的交际活动中，话语实际传达的意义往往不是所使用的词语的一般意义，而是交际活动的参与者通过对交际对象的了解、对语境的理解，以及对话语上下文的掌握而获得的特殊的意义。

甘柏兹特别指出，会话的理解是一个动态的过程。在这个过程中，会话人通过综合所收到的信息不断地形成和修正一些关于对方交际意图的假设，并通过自己的言语和非言语的行动来验证这些假设。因此，会话的过程是一个互动的过程。

3.2.2 语境化理论

甘柏兹在语境化理论中指出：言语并非只受到语法规则的约束，还与社会因素相关。正是由于语言运用与社会结构之间存在着规则性的联系，社会信息才得以交流，这些随不同的团体和语境而异。语言现象研究既可在语言本身的上下文中，又可在更广阔的社会行为环境中加以分析。例如，个人对语法规则的接受度可以反映他的家庭背景和社会意向及地域，反映其来自文化教养高的还是低的阶层，甚至可以表明其态度是友好还是疏离。

该理论的创新之处在于他对语言的研究既着眼于宏观（整个社会背景）活动，又置之于微观（人际交流）活动中去实现它的交际功能，二者不可分割。

在此基础上，甘柏兹又提出了一个重要的概念——"语境提示"。语境提示的重要性在于语言事实必然包括一个语境的成分,语言的表义功能依赖于语境,失去了语境,语义就变得飘忽不定,难以界定。

语境提示可以是话语本身,如严肃的场合突然讲了句笑话(说明讲话人是在力图改变语境);也可以是非话语内容,如手势、体态、面部表情等。但是最常用的,同时也是最容易被忽略的语境提示,是那些包含在话语中的、传统上一般被认为是边缘性语言特征的语言表现形式,如音高、节律、非音位性发音特征、习语的使用、程式化表达法,等等。

因为甘柏兹在语境研究上的进步在于他认为语境也是动态的,话语本身也可以限定和改变语境,语境提示就显得格外重要。在会话过程当中,不断产生的语境提示是会话人赖以解释会话意图的必要信息。

3.2.3 "言语共同体"理论

"言语共同体"是语言学家为了社会联系进行语言研究而采取的分析单位。它的提出对交际社会语言学研究很有意义,一直是社会语言学课题中的讨论热点。但对"言语共同体"的定义及界定一直不是很明确,早期人们普遍将"言语共同体"局限于某一种语言,直到甘柏兹打破了这一局限。他在《言语共同体》(1968)中第一次清晰地提出了"言语共同体"的概念:"它是凭借共同使用的言语符号进行经常的有规则的交流,并依据语言运动上有实义的分歧而区别于同类集团的人类集合体。"

甘柏兹认为,"言语共同体"并不依据交际语言的实际数量,而应按人们使用语言的特征划分。不管是小到面对面交往的个体,还是大到尚可分为地区的现代国家,只要表现出值得研究的语言特色,均可视为"言语共同体"。

在语言研究重点由历时转向共时的大环境下,甘柏兹对早期"言语共同体"研究的方法提出质疑:既然言语共同体是通过语言变体的分布反映社会现实,那么对变体间关系的研究就不能仅从纯粹的语言特点上区分,而应该从方言关系和超方言的关系来考察。

他主张对"言语共同体"的具体考察涉及以下三个部分:

1. 对选择语言的态度

选择语言的社会标准因情景和集团而异。然而在一些社会里对某些言语变体的态度却会反复出现同样的规律。在此基础上甘柏兹提出了"语言忠诚"的问题。当一种书面体成为某个民族或社会运动的象征时,"语言忠诚"会将各个地区集团和社会阶层团结在一起。但要注意的是，在现代社会里，当以往在社会上处于孤立地位的少数民族集团被调动起来后，"语言忠诚"就可能会成为一个政治问题。

2. 变体分布

甘柏兹指出，超方言的和方言的变体很少在地域上重合。"在部落地区典型地集合着不同的语言；而在许多现代国家，地方话的分布好像一条方言链，每个地区说的话与邻近地区的话相似，地区之间距离越远，语言差别就越大。"这个时候超方言变体就成为超越地域的交际工具。

中世纪欧洲的拉丁语和近东的阿拉伯语就是地域扩散的突出例子。这些语言内部交际渠道的巨大隔阂促成了超方言层次的一致性。但是在这些使用标准语的社会中，其内部交际渠道却往往比使用古典语作为超方言变体的社会来得复杂得多，甘柏兹认为，这既与单一语言成分有关，又涉及"语言忠诚"。

3. "语库"概念

最早的"语库"概念是由甘柏兹提出的："一个集团经常使用的方言变体和超方言变体的综合构成这个集团的语库。"一种语言的界限或许与社会集团的界限不吻合，但语库是直接产自社会集团内部，它总是属于某些特定人群的。"语库"概念的建立有助于使语库的组成部分同共同体的复杂社会经济之间有可能建立起直接的联系。

甘柏兹理论体系除了上述提及的会话策略、语境化理论、"言语共同体"理论等相关概念外，还有语码转换的类型和功能分析、社会网络对语言保持和语言转用的作用。关于语码转换部分，甘柏兹的研究十分具有开拓性，即使到了语码转换研究已经成为一个蓬勃发展领域的现在，甘柏兹的理论影响仍然显而易见。另外在语言研究中重视社会网络，甘柏兹也是先驱。现在的这部分研究也构成了社会语言学研究的一个焦点，其意义目前还难以估量。

可以说，甘柏兹的研究成果几乎涉及语言学的方方面面，他的研究让人们看到了社会语言学与历史语言学之间的某些渊源关系。

3.3 莱文森的礼貌理论

以英国学者布朗与莱文森[1]的著作《语言使用中的共性：礼貌现象》为基石的礼貌理论自20世纪80年代初期以来一直被语言学界奉为研究礼貌现象的经典理论，影响极大。早期莱文森礼貌理论体系中包含了以下四大核心理念：

---

[1] Stephen C. Levinson 是荷兰内梅亨大学马普心理语言学所所长和对比语言学教授。

面子说、损害面子行为、礼貌策略及损害力计算式。

3.3.1 莱文森礼貌理论体系概述

在格莱斯的合作原则理论框架下，布朗和莱文森主张将言语礼貌作为该原则的必要补充。他们指出，一个理想的言说者（Model Person）兼备两点特质——理性和面子。

"理性"指言说者能够识别并利用有助于达成目的的手段，言语交际本质上就是理性的。显然理性说秉承了格莱斯合作原则的理论精神。

"面子"则意指言说者在个人和社会两方面的需求，这两种需求在交际过程中都应顾及，具体体现为消极面子和积极面子。积极面子满足的是说话者在个人方面希望被人认可欣赏的需求；消极面子则是满足说话者对领地、个人活动范围及不受侵扰的权利的基本要求。简言之，前者表达的是求同的社会需要，后者表达的则是自主的个人需要。

布朗和莱文森将危及言说者面子的言语行为称为"损害面子行为（Face-Threatening Act，TFTA）"。受损的既可能是说话人的面子，也可能是受话人的面子；既可能是积极面子，亦可能是消极面子。

具体来说，布朗和莱文森将 FTA 细分为以下四组：

表 9 损害面子行为与具体言语行为关系表

损害面子行为分类	具体言语行为
损害受话人消极面子的言语行为	命令、请求、建议、警告、恭维
损害受话人积极面子的言语行为	反对、嘲讽、抱怨、谴责、争执
损害说话人消极面子的言语行为	感激、申辩、接受提议、允诺
损害说话人积极面子的言语行为	道歉、自谦、推诿、忏悔

值得注意的是，在不同文化环境下，对面子的倾向有所不同。布朗和莱文森处于英语文化环境中，认为消极面子在交际中非常重要；但在汉文化环境中，由于中国历来的热情、亲密的传统和"大家族"汇居的习惯，中国人对自我空间和个人自由的要求比美国人低，中国社会对禁忌和隐私的敏感度也比美国社会低。对中国人来说，积极面子远比消极面子重要。李军提出，在汉文化环境下，面子不直接表现为对行动自由的渴求，而更多关注对尊重和尊严的需求。

只要未揭露受话人的忌讳、不故意与受话人作对、没有给受话人造成难堪,一般不会损害受话人的面子。

例如,在英语环境中使役性行为是威胁受话人消极面子的典型行为,但在汉语中直接使役方式广泛存在。在上对下的权势关系中、在亲密或熟识关系之间、在公务场合、在有利于受话人的情况下,都可以自然地使用直接使役方式。例如,上司可以自然地吩咐下属:"小王,一会儿去打印个资料。"下属也可以自然地要求上司:"王总,签个字。"孙子可以喊爷爷:"爷爷,拿件衣服。"这些场合中的直接使役方式并不会损害任何面子。相反,如果言语上显得过于礼貌,反而会显得疏远、不信任。

布朗与莱文森(1978)认为礼貌是在威胁面子行为发生时的一种补偿行为。他们对言语礼貌现象的研究沿袭了言语行为理论和合作原则的理论框架,并吸收了 Goffman 提出的面子说,旨在揭示和量化言语礼貌现象的统一理据。

由于面子问题是个你来我往的过程,而言语交际的本质又是理性的,任何理性的交谈者都会尽量回避损害面子的行为或采用某些策略将损害降到最低,针对这个部分的问题,布朗和莱文森认为说话人会视 FTA 对受话人的面子的损害大小相应选择以下五种策略:

① 直言(bald on record),即说话人不做任何修饰,直抒胸臆;

② 积极礼貌(positive politeness),虽然直言相告,但视受话人的积极面子调整话语;

③ 消极礼貌(negative politeness),虽然直言相告,但视受话人的消极面子调整话语;

④ 婉言(off record),即说话人不以直接生硬的方式,而以委婉但一听就明白的方式表白意图;

⑤ 回避(non-performance),即避而不谈、转述其他。

言语礼貌是个连续体,而不是或有或无截然两分的现象。这五种策略对言语行为危害性的调节能力是逐渐递增的,相应的礼貌程度也不断增强。为了正确使用礼貌策略,对言语行为的危害性做出恰当估计。布朗和莱文森选取了他们认为决定言语行为危害性大小的三个因素:会话双方的社会差距(D);受话人对说话人的权力优势(P);所处文化对 FTA 的胁迫感(imposition)的估值。

在此基础上,他们提出了将 FTA 的损害力(W)具体量化的公式:

$W_x = D(S, H) + P(H, S) + R_x$。

W_x 代表言语行为损害力(Weightness)等及;D 代表社会差距(distant),

S 代表说话人（speaker），H 代表听话人（Hearer），Rx 代表在某种特定文件中的胁迫感评级（Ranking of imposicia）。

该公式体现了 FTA 的损害力与三个变量间的线性函数关系。换言之，变量值越大，即会话双方社会差距、受话人对说话人的权力优势越明显，或所处文化对该 FTA 的胁迫感估值越大，则说话人会认为该 FTA 对面子的损害越大。相应地说话人在交谈中就会选择更为礼貌的策略。

3.3.2 面子理论体系

在社会语言学研究领域，学者们一般把"面子"定义为："交际事件中的参加者所相互给予的、相互协同的公共意象。""面子"的概念首先是由中国的人类学家胡先缙（1944）介绍到西方的，后美国学者高夫曼（1967）系统地提出了"面子"概念。布朗与莱文森在高夫曼的概念基础上提出：谈话人在交谈时需要满足两种面子要求——积极面子和消极面子。所谓积极面子就是在交流时参与者需要表现出跟别人十分融洽，而消极面子就是在交流时不要得罪谈话对象。

R. Lakoff（1979）也认为语言形式的选择常需要我们遵循和睦原则，即人们在谈话中出于为对方考虑而不直接说出他们要说的意思，她还进一步总结了解释不通交际风格的三大语用原则：

① 不强加于人，该规则导致保持距离的交际风格；
② 留有余地，该规则导致敬重的交际风格；
③ 要显得友好，该规则导致同志式的交际风格。

Toomey（1988）认为面子是"个体期望他们予以其自我社会价值认同的一种需求感"。冲突是个人原有身份认知和面子受到威胁或质疑时的面子协商过程。

随着交际能力在语言能力中重要性的凸显，面子理论（Face-Negotiation Theory，简称 FNT）体系逐渐产生并扩展至文化层面及个人层面，用以解释面子问题、冲突形式和维护面子的行为。"面子"的研究之所以重要，是由于交际时人际间面子所掩盖的真实身份往往难以预测，交际者关于真实身份或真实自我的推测会因文化而异。

根据西方一些语言学者（Ron Scollon and Suzanne Wong Scollon，1995）的观点研究，影响面子系统的因素有以下几个：

1. 社会距离

集体主义文化的成员更多使用他人导向（other-oriented）的保留面子的策

略，他们更注重关系的、过程的解决冲突的策略；而个人主义文化的成员使用的则是自我导向（self-oriented）策略，他们注重独立的、结果的解决冲突的策略，而权力差距小的文化中地位高的成员比地位低的成员在口头上则往往使用更直接的面子策略。集体主义与个人主义价值观、权力差距会直接影响面子策略的使用。

2. 权势

权力差距小的文化成员更多的是维护和要求自己的个人权力，他们倾向于通过信息交流将尊敬—顺从的差距降到最低程度；权力差距大的文化成员则更多负责担负一定的义务，相比于前者更喜欢垂直型上对下/下对上的面子交流。

3. 个人层面

面子策略中另一个很重要的部分在于文化变异性维度的个人层面影响因素与面子行为冲突模式。比如，在自我面子的强调前提下，使用支配性或竞争性冲突模式和独立性的冲突解决模式；而在他人面子的保护前提下则往往选择回避性或帮助性冲突模式和关系的冲突解决模式。

对此 Markus & Kitayama（1991）进一步对文化变异性维度与面子行为冲突模式两者间的联系加以扩展，具体可见下图：

表 10　文化变异性维度与面子行为冲突模式关系图

阐释类型	冲突模式选择	冲突解决模式选择
依赖型 （认为自身与群体内的其他成员相联系）	回避性/帮助性	关系的
独立型 （认为自身与他人相分离）	支配性/竞争性	独立性
双倍阐释型 （两类的自我阐释都很强）		独立的 关系的
矛盾类型 （两种类型的自我阐释都弱）		都不选择

从不同的价值形态看，在追求目标的过程中，集体主义文化（例如中国、日本等东亚文化中）成员维护面子的行为更重要，而个体主义文化成员则更加重视透明度。

从文化变异性维度看，依赖型自我阐释的个人比独立型自我阐释的个人更看重不伤及听者感情和尽量少地强加意见于他人；而独立型自我阐释的个人比依赖型自我阐释的个人更看重透明度；双重自我阐释类型的个人同时看重透明度及关系限制。

此外，在面子研究中感情的作用、环境因素的影响和面子如何改变等问题还需进一步研究。

面子的"关联"和"独立"的两个方面在任何交集中都会自然造成一种似是而非的情景，因为面子的这两个方面在任何场合都必须表现出来。

"关联"方面指的就是积极面子，相当于Levinson所称的积极礼貌，它关联到个人的权利，是人们在社会交往中所遵循的、正常的对别人支持和有所付出的交往原则。在交际时通常同意、支持对方的观点，以赞许或恭维的方式与对方产生共识，也被称作"平等"或"一致"性礼貌或面子，象征着交际双方在很多方面有所共享和取得共识。

"独立"方面指的就是消极面子，相当于Levinson所称的消极礼貌。消极面子强调交际者的个性方面，强调个人的权利至少不会全部受所属群体或其群体的价值观念束缚，而且不强加于人。这种"独立"往往表现出个人有一定程度的活动与自由，而且也尊重别人活动的自由权利。在交际中，它表现为最低限度地推测别人的需求和兴趣，不把自己的意见强加于人，给别人以充分的选择的余地，也被称作"尊重性"原则。

从交际双方的角度分析，如果给予对方过多的关注，我们会侵犯他们的独立性；反之，如果给予他们过多的独立，就势必冒着侵犯他们的积极面子的危险。

人际间不存在"不需要面子的交际"，也不存在"没有等级的交际"，权势或等级和面子是相关的。言语作为社会关系的标记，"权势"和"等级"作为各种不同文化中的一种普遍现象，每一种文化都会用其各自的方式来表示这两种不同的社会关系，有些社会可能侧重"权势"关系（如中国）；而有些社会则可能侧重于"平等性"关系（如美国），有些可能兼而有之，有些则会使用言语来对两种关系的平衡做标志。总之，"权势"和"平等性"关系是常常用言语来标志的，是一种普遍现象。但是，不同社会、不同群体在使用言语标志社会关系方面存在很大的差别，这些差别直接与其社会和文化相关。

自20世纪90年代开始，莱文森的研究兴趣转向语言与空间、语言与思维的关系。著有《语言相对论再思考》（与Jotln J. Gurnperz合编，1996）、《假定意义》（2001）、《语言与认知的空间——认知多样性探索》（2003）、《空间语法——认知多样性探索》（与 David P. Wilkins 合著，2006）等。尤其是其《设定意义：一般性会话含义理论》（2000）的出版弥补了古典格莱斯会话含义理论对一般性会话含义分析的不足，具体对会话含义理论进行了阐述，并试图通过建立一个详尽的、可行的理论体系来确定 GCI（geueralized conuersational implicature）理论在语用学中的应有地位。该理论的提出改变了以往语用学者过于偏重对特殊性会话含义（particularized conuersational implicature，PCI）研究的局面，指出话语在不依赖特定语境的前提下，具有一般含义。这一新的语用机制可以处理话语中的正常意义，因此比古典格赖斯理论具有更广泛的应用性，也为语用学研究带来了新的启示。

第四节　跨文化交际

在结构语言学理论中，音位、词法、句法等范畴被看作语言的核心特征，对此，语言人类学家认为过于狭隘，很多情况下，所谓的边缘特征往往才是构成交际信号系统的非常重要的组成部分，具有实实在在的交际意义。因而语言研究的对象不应再局限于传统的句法、词汇的范畴，而应扩展到语言手段的各个方面。基于这样一种认识，语言人类学者提出话语分析（discourse analysis）的方法，主要针对社会文化知识和语法之间的关系。

现代意义上的"话语"研究起源于 20 世纪中叶的美国，主要以话语分析为基本学科形态。威多森（Widdowson，1979）把话语定义为"句子组合的使用"，强调其分析单位和功能；系统语言学家斯蒂那和伟特曼（Steiner and Veltmen，1988）把话语解释为"作为过程的语言"，强调其动态本质。克拉申（Caire Kransch，1998）从社会语言学的角度把话语定义为讲话方式、阅读方式和写作方式，同时也是某一话语社区的行为方式、交际方式、思维方式和价值观念。这些观点都从不同侧面反映出话语的本质，同时也表明话语分析的定义因为语言学家不同的着眼点而不尽相同，其中纳德·斯科隆（Ron Scollon）的《跨文化交际：话语分析法》（2001）是十分重要的理论之一。在《跨文化交际：话语分析法》一书中，斯科隆从"本质上的模糊性""人们必须推导话语的含义""人们的推论趋于固定""人可以迅速做出结论"四部分说明了语言自身存在的局限性，从而提出话语分析法的重要性。但斯科隆的话语分析与之前的话语分析学派有所不同，他通过面子、语境等经典社会语言学的框架来构建跨话语系统交际,用跨话语系统交际(interdiscourse communicatuion)来包括跨越群体或话语系统边缘的所有交集,从最广阔的文化群体间的话语交际,到发生在男性和女性之间或者出于不同时代的同事之间的交际,将增加共享知识与处理交际失误作为跨话语系统职业交际的两大途径。

在做跨话语系统分析时,斯科隆进一步考察了当话语跨越群体成员资格的边界时被创造和诠释的方式,还将其作为职业交际人士用交际去获取和展现复杂而又多元的身份的方式,去分析那些职业交际中多元化的成员资格是如何建构起一个框架的,从而提供了一种分析跨越话语系统边界的话语的交际社会语言学框架,具体来说包括以下几类:社团话语、职业话语、世代话语系统、性别话语系统。

4.1 文化与跨文化交际

"交际即文化,文化即交际。"这两者是相通的。由于交际的实质是一个编码和解码的过程,它将思想、感情、意识等编成语码(如言语或非语言行为以及书面语等符号),对从外界接收的符号或信息赋予意义进行解释,在这个过程中外界接收的符号或信息也就成了交际的前提。只有人们在行为规范方面具有共性,或交际双方共享某一文化规范,才能进行有效的交际。没有交际就难以形成文化,文化就是在交际中得以存在和发展的。文化是冻结了的交际,而交际是流动着的文化。

由于跨文化交际指来自不同的大群体文化的人们所进行的交际,更是具有不同于一般交际的特殊性,它是不同主流文化的人们之间的交际,当然要求双方互相理解或遵循对方的文化,只有这样才能保证交际达到预期的目标,比如:

```
                      交际
              中国人 ——— 美国人
                       ↑
东方文化 ——→ 中国文化 ——— 美国文化 ←—— 西方文化
                      跨文化
```

图10 不同文化交际示意图

4.1.1 文化内涵

首先需要明确的是"跨文化交际"中"文化"的定义及相关内涵。我们可以把文化归结为广义文化和狭义文化两种。

广义上的"文化"指人类社会历史事件过程中所有成就的综合，包括人类通过体力劳动和脑力劳动所创造的一切物质财富和精神财富。

狭义的"文化"则特指人类社会的意识形态，即关系人类社会生活的思想理论、道德规范、文学艺术、历史政治、哲学宗教、知识教育及各式各样的制度和组织，等等。文化作为人类认知世界和自身的符号系统，它是人类社会实践的成果。

中国人的文化观远早于西方人。"观乎天文，以察时变；观乎人文，以化成天下。"《周易·贲卦》中的这一段话被认为是有关文化的最原始出处。就词源而言，"文化"一词最早出现于刘向的《说苑·指武篇》："圣人之治天下也，先文德后武力。凡武之兴，为不服也；文化不改，然后加诛。"这段话揭示了中国最早的文化观中对"文化"定义的阐释——"文治"和"教化"。古人对文化的这种概念解读一直延续到清代。

与东方人较为固定的文化观有所不同，西方对"文化"的认识是不断改变的。目前西方可见的"文化"的最早定义是被用来隐喻人类的某种才干和能力，是表示人类某种活动形式的词汇。文化真正作为一种学术用语最早见于英国人泰勒1865年所著的《文明的早期历史与发展之研究》一书。书中泰勒将文化作为生活经验来整体解读，对文化概念作了系统的阐释："文化或者文明就是由作为社会成员的人所获得的，包括知识、信念、艺术、道德法则、法律、风俗以及其他能力和习惯的复杂整体。"[①] 这也被认为是人类学经典的定义之一。之后西方对"文化"的认识经历了多种定义时期：由18世纪末起"文化"内涵得到扩展，到19世纪它首次用来指"心灵的某种状态或习惯"，后有人指出"文化"是社会整体中知识发展的一般状态，是各类艺术的总体。至19世纪末，文化开始指一种物质上、知识上和精神上的整体生活方式。

总的来说，关于"文化"的界定及定义修正，学术界一直在持续。1952年，美国学者克罗伯和克拉克洪于《文化：概念和定义的批判回顾》中在总结了160多类文化的定义的基础上为"文化"下了一个综合定义：

"文化由外显的和内隐的行为模式构成，这种行为模式通过象征符号而获取和传递；文化代表了人类群体的显著成就，包括他们在人造器物中的体现；文化的核心部分是传统观念，尤其是他们所带来的价值；文化体系一方面可以看

---

① 马文·哈里斯：《文化—人—自然——普通人类学导引》，顾建光、高云霞译，浙江人民出版社1992年版，第136页。

作是活动的产物，另一方面则是进一步活动的决定因素。"

综合东西方对"文化"概念的理解，文化具有以下几个特征：

1. 符号性

任何形式的文化归根结底都是一种象征符号的系统。在文化创造中，人类不断把自己对世界的认识，对事物和现象的意义及价值的理解转化为可被集体感知的形式，从而使它们产生一定的象征意义，成为人们生活中必须遵循的习俗或法则，最终形成某种代表文化的价值符号。

2. 民族性

文化植根于民族，一定的文化总是在民族的机体上生长起来的。每个民族都会选择对自己文化有意义的规则，可以说文化的功能就在于界定不同的群体，因为每一文化成员的行为所遵循的规则是有限制的。

3. 观念化

由于文化是群体行为规则的符号化与抽象化，是一个由多方要素综合而成的复杂整体，是一定区域内的一定文化群体为满足生存需要而创造的一整套生活、思想、行为的模式。这个模式归根结底是代表群体符号的观念整合过程，在整合过程中各组成要素互相补充、互相融合、互相渗透，共同发挥塑造民族特征和民族精神的功能。

4. 动态化

一方面，既然文化是一种为了满足人类生存需要而采取的手段，那么当生存条件有了变化，作为观念形态的文化必然要发生变化，因此文化的稳定性是相对的。另一方面，从外部来看，文化传播也有可能造成文化内部要素和结构的"量"的变化，最终"量"的渐变也可能促使文化的"质"的突变。

交际是文化的编码与解码过程，语言既是这一编码、解码过程中的工具，又是其传承和储存系统。总的来说，我们可以把文化概括为"符号和意义的模式系统"。

4.1.2 跨文化交际的内涵

"跨"有超越、凌驾的意思。因此，跨文化交际中的一个重要课题便是"谁的文化在跨越谁的文化？"在经济全球化背景下的文化事实中，它更是表现为文化的交际、碰撞与融合。

"跨文化"现象可以说自古有之。中国历史上不同文化的融合与交流的状况表明：一方面中国自身文化系统具有强大的生命力，不易被外来文化所消灭；另一方面正因为强大的生命力使我们的文化系统具有了强大的包容度，可以将外来文化"为我所用"，融进自身的文化框架。

我们再从中国的历史现实重新看看"跨"的内涵，可以说整个人类史的进程就是一个漫长的"跨文化"过程，不同文化之间进行融合与交流，或者跨过别国文化，为其带来巨大的冲击和影响；或者被优势文化所跨，通过外来文化的推动与刺激为自身文化注入新鲜的血液。

而今全球化背景下我们所面对的"跨文化"现象，可以说比历史上任何一个时刻都要复杂与深刻。因此，如果要避免我们的文化在全球化进程中"失语"、被边缘化，就需要对新时期下的言语交际提出新的要求。

跨文化交际是指不同文化背景的人们（信息发出者和信息接收者）之间的交际。从心理学的角度讲，信息的编码译码由来自不同文化的人所进行的交际就是跨文化交际。广义的跨文化交际包括跨种族交际、跨民族交际、统一主流文化内不同群体之间的交际及国际性的跨文化交际等。

需要注意的是，对"跨文化"这个说法的理解不能只限于不同国家之间人民的交流。以上已经提及文化是一个人文的相对的概念，跟国家地域的划分没有太大的联系，而主要是视点及划分角度的问题。本书讨论的重点主要在人际交往这一部分。

交际行为是文化和社会行为，它必然发生在社会之中，并受社会众多因素的影响和制约，主要包括：

①文化背景（涉及价值观念、文化取向、社会结构、心理因素、环境因素）；

②交际情景（涉及交际双方的社会地位、角色关系，以及交际发生的场合、时间及谈论的话题等）；

③代码系统（对接收的信息赋予意义的过程中产生的"文化过滤"机制）。

在跨文化交际中，交际双方的文化背景可能相似也可能相去甚远；文化距离可能大至不同国籍、不同民族、不同政治制度的人之间可能存在文化差异，小至同一主流文化群体内性别、年龄、职业、教育背景及爱好兴趣有所不同的个体之间也可能存在文化差异。

从理论上分析，不同人的文化和社会背景、生活方式、受教育情况、信仰、年龄、政治经济状况乃至性格爱好等方面都存在着不同程度上的差异，这样在交际时说话人和受话人对信息的理解不可能达到百分之百的认同。

从这个意义上讲，任何人际之间的交际都是跨文化交际，差异是程度上的，不是本质上的。

4.1.3 跨文化交际的核心

每一种文化都有其独特的一套系统，它告诉人们爱恨美丑是一种抽象和概括，用肉眼无法看见。学者们把这套系统称之为价值观体系，它是人们在社会化的过程中逐渐获得的。例如中西方文化是在不同群种、不同地域和不同历史条件下形成的两种根本不同类型的文化，属于平行发展、互不冲突、各有偏重、各具特色的两大文化系统。

由于价值观是人们在社会化的过程中逐渐获得的，对它的概念解读也是随着社会化的发展而发展的。因此，从跨文化交际的现实情况来看，价值观可以说是跨文化交际的核心，是文化的底层，不理解不同文化间价值观方面的差异就不能真正理解跨文化交际。

从各类相关定义上可以看出，价值观是决定人们所持看法和所采取行动的根本出发点。Michael Prosser 将价值观看作个人或群体主要通过文化交际构成的模式，是最深层的文化，所有人都有价值观。Geert Hofstede 进而将其界定为喜欢某种事态而不喜欢另一种事态的大致倾向。

目前学界较为肯定的是克拉克洪对价值观下的定义，他认为，价值观是"个人或群体所特有的一种显性或隐形的，认为什么是可取的观念，这一观念影响人们从现有的种种行为模式、方式和目的中做出选择"。从这一概念中我们可以看到价值观的"核心内涵"，它包括以下三个部分：

①从"观念"上看，价值观是非具体的抽象看法；

②从"可取的"角度上看，价值观具有规范性，指导人的行为，因此，其必然包含有"不可取的"对立面；

③从"选择"上看，由于人行动的模式、方式、目的存在差异，人自身可以为自己做出选择。

首先，价值观决定人们如何进行交际。无论是语言交际、非语言交际或是社会交往，无一不受到价值观的支配。以语言交际为例，东方人对人际关系和谐度的重视也就决定了其在说话时比较含蓄，唯恐直截了当会伤害对方的面子和感情。而西方人不同，尽管他们也重视人际关系，但是对他们来说首要的是办成事情，因此他们常常把中国人说成是"不可捉摸的"，不能理解为什么我们这样"绕圈子"。表面上看这是两种表达方式的差异，实际上却是两种价值观的冲突。

另一个角度看，我们可以说交际反映人们的价值观。这种反映可以是直接，也可以是间接的。例如，从人们言谈中经常强调什么可以大致看出他们的价值观，这是直接的反应。从人们不谈什么以及谈话的方式也可以看出他们的价值观，这是间接的反映。

价值观根植于人们的心中，支配着人们的信念，成为人们行动的指南。它是人们行动的规则、思维的方式、认知的准绳、处世的哲学、评价事物的规范、道德的标准，等等。它看不见、摸不着，但它却无处不在。价值观一旦形成，它支配着人们的信念、态度、看法和行动，并且具有相对的稳定性，不会轻易改变。但是这种稳定性在某种程度上只是相对的，它并不是完全不能改变的。在社会发生巨大变化的情况下，人们的价值观往往也会随之变化，隔代之间观念上的差异往往反映年轻的一代在价值观方面已经发生了变化。

4.1.4 跨文化交际的特征

从跨文化交际的定义出发，可对其特征总结如下：

1. 同一性

谈到不同的文化，人们想到的往往是差异，这些不同的文化表现形式，构成文化的行为环境和行为意义的符号，折射了文化内涵的差别。但在谈这个问题之前需要在求同存异的基础上先得到一个前提，即可比性问题。

两种不同的文化形式之间首先要有相通之处，也就是我们在讲文化差异的过程中必须以文化的类同为基础。文化的符号性导致文化和交际具有同一性。只有当交际双方对同一符号的解释完全一致或者相近时，交际才有可能有效进行。

2. 异质性

由于跨文化交际涉及的是不同文化背景的人们（信息发出者和信息接收者）之间的交际，即使两种文化之间存在某种相关性（或者说是同一性），但归根结底，既然存在"跨"的问题，必然是分属于两种形态，也就是说跨文化交际中的文化个体必然是异质性的。

3. 冲突性

这一点是延自上一点的，在与文化背景相似或不同的人交际时，交际行为是有差异的。前者往往是无意识的，后者往往是有意识的，这也意味着在跨文化交际中产生失误或误解是不可避免的。由于不同的文化有着不同的"内核"，必然导致在价值观念、认知模式、生活形态上的差异，这种差异在交际方面必然会形成文化的碰撞，于是交际双方如不能理解对方的文化，就会产生与交际预期的反差，结果当然是不能令人满意的。

4.2 跨文化交际中语言和文化的关系

语言学家常常从文化特征入手，对特定的语言做出解释。美国语言学家E.Sapir在《语言论》中指出："语言的背后是有东西的，而且语言不能离开文化而存在。所谓文化是社会遗传下来的习惯和信仰的综合，由它可以决定我们的生活组织。一方面，语言作为民族文化的一部分，反映该民族的面貌；另一方面语言又是形式，反映民族文化的内容。"它们之间的关系不是单向的，而是相互影响、相互作用和相互制约的关系。

4.2.1 语言对文化的影响

当我们解读跨文化交际中"语言"与"文化"的关系时，首先来看看语言对文化构成的影响。

语言的产生是为了满足人构建文化、表达文化从而创造文化的需要，它会不断随着社会或民族文化的发展而发展。语言是文化的载体，全面地储存着文化的整体信息；同时又是文化的写照，不仅反映文化的形态，而且其结构部分或全部地决定着人们对世界的看法。

我们知道语言是由语音、词汇、语法三大要素组成，在三个要素中词汇与文化有着最为密切的关系，它承担着负载文化的主要任务。例如，语言的词汇范畴依从于民族文化特征，在语言中可以划分出与民族文化特点有关的词汇范畴。具体来说，属于文化中心的词汇要比属于其边缘的词汇详尽。反映文化现象的词汇，其数量与它在文化上的重要性成正比。

4.2.2 文化对语言的影响

语言是一种特殊的文化，可以说它的使用无时无刻不受到文化体系的影响和制约。同时，文化作为人的符号活动的产品，对语言的生成、发展及运用的影响也是全面的，主要表现在以下几个方面：

1. 文化对语言本身的影响

文化对语言系统的影响首先集中表现在对语音、词汇、语法等语言要素的形成与发展的制约作用。按照索绪尔（1880）的观点，词义是"被命名的食物或概念与名称本身的关系"，而这种关系的形成无不浸透着人对现实的感受及经验。

各种文化之间的差别也造成了各种语言词汇结构之间的差别，比如，奴厄尔语中有几百个用于描写颜色、大小、品种、行为和价值的牲畜的词汇；而墨西哥南部和危地马拉的马亚印第安语对不同种类的玉米，澳大利亚某些土著语对不同性质的沙，阿拉伯语中对不同品种和形态的马都用许多不同的词来表示。

2. 文化对语言习得的影响

文化决定着语言的指称内容和方式。语言所指称的对象是人的文化心理的体现，因此，它的指称内容与方式是由文化的人和人的文化所决定的。

自然界中的很多事物当被作为语言中具体的指称对象时，很多时候并不是一个客观的存在，而是活在人的认知体系中，属于人所构建的文化世界或认知图景中的一部分。例如，在广东人的生活环境中雪是很少见的，因此大部分广东人对雪缺乏体验，在其认知体系中只有"雪米""雪条"等概念，相应地与雪有关的词汇就显得有限；而对见过不同状态的雪、长年与雪打交道的因纽特人来说，无论是融化的、堆积的、下着的等不同状态的雪都会有相关的形象化描述，因此，在因纽特语中出现了二十多种专门形容雪的词。

3. 文化对语言思维的影响

语言作为思维的物质载体和表达工具，一方面能促进思维的发展，另一方面又受到思维的制约。语言在很大程度上要取决于民族的思维方式，不同民族的思维方式在很大程度上决定语言的形式。例如：我们将"火车"与"railway train"这两个中英词汇进行对比，前者（即"火"+"车"）观察的是"火"与"汽"的物理属性及功能，而后者"railway train"观察的则是"轨"与"道"的运行方式。显然民族文化与思维方式之间是有着密切的联系的。

所以，文化与语言的关系是一种相互影响、相互作用的"共变"关系。在这种共变关系中，作为语言创造的动力和表达的内容，文化理所当然地起着主导作用，影响并制约着语言发展，从而使语言带有鲜明的民族文化特征。语言理解包含着文化理解，同时语言理解也需要文化理解；语言理解的层次越高，需要的文化理解也越高。

跨文化交际所涉及的是在语言和文化背景方面有差异的人们之间的交际。由于不同文化群体所处的生态、物质、社会以及宗教等环境不同，产生了不同的语言习惯、社会文化、风土人情等，自然造就了不同的文化背景，因此导致语言习得与思维习惯、说话方式也不尽相同，由此产生了文化差异。

4.2.3 语言与文化关系的调查实例分析

由于语言与文化的关系是一种相互影响、相互作用的"共变"关系，语言的使用反映社会的发展，社会和文化传统对语言的使用有着很大的影响作用，随着社会与时代的发展，语言和文化的"共变"关系也不断地发展，对人们的思维产生一定的影响，再转而反映到语言的使用上。在此，我们介绍北京师范大学汉语言文学专业大学生所做的调查分析——"当代大学生对于非亲属长辈称谓的接受及使用情况"，来说明语言和文化的关系。

"叔叔/阿姨"是对一定年龄差距的陌生人常用的长辈称谓，随着我国社会的发展，人们对此有了不同以往的认识，尤其是大学生对这组称谓的接受情况出现了与以往不同的变化。日常交际中使用称谓需要使用者对称呼对象进行关系判断，而这种判断实际上是依赖于对自身社会身份认知的确认，被称呼为"叔叔/阿姨"事实上就相当于被标记了"成年人"的社会身份。然而生于20世纪80年代后的当代大学生虽然在年龄上已步入成年，却似乎不愿意接受称谓上"成年"的礼遇，对"叔叔/阿姨"称谓表现出比以往几代人强烈的不接受情绪。北京师范大学汉语言文学专业大学生所做的调查分析，主要是希望通过从社会语言学角度切入研究，从一个侧面反映当代大学生面对成年的真实心态，从而更好地认识大学生这一特殊的"成年"群体。他们的研究方法主要是调查抽样方法和资料分析法，研究对象是北京师范大学全体在校本科生，抽样方法是分层随机抽样的方法。

在被调查的大学生中，40%的男生可以接受被称为"叔叔"，但是只有11.7%的女生可以接受被称为"阿姨"。调查同时反映出不愿意接受"阿姨"称谓的女生，在一些情况下被称作"阿姨"时，倾向于表现出比较抗拒的态度，虽然大多数女生出于礼貌等原因会把不满留在心里（41.7%的被调查女生表示在遇到类似情况时会对称呼做出回应，但是心里不痛快），但是有数量相当可观的女生（25%）会选择直截了当地纠正对方的称呼，让对方称自己为"姐姐"，这比起男生面临相同情况时所做出的反映（只有15%的男生会选择主动纠正对方的称呼）表现出更多的抗拒心态。这种抗拒心态很大程度上来源于以下公式：

　　　　哥哥——男孩　　　　　　　姐姐——女孩
　　　　叔叔——男人　　　　　　　阿姨——女人

　　称谓最直接反映的不仅是会话双方的关系，还有双方各自在社会中所处的位置。正如上述公式所反映的，"哥哥/姐姐"与"叔叔/阿姨"称谓实际指向如上所示的名称。正如英国社会语言学家彼德·特拉吉尔在《社会语言学导论》一书中所举出的例子：

　　　　　　boy—girl　　　　　　　　　man—woman

　　这在英文中看上去是两组等价的词，事实却并不是这样。"man—woman"组看起来是对成年男性和女性都可以使用的通用称谓，用"man"来称呼成年男子确实比较普遍，但是很多英语国家的人会教育自己的孩子不要将"woman"直接用作称谓，因为这样带有不礼貌的色彩。而"boy—girl"看来都是用来称呼小孩的通用称谓，"boy"确实专用来称呼幼小的男性，用来称呼十几岁以上的孩子就会引来不快，称20岁以上的男性为"boy"就十分罕见。但是"girl"却可以用来称呼比这个年龄还大得多的女性。原因在于：在男性占主导的文化环境下，man=normal，与之相对的"woman"相对具有了性的含义，也就相对带有贬义色彩，因而女性宁愿一直保持"girl"的称谓。女性比男性更愿意使用稚气的词，就是受这一深层心理机制的影响，女大学生比男大学生更难接受成人称谓，也是出于这样的深层原因。

　　男性心理机制在诸多方面类似高自我估价者，而女性类似低自我估价者。依照我国的传统文化，未成年人的社会地位是相对较低的，而取得了成年的社会身份就意味着被社会真正认同，从而获得被尊重的机会，在可以接受被称呼为"叔叔"的男生当中，确实有数量相当多的人（18%，次于"无所谓"的态度，[42%]，居于接受该称谓原因的第二位）是因为认为被称呼为"叔叔"是受到尊重而接受这一称谓的，而在所有可以接受被称为"阿姨"的被调查女生中，没有一人认为自己被称为"阿姨"是受到了尊重。因此，有12%接受被称为"叔叔"的男生明确表示相对愿意在人比较多的场合被称为"叔叔"，比例虽不算很高，但也可以反映出被称为"叔叔"可以对男生的心理产生一种相对积极的效果，但是在所有可以接受被称为"阿姨"的女生当中，没有一人明确愿意在人比较多的场合被称为"阿姨"。可见，社会和文化传统没有为女生接受"阿姨"称谓提供足够有力的支持和依据。"叔叔——阿姨"虽然从直观上和公式上看来都是等价的，但由于社会和文化传统对性别地位的不平衡作用使得这一组称谓内部本身又具有了相对的不平等性。这说明不能把"男人——女人""男孩——女孩""叔叔——阿姨"等词语看作是只有性别对立的等价称谓。

一般观念认为男性比较希望成熟而女性畏惧衰老，所以男生当中"畏老"的比例应该小于女生，而"畏老"情绪应当是女生不接受"阿姨"称谓的主要原因。然而，调查结果表明，在不愿意接受"叔叔"称谓的男生当中出于"不愿意显得老"这一原因的有45.8%，是男生不愿意接受"叔叔"称谓的最大原因。而女生当中选择"认为自己还是孩子"的占到了压倒性的67.9%，可以说是其他因素远远不能相比的。这样的结果首先说明了无论男生还是女生，他们在面对"叔叔/阿姨"称谓，以及称谓作代表的成人社会身份的态度时，比起以往的传统看法都向远离成熟的方向进了一步。"成熟"不再是20岁左右青年男性所倾力追求的价值准则，而"青春""活力"等在"80后"一代心目中显然具有更大的价值。而女生的心态已经从抗拒衰老进一步到达抗拒成熟，甚至出现了"婴儿化"倾向的风尚，穿着宝宝装、推崇婴儿色乃至用奶瓶饮水都表现了当代青年女性已经开始向成长宣战。

调查结果表明，在接受方面，被调查的大学生对"叔叔/阿姨"称谓本身所指含义的看法与传统认识并没有很大区别，能够接受"叔叔/阿姨"称谓的被调查大学生认为使用方和称呼方年龄差距应该在10—20岁之间，认为年龄差距应在15岁以上的占大多数。有相当比例（28.6%）的女生认为年龄差距20岁以上才可以使用这一称谓，但是没有男生持相同看法。说明女生接受"阿姨"称谓比男生接受"叔叔"称谓需要更严格的限制，又一次证明了"叔叔/阿姨"称谓的不等价事实。但是在使用这一称谓时，有占总数32%的被调查大学生认为自己只对年龄差距20岁以上的陌生人使用"叔叔/阿姨"称谓，仅次于15—20岁（39%）排在第二位，有37%的男生认为只能对年龄差距20岁的陌生人使用"叔叔/阿姨"称谓，这个比例远远大于女生的28%。

赫德森认为语言常常激励、甚至强迫我们限定关系。称谓尤其是这样一种带有强迫色彩的限定。当认知的改变与混乱带来限定的模糊与犹豫时，称谓便成了一个尴尬的命题。已经成年的大学生不愿意接受属于成年人的称谓"叔叔/阿姨"体现了这种尴尬。调查中有14%的被调查大学生在与陌生人交往的过程中避免使用任何称谓（男生中18%的人倾向避免，女生比例为12%），也很大程度上反映了这种尴尬。

4.3 跨文化交际中的文化差异

由于中西方传统习惯、价值观念、宗教信仰、思维方式等不同，在跨文化交际的实际中，中西方文化表现出诸多差异。文化差异主要指不同文化圈之间的差异，尤其是中国和欧美国家的文化差异。

Spiro 在《文化与人性》中说："不同的文化以不同的方式构造现实。对任何行为者来说，现实是通过世界观和他的文化所建构的行为环境传递的。"不同的民族，其文化特性的表现形式也是各不相同的。那么具体来说，文化差异表现在哪些方面呢？

4.3.1 语言层面的文化差异

"语言是文化的底座"（束定芳、庄智象，2001），语言作为文化和思维的表达方式，借助这种载体可以让我们更好地体会文化的内涵；我们也可以借由这个窗口来窥视文化的异同。Wolfson 认为："不同文化的人们在交际时常常失误或达不到预期目的，是因为不同文化的人们在交往时，对文化背景、价值取向、社会规范方面存在的差异缺乏认识，而这些差异却十分顽固地表现在言语行为和语言使用规则方面。"具体来说，文化差异主要表现如下：

1. 语言观差异

中西方不同的言语观对言语行为的态度，以及言语的社会功能方面的差异导致这两种文化在交际行为、交际策略和交际风格等方面的差异。

以个人本位为主要取向的西方人一般较为健谈，而且惯于表现自己，不管他们内心对外界的反应有多么无足轻重，他们也愿意把内心世界用言语表达出来。而在以群体和他人取向的中国文化中，人们却不那么健谈。他们尽量少与别人对立，讲起话来尽量婉转、隐含，由此养成自我压制和谨言慎行的性格。他们在言语交流时尽量察言观色，对环境提示具有高度的敏感性和接受性。

2. 词汇差异

不同的民族由于地理、民俗、宗教及价值观念等方面存在着差异，当表达同一个概念的词时，在其自身独特的文化传统作用下会产生附加在词汇本身概念之上的联想意义。具体差别可见下面几类对不同文化圈同一概念的词汇提取所产生的差别：

（1）指示意义相同，联想意义不同或截然相反的词汇。在不同文化中，同一事物可以引起完全不同的联想，词汇可以具有不同的文化内涵或文化意义，具体例子见下表：

表 11 汉语词语在英、汉两种语言中的文化意义列表

词汇	汉语中的语义	英语中的语义
柳树	分离思念	象征悲伤、哀愁
西风	凄凉、萧条	希望和力量的象征
龙	至尊至上的色彩、神圣、吉祥等褒义	硕大、凶残、无好感

（2）指示意义相同、联想意义部分相同的词汇。在不同文化中，某类词在某些方面会引起不同民族的共同联想，而在其他方面却会引起不同的联想。"玫瑰"在汉语与英语中都可以表示爱情，但在英语中"under the rose"却是秘密和沉默的象征；猫头鹰在中英文中都被认为是不吉利的，但在英语中它还有表示"聪明的"的意思。

（3）指示意义相同，在一种语言中有丰富的联想意义，另一种语言中却没有的词汇。例如"竹"在汉语中表示"高尚的文化内涵"之义，汉语文化中常以竹喻人，表达坚定正直的品格，而英语中却没有。

（4）各自文化中特有的词汇及文化中的词汇缺项，比如，汉语中的"阴/阳"，在英语里是缺乏对应词的。中医理论里所说的"寒""上火"等概念也很难用英语表达。

3. 词汇与思维方式及价值观

语言中的词汇与其民族思维之间的联系是密切的。王魁京先生（1995）就曾归纳了汉语的词汇结构中所蕴含的汉民族的思维方式：

（1）先整体后局部，先名称后实质；（树干，树皮，柳树，杨树）

（2）物以类聚（手足，学习，草木）

（3）对立统一（高低，上下，迟早）

（4）虚实相应（嘴巴，凳子，苦头）

（5）声韵协调（人高马大，傻里傻气）

在特定语境下，对于一个词所产生的某种特定感受，不了解这种联想意义的差别就不能完全接受一个词所承载的全部语言信息量，尤其在跨文化交际中，对词汇联想意义的理解有助于人们更恰当地了解和掌握所学语言的文化，从而真正达到交际的目的。

4.3.2 非语言层面的文化差异

1. 颜色

由于颜色的象征意义体现出某种心理功能,它是在漫长的历史进程中约定俗成的,其象征意义在不同民族语言中往往有不同的特点,有些甚至构成了人们对经过引申、隐喻之后形成的颜色的崇尚和禁忌。中西文化之间的颜色观自然有很大的差异。

总的来说,与东方文化相比,西方文化中颜色的象征意义往往比较直接,一般是用客观事物的具体颜色来象征某些抽象的文化含义,所以更易追溯其语义理据和逻辑理据。下面我们具体地来看看东西方的颜色观差异。

红色 在东亚文化中,红色是幸福、吉祥与喜气的象征,而在欧美文化中则不是这样的。西方文化中的红色主要指鲜血的颜色,是"火""血"的联想,它象征着残暴、流血,是一个贬义相当强的词。因此,著名汉学家霍克斯在翻译《红楼梦》时,由于意识到 red 可能使现代英语读者联想到"暴力""流血",所以采用小说原来曾使用的书名《石头记》,译为 The story of the stone。

白色 白色在中国文化里是一种颜色禁忌。它是枯竭而无血色、无生命的表现,象征死亡、凶兆,所以自古以来亲人死后,家属要披麻戴孝(穿白色孝服)办"白事",要设白色灵堂,出殡时要打白幡;白色又象征着腐朽、反动、落后,如在战争中失败的一方总是打着"白旗";白色还象征奸邪、阴险,如"唱白脸"一词中"白脸"表示的是奸雄。

而在西方文化中,白色象征着美丽、纯洁、神圣。在西方的结婚典礼上,新娘就要穿着白色的婚纱,代表美丽圣洁。它又象征正直、诚实、高尚、有教养 [例如 white hand(廉洁、诚实), a white lie(无害的谎言)]。除此之外,白色是国家权力的象征,例如美国的白宫。

黑色 黑色在中国文化里只有沉重的神秘之感,是一种庄重而严肃的色调。它一方面象征严肃、正义,如民间传说中的"黑脸"包公,传统京剧中的张飞、李逵等人的黑色脸谱;另一方面它又象征邪恶、反动,如指阴险狠毒的人是"黑心肠",不可告人的丑恶内情是"黑幕",反动集团的成员是"黑帮""黑手"。

再看看西方文化,黑色是西方文化中的基本禁忌色,象征着死亡、凶兆、灾难,如西方在祭奠死亡的人们时,通常身穿黑色的衣服。黑色也象征耻辱、不光彩 [如 black sheep(败家子), a black eye(丢脸、坏名声)],同时黑色还象征着沮丧、愤怒。

黄色 中国人以黄色为尊，源于古代中国人的地神崇拜意识。土地是万物生长的必需条件。五行观念产生后，土居中央，黄色成为中央之色，其神为黄帝——传说中的华夏族祖先。这种文化观念非常适合封建统治者的需要，黄色因而被历代帝王推崇和垄断，被称为"帝王颜色"，象征着皇权、辉煌和崇高。

在西方文化中的黄（yellow）使人联想到背叛耶稣的犹太（Judas）所穿衣服的颜色，所以黄色带有不好的象征意义，主要表示卑鄙、胆怯 [例如 yellow dog（卑鄙的人），yellow streak（胆怯）]。

绿色 中国传统文化中，绿色有两重性。一方面，在初始时代的漫长人类生活过程中，人类借助绿色保护自己，它是人类赖以生存的基础。因此从绿色可以联想到生命力，通常给人的感觉是恬静清丽的，并且象征着青春韶光。中国古代作品里常用"绿"字来描写年轻貌美的女子，常以"绿窗"代闺阁，但同时，绿色也保护着人类的天敌及其他凶残的食人动物。这样一来它又是邪恶的，所以旧时也用"绿林"指占山为王、拦路抢劫、骚扰百姓的盗匪。而且，绿色的另一象征意义还在于它表示低贱，如汉朝时的仆役着绿帻，元朝以后凡娼妓都得着绿头巾，以示地位低下，因妻子有外遇而使丈夫脸上无光、低人一等，这种行为叫给丈夫戴"绿帽子"。

在西方，绿色的两重性就不存在了，它是和睦、友善、希望的象征。而在埃及，寺庙的地面是绿色的，在希腊人和摩尔人眼中绿色代表胜利。英格兰高地人以身穿绿色来代表荣誉。绿色的草木总是生机勃勃的，绿色蔬菜总是新鲜诱人的。绿色成为环境话题之颜色绝非巧合，它象征着乡村的宁静与自然界的和谐，绿色象征着自然。

2. 禁忌

有些交际的词汇或行为因传统习惯或者社会风俗不同，会引起对方的强烈反感，应该避免使用，这就是禁忌。东西方文化在各自的禁忌体现及避讳上也存在着很大差异。

饮食禁忌 在长期的生活过程中，每一个国家或民族都形成了自己独特的饮食文化，而饮食禁忌便是禁忌文化中的重要组成部分。饮食禁忌既包括饮食的内容，即忌吃哪种食物，也包括饮食方式，即进食时忌讳某种行为或方式。我们都知道伊斯兰教教徒忌吃猪肉，印度教的教徒忌吃牛肉，佛教徒忌吃各种肉类，也就是忌荤。另外我们还知道进食时有各种规矩，西方人用刀叉吃饭，东方人用筷子，还有的民族用手抓饭吃。他们这样做的时候也有各种禁忌，比如，西方人进食忌刀叉出声，中国人也忌用筷子敲打盘子或饭碗。

数字禁忌 中西文化中都有自己的禁忌数字。在中国，忌讳数字反映并不明显，"4"这个数字有时会被一些人视为禁忌，因其与汉字"死"谐音。数字禁忌在西方文化中比较重要。"13"对于西方人来说象征着"不吉、倒霉"，人们避讳这个数字的场合很多，如就餐时一桌不坐13个人，不能上13道菜；门牌、楼层、影院座椅等编号均无13。英国从前通常在星期五处死罪犯，因而星期五也时常被叫作"绞刑日"。如果"13日"与"星期五"是同一天，则被认为大不吉利，被称为"黑色星期五"。按照迷信的说法，每到这天12个巫婆都要举行狂欢夜会，夜会高潮时魔鬼撒旦会出现。《圣经》的一些解释者认定，亚当和夏娃就是在这个日子偷尝了禁果，亚当和夏娃的儿子该隐也是在"黑色星期五"杀死了他的弟弟亚伯。

年龄禁忌 除此之外，东西方文化在禁忌方面还有很多不同之处，中国人和美国人对待年龄的态度不同。女主人让孩子叫"奶奶"是出于中国人"尊老"的习俗；而对大多数美国人和英国人来说，忌讳听到别人说自己年老。此外，收入多少、婚否、政治倾向、宗教信仰等也不宜过问。因此，同讲英语的外国人谈话时，应避免提到下面这些问题：

How old are you? （你多大年纪？）
How much do you make? （你挣多少钱？）
How much did that dress cost you? （你的连衣裙多少钱买的？）

3. 称谓

在跨文化交际中，称谓也是一个很重要的文化差异表现，称谓是人际交流的重要组成部分，观察一个民族的称谓方式和习惯，可以窥见该民族文化的很多特征。例如，在西方，人与人之间的称呼比较随便，而在中国却是有着一套严整的称谓体系。

尊重老人是中华民族的传统美德。我国称中年以上的人为"老"是表示尊敬，熟人间称呼"老张""老李"显得格外亲切自然。在英美，因为"老"意味着风烛残年、时日不多，所以人们都忌讲"老"字。

在上下级之间的称谓关系中，由于受传统文化的影响，在我国一般都喜欢用头衔来称呼对方。如"张局长""李主任""王厂长"等。西方人则不同，尤其是英美人，他们的平等意识较强，在称呼上级时，很少用头衔，他们通常的头衔是Sir。

再来看看家庭内部称谓，由于受传统的思想意识影响，我国的家庭结构过去一直是以大家庭占主导地位的，四世同堂、五世同堂也不足为奇。因此在汉语词汇里，称呼不同辈分的家庭成员都有专门的词。英美只注意小家庭，对旁系没有专门的词，只有 aunt/uncle/cousin 这样笼统的称谓。在英语国家，人们往往对姑夫、姨夫或其他旁系成员直呼其名，如非说明不可，则可在姑夫、姨夫等称谓前加上 maternal（母系的）或 paternal（父系的）来修饰。无论长幼都可直呼其名，所以外公、爷爷都称"grandfather"，不加以区分，这体现他们人人平等的思想。

因此在跨文化交际中，应注意使用不同的称谓，正确区分东西文化在这方面的差异，否则称谓差异势必成为语言交际上的拦路虎。

4. 时空意识

对时间的态度以及如何使用时间是非常重要的问题，Hall 指出，"时间会说话。它比有声语言更坦率，它传达的信息响亮而清晰，因为它既不如有声语言那样被意识所控制，也不那样容易使人产生误解，它往往能揭穿言词所表达的谎言。对西方人来讲，他们对待期限和约期的态度非常认真，对时间有极强的感受。而中国文化里的"准时""守约"观念与美国人多少有些不同，至少违时不会像美国人那样受到惩罚。

个人空间指一个人与另外的人之间所保持的空间距离，它是无形的，但却是存在的。西方人在公共场合的空间需求意识比中国人要明显强烈得多。美国人随身携带着被称作"流动领域"的个人空间，不管是行走还是站着，这种私人空间都会充分地表现出来。对于西方人来说，人挤人的乘车状况是不可思议的。如果一个人在地铁中不注意而轻碰了一下他人，一定会郑重道歉。除此之外，还有其他场合，诸如，在银行取款、排队购物时，人与人之间是必定要保持距离的。而中国人对空间的需求意识相对于西方人来说就不明显了，在公共汽车上的挤挤碰碰已成自然，除非特别拥挤，一般是不会听到抗议与不满的言语的。

在人与人进行交际时，西方人对交际距离的限定和个人的空间意识要大于中国人。而且在西方，一般同性朋友交往时，彼此依然保持距离，即使非常亲密，交谈中互相碰撞对方的情况也极为少见。但中国人不但不随身限定个人空间，而且对拥挤习以为常。同性青年朋友交往时，不仅可以手拉手地散步、手臂搭在朋友肩上，还可以相互搂搂抱抱以示亲热。这样的行为无疑会让美国人感到不可理解，对他们来讲，同性之间哪怕轻微地靠向别人的身体，都可能犯下大忌，即使是在拥挤的电梯里，身体的相互接触都是不允许的。特别是男性之间，问题可能会更加严重。中国古书中所提及的"携手而语，抵足而卧"的情形，对于西方人来说是不可思议的。

西方国家的人们最大的禁忌，就是个人的隐私，个人的事不必让外人知道，他们大多不愿意别人过问个人的事，更不愿别人干预，诸如个人的年龄、财产、工资收入、婚姻、恋爱、宗教信仰、政治倾向等私事。因此，以下这类问题很容易被认为是侵犯隐私的不礼貌行为：

How old are you?

What's your income?

How much did that dress cost you?

Are you married or single?

Are you a Republican or a Democrat?

Are you Catholic?

但是许多中国人对西方人所理解的"privacy"的观念很陌生，因为几千年来中国居民居住的地点比较集中，近距离接触较多，私事很难不被别人知道或干预。

5. 身势语

人与人之间的交流是通过两种形式进行的，一是通过言语行为，二是通过非言语行为。非言语行为包括眼神、手势、身体的接触、讲话人之间的距离、时间观念、面部表情、讲话的音量，等等。这些非言语行为都可用作交流信息、传递思想、表达感情。身势语同语言一样，都是文化的一部分。但在不同的语言文化中，身势语的意义并不完全相同。

美国文化要求在双方进行语言交流时，要直视对方的眼睛，这是为人诚实的标志。而在中国文化的交际中，要求人们不要像美国人那样直视对方的眼睛，以示谦卑。中国文化的"谦卑"目光行为在美国文化里，容易被理解为"我不在乎你"；而美国文化中那种频繁的目光接触在中国文化里，容易被理解为不礼貌，乃至挑衅性行为。

手势在不同文化中可以表示不同的意义。如把手掌平放在脖子下面在中国文化中是"杀头"的意思，但在英语国家的文化中除了表示"杀头"外，还可以表示"吃饱了"。

各文化在社交问候方面的偏好也大为不同。例如，从东欧到中东，见面时男士相互拥吻问候的情况甚为普遍。在日本、印度与东南亚，深深一鞠躬与西洋人握手的功能一样。中国人收礼物时一般都是多方推拒，收到礼物后也一般是放在一旁，确信客人走后，才迫不及待地拆开。西方人送礼一般都是当面赠予，随礼品附上送礼人的名片或手写的贺词，一般送朋友礼，不能送具有中国特色的红包。客人送礼物时，主人应双手接受、握手，并感谢对方。更多时候应该当面打开包装，欣赏一下礼品。有时送礼人还会对礼品做一些介绍或说明。在一个多人参加的聚会上，主人和客人还愿意一起欣赏大家带来的礼物和写的贺词，人们不注重礼物的轻重，但却注重赠礼者的一番心意。

4.3.3 文化差异产生的原因

关于文化差异产生的原因，主要有以下几点：

1. 思维方式差异

文化差异归根结底是不同民族思维上的差异，思维的外在表现形式是语言，所以，思维、语言和文化三者构成了一个关系微妙的圈。

英美人是直线思维方式，中国人是螺旋式思维方式。英美人的思维方式重理性、重逻辑，在发展方式上呈直线型；中国人的思维模式比较隐晦曲折、重视潜意识和内在。中西方的思维方式在总体上具有不同的特征，如中国人偏重人文，注重伦理道德，西方人偏重自然，注重科学技术；中国人重悟性、直觉、意象，西方人重理性、逻辑、实证；中国人好静、内向、守旧，西方人好动、外向、开放；中国人求同、求稳、重和谐，西方人求异、求变、重竞争等。因此，很多学者认为，中国思维方式属大陆农业型，西方思维方式属海洋工商型。国学大师季羡林总结道："一言以蔽之，东方文化体系的思维模式是综合的，而西方则是分析的。"中国传统的宇宙观是"天人合一"，即人与自然是处于统一和谐的整体结构中，体现在思维模式上就是整合型思维，是一种整体优先的认知活动，首先注重整体形象，然后再注重细节，先整体后局部。与此对应，西方文化坚持"天人相分"，即"主客相分"的哲学观点，体现在思维模式上往往以部分为起点，然后把这些部分拼合成一个整体，即分异型思维，也称解析式思维。

正是由于思维方式的差异，使得不同文化蕴含了不同的文化因素，如不同的生活方式、生产方式、行为方式、交往方式、历史背景、政治制度、风俗习惯、宗教信仰、语言文字，以及不同的哲学观、伦理观、价值观、审美观、时空观、心理特征、表达方式等。

2.价值观差异

价值观体系包括人生观、道德标准、宗教信仰、审美情趣等许多方面，是一个文化群体的文化意识核心。不同文化背景的人对不同的文化价值是非常敏感的。例如，华人传统"忠孝节义"和"敬老尊贤"的观念在西方人眼里，可能是不可理解之事；反过来，西方人的个人主义作风在东方人眼里很可能是自私自利、目中无人的表现。

中国传统价值观与西方价值观相比较，有下列重大区别：

（1）集体主义和个人主义

中国传统价值观，主张重群体，国家民族至上，强调社会本位和群体本位；西方价值观则主张重个人、个人至上，强调个人本位。中国传统价值观与西方价值观是两个极端。一个重群体，一个重个体；一个是国家、民族至上，一个是个人中心、个人至上；一个是扼杀个性，一个是高扬个性。二者各有优点，又各有其局限性和片面性。

基于上述区别，在权利与义务的关系上，中国传统价值观强调人的义务，强调个体对社会的责任。而西方价值观则强调个人的权利，强调天赋人权。权利和义务本是不可分割的辩证统一体，承担一定的责任，就要尽一定的义务，同时还必须享受一定权利。中国传统价值观以尽义务为价值目的，而西方价值观以享受权利为价值目的，二者都是片面的。

（2）道德主义和功利主义

中国传统价值观主张道德本位主义、道德至上论，西方价值观主张功利主义、金钱至上论。中国伦理思想还突出地表现在义利观上，主张既要重视利，更要重视义，先义后利，反对"见利忘义""唯利是图"。西方价值观则以功利为核心，金钱为本位，以追逐名利为目标，重物质功利而鄙薄仁义道德，唯利是图是其特点。

（3）内在价值和外在价值

中国传统价值观主张重内在价值、重人格，西方价值观则重外在价值、重实惠。中国传统价值观重视独立人格的精神力量，崇高精神境界的培养更是我们民族赖以存在的脊梁骨，中国人重内省修养、慎独，强调"吾日三省吾身"，注重思想意识修养和"良心"自律，以培养人们高度的自觉行为，力求做到表里如一。而西方的价值观则重外在价值、重实惠，推崇实用主义。

（4）和谐主义和竞争主义

中国传统价值观奉行中庸之道，推崇仁爱原则，强调"推己及人"和人际和谐；而西方价值观则崇尚竞争。儒家崇尚忠厚，"躬自厚而薄责于人"，克己、利他、忠厚是其特点。西方价值观则以竞争为特点，西方资本主义是在竞争中发展的。物竞天择、优胜劣汰，只有敢于竞争，才能在竞争中发展自己、击败对手，使自己立于不败之地。

3.社会结构差异

社会是文化产生和发展的基础，几千年来，4/5 的中国人生活在乡村，仅有 1/5 住在小城镇，一个家族往往几代人在村庄繁衍，大家彼此非常熟悉，互相关心，互相帮助。所以直到现在，人们见面问候常常是"你去哪儿""你吃饭了吗""你在做什么"，交谈起来也是有关家庭、婚姻、薪水诸如此类的私人问题。

这让西方人很不可思议，他们最忌讳自己的隐私权被侵犯，西方大部分是工业国家，人们居住在城市，竞争激烈，他们不得不善于保护自己的利益，甚至在他们的乡村也流传这样的谚语："Good fences make good neighbors.（好篱笆才有好邻居。）"

4.生活环境差异

东西方文化的差异还与不同的地理环境和气候条件有关。西方人居住在海边并通过航海的方式来探索世界、认识世界，这使得他们眼界开阔、思维敏捷，勇于开拓进取。西方文化要追溯到古希腊文明。希腊是个岛国，在海洋国家中最早发展了商业经济，形成了海洋文化。英国也是一个岛国，吸收和发展了希腊的海洋文化。众多的岛屿使人际往来不如平原方便，故强调充分发挥个人作用，形成了今天的西方注重个人主义的文化。这种个人主义包括注重自立和独立，重视突出个人，追求个体差异。

中国是一个内陆国家，中华民族的发祥地是黄河流域，古代的先民从事农业生产，从而形成和发展的是农业文化。农业文化重视集体的作用，注重互相帮助，相互依靠，强调的是集体主义，社会风气往往封杀过于突出的个人。同时，以汉语为母语的中国人大多属于大陆居民，大陆的土地以其广博性给人一种重心感，以其联合性给人一种稳定感，因而大陆居民对空间需求的心理就不十分强烈。而以英语为母语的英美人，起源于岛屿居民，他们对原始的生活环境带有一种警觉性、占有性和排斥性,因而对空间的需求就比较强烈,对空间的占有感比较敏感。

5. 宗教信仰差异

宗教是一切文化最深刻的源泉,宗教的差异决定了文化的差异,中国盛行佛教,而西方人多信奉基督教。中西方不同的宗教信仰无时无刻不反映在生活中,美国人有着根深蒂固的基督教传统,而中国人长期信仰佛教、儒学学说。西方人大多信奉基督教,许多习语典故来源于《圣经》,"Juda's kiss(犹大之吻)""Noah's ark(诺亚方舟)""a pardora's box(潘多拉之盒)""God help those who help themselves.(天助者自助。)""Go to hell.(下地狱去吧。)"等,而中国人相信佛祖会超度众生,与此有关的俗语,如"五体投地、天花乱坠、借花献佛、平时不烧香、临时抱佛脚"等。

以不同宗教信仰建立起的认知系统差异,进而演变到偏见仇恨,彼此互斗残杀的例子也比比皆是。有神或无神,一神或多神,真神或假神,拜或不拜,烧香或不烧香,上天堂或下地狱,杀生或不杀生,吃素或吃荤等问题随时会给我们带来巨大的困扰。甚至由于宗教信仰这个文化上的差异也会带来战争,由此我们可以看到它对人类思想行为所带来的威力。

4.3.4 文化差异的克服

人类思维具有共性,同时又具有个性。这种个性反映在语言和文化上,形成不同民族间的文化差异。要如何克服这些文化差异呢?最主要的还是要实现跨文化认同的问题。

胡文仲教授认为,在跨文化交际中,我们要"从对方的观点理解对方的文化感受",提高对文化差异的敏感性。我们要多了解有关的知识,了解不同文化的人们的习惯性的行为,观察他们对谁,在什么情况下,什么时候,怎样实施手势语、目光语、身势语等行为;观察他们如何使用空间和时间表达意义。要做好心理准备,不断调节对非言语行为差异的情感反应,对自己行为的解释保持高度的警惕,尽量控制自己的感情,使自己对行为的差异性高度敏感。

4.4 跨文化交际言语行为对比分析

为了满足交际的需要,人们在交际中使用各种各样的言语行为,比如,问候、告别、致谢、答谢、道歉、恭维、请求、同意、批准、建议、劝告。不同社会，乃至同一社会的不同群体或言语社团语用规范存在着差异，各社会或群体在实施诸多言语行为方面都有其独特的规则可循。

4.4.1 道歉行为对比

道歉是人们日常交际中频繁使用的一种礼貌言语行为，它有广义与狭义之分。狭义的道歉是指含有"sorry""I apologize"等字样的句子；广义的道歉定义为，假设 A 为致歉者，B 为被冒犯者，道歉是 A 为了弥补自己的冒犯行为，向 B 致歉以挽回 B 的面子，从而恢复 A 与 B 的平衡的言语行为。

语言学家认为，完整的道歉行为应包括五个方面的内容：说道歉话，说明错误的原因，表明承担责任，提出补救办法，答应今后要避免此类行为。道歉首先是一种礼貌行为，是用来维护或顾全听话人的面子，表达对听话人的尊敬；其次更是维护和谐人际关系的重要一环，通过道歉可以弥补自己冒犯别人所带来的后果，恢复交际双方的和谐关系。它是一个很复杂的言语现象，是跨文化交际中的一个重要内容。

无论是在中国文化，还是西方文化中，关于道歉的表达用语都很多，而且这些用语的含义会因场合、对象、程度的不同而不尽相同。虽然有时也会根据具体情况的不同而选择形式各异的致歉形式和有差异的道歉用语，但一般来说，过失越大、冒犯行为越重，致歉的内容就越多、越复杂，表达的致歉诚意也就越大。

研究表明，中西方在道歉策略的选择上具有共同性，在相同情境、相同社会因素和相同的语境特征下，同时又在行为冒犯程度相同的条件下，讲不同语言的中西方人进行道歉的方式大致相同。在中美文化及其相应的语境中，"对不起""对不住了""Excuse me""I'm sorry"等致歉用语在中美文化中，经常使用于一般的场合中，而且是在过错不是很大、冒犯的行为也不是很严重的情况下使用。如果过失严重，就要用"我深表歉意""我向您道歉""赔罪了""May I offer you my profoundest apologies?""I apologize for..."等来表达一种更加正式、严肃和诚恳的道歉，它们比"sorry"等简单的道歉语认错的语气要强烈得多。

但与此同时，中西方道歉行为又存在着很多差异：

（1）西方文化从"道歉"的目的和功能出发，即用于维护对方的"面子"和维持双方交往的和谐；而在中国文化中则偏重于"道歉"的人文特性，即指出它是用来表达说话人本身的感受——"愧疚"和"抱歉"的。

（2）西方人只把礼貌看成是一种策略，他们强调的是外在的表现，而不是内在的真情。中国文化对"道歉"的理解也恰好反映了汉文化的礼貌实质，即注重道德、伦理和人情。礼貌是发自内心而形于外表的"礼"，强调的是互相尊重与互相谦让。尽管如此，无论中国还是西方，道歉都被看成是一种礼貌的社会行为，属于一种补救性质的言语行为，旨在保持人们之间的一种和谐、良好的关系。

（3）由于中西文化的不同，对道歉语的使用，无论是使用频率，还是使用范围，西方人都远远高于中国人。对于西方人来讲，道歉已经成为生活中不可缺少的一项重要内容。不论冒犯了什么人，他们都会道歉，即使有时冒犯的程度微乎其微，他们还是要说一声"对不起"。因此，中西方道歉语在使用频率上有一定的差异。

根据贾玉新所做的调查，中西方在道歉策略的选择上有差异性，主要体现在对不同策略选择的倾向性上。就具体的策略而言，中国人使用实例1中直接道歉策略的比例要远远高于在同一情形下的西方人；而西方人在相同的条件下采取更多的是实例3中的减轻责任的道歉策略。那么具体有哪些因素造成了中西道歉选择策略的不同呢？下面我们就具体的实例来看看第一个因素——权势关系：

【实例1】
（中）（领导迟到了十分钟）既然大家到齐了，那我们开会吧！
（美）很抱歉，我迟到了。我被耽搁了一会儿。

【实例2】
（中）呀，你瞧爸爸这记性。明天保证把礼物给你带回来。
（美）真对不起，孩子。我太忙了，所以忘记给你买礼物了。下次一定买。我们去吃些东西吧，你可以选择你喜欢吃的东西。

【实例3】
（中）昨天批评你批评错了。请原谅。
（美）对不起。由于误会，我责备了你。请接受我的道歉。这真是个可怕的误会。

【实例4】

（中）领导同志，我没能完成您交给我的任务，我应该检讨。请您批评我吧！

（美）真对不起。我把这回事忘得一干二净。我应该仔细些的。我保证这种事不会再发生。

从以上实例可以看出，

①中国的上级对下级或是长辈对晚辈倾向于拒绝道歉，至少是拒绝采取实例3道歉，他们更喜欢采取简单的非正式的话语一带而过应承担的责任，或是使用实例1弥补过失。而下级对上级则恰恰相反，显得正式而精致，不但多采取实例4道歉，而且还通过"真、很"之类的副词来加强程度，甚至末了还要请求批评或是处分。而西方人则无论上下级或长晚辈间道歉的频率都高，而尤以减轻责任的策略使用为多，而且倾向多种策略的混合使用，显得更为诚恳。

②对同一冒犯行为，中西方在其冒犯程度上的认同也是不同的，对中国人而言，同一行为下级对上级、晚辈对长辈的冒犯程度就要比上级对下级、长辈对晚辈严重得多，相应地，其承担的道歉责任也就要大得多。

③亲密度对道歉策略选择的影响在中西方之间也显出明显的差异。中国人对陌生人多采用单一的道歉策略；对亲密的人则会使用非正式甚至随便的道歉语；对朋友，则偏向使用正式而多种策略混合的道歉方式。相比较而言，西方人对朋友道歉没有那么客气，对亲密的人又没有那么随便。

中西方之间道歉行为及策略选择的差异的根本原因在于其社会规范与文化价值观的不同。

（1）社会关系对比

社会关系是跨文化交际研究的重点，也是影响人们交际的重要因素之一。社会关系由社会结构决定。传统地看，中国的社会结构是以典型家长制为基础的。社会关系的本质是差序格局。每个人在社会中都有固定的位置和角色，他所要做的是扮演好自己的社会角色，守好本分。这样，社会的和谐就有了保障。这样的社会关系不仅影响人们的社会活动，还左右着人们诸如道歉之类的言语行为。中国的社会交往关系遵循下列原则：人们应该服从上级或长者；等级观念强；遵循集体主义价值取向。

对中国人来讲，道歉的社会功能是维持人际间的和谐。因此，上级或年长者冒犯了下级或晚辈，他们无需道歉，他们更喜欢采取简单的非正式的话语把应承担的责任一带而过,或是使用道歉实例1来弥补过失,这是中国"权势"关系在道歉选择上的具体体现,也是中国语境中道歉率低的一个原因。

而在西方文化中,社会结构是平等取向的,这就决定了道歉的社会功能是维持平等秩序的弥补手段。由于个人主义或人权至高无上,不论是上级还是下级,只要冒犯了别人,就等于侵犯了别人的利益,就必须道歉,而且道歉必须是诚恳的。所以在西方文化中,无论上下级或长辈与晚辈间道歉的频率都很高。在道歉策略的选择上以减轻责任的策略使用较多,而且倾向多种策略的混合使用,以显得更为诚恳,进而达到和谐交往的目的。

(2)文化价值观对比

道歉选择之间的差异反映出了中西方文化现实的差异,道歉语的使用策略主要有以下八种:

策略1:拒绝道歉,冒犯者否认自己有任何责任。

策略2:减轻责任,承认自己负有责任,但通过多种手段辩明自己只应负部分责任。

策略3:认可应负责任,根据冒犯者自责的程度,可分为"含蓄"认可和"明显"认可。

策略4:解释说明,有两种说明方式,含蓄解释和明确说明,后者常用在直接的道歉后面,如:"对不起,我来晚了。因为路上塞车。"

策略5:直接道歉,从语义角度分为三类:表示遗憾,如"对不起……"提出道歉,如"我道歉……"请求原谅,如"请原谅……"

策略6:采用补偿手段,道歉时有时会采用补偿措施来弥补冒犯的不良后果。补偿可以从字面意义上来理解,真正的补偿通常并不为对方接受。

策略7:保证将克制自己,常带有"保证"这个字眼,来表明道歉看将来的表现。如"我保证以后再也不迟到了。"

策略8:表达对听话者的关心,为了安慰被冒犯者,道歉者表现对对方处境的关心,来缓和自己的冒犯程度。如"你等了很久了吧?累了吧?"

中西方有着不同的文化背景,根据美国人类学家霍尔所提出的"高语境文化"(higheontexteulture)和"低语境文化"(loweontexteulture)的划分标准,中国人属于高语境文化交际者,因为他们在交流中更注重社会地位、客套语和其他的心理语境及外界语境信息,即人们强调"意会"。而西方人作为低语境交际者经常忽略这些信息,他们在交际中更多依赖的是语码信号本身,人们注重"言传"。

两种不同的文化导致了两种截然不同的交际方式和价值取向。低语境文化的价值取向是推崇个人主义,低语境中的人更倾向于采取对立和直接冲突的态度,重视个体的表现和人与人之间的平等交流。人们可以为了保住自己的面子而争吵。高语境文化的价值取向是集体主义,在高语境中的人更愿意采取非对立的和非直接冲突的态度,在交际过程中非常重视维护和谐的人际关系和差序格局的伦理规范。

中国文化中的交际是以他人为取向的,而西方文化里的交际是以自主为取向的。西方文化偏好直接的言语交际方式,执行高介入式话语方式;而中国文化则看重间接、委婉的言语方式,偏重高体贴式的话语方式,高语境文化重视集体的和谐,人际关系的紧张及对立可能会受到舆论谴责。在这种文化中,人们惯于采用预防措施避免冲突的发生。减少了冲突,人们的交往也就减少了对抗。大家相安无事,不轻易冒犯别人,道歉自然是低频率的。而一旦发生冲突,人们就采用直接道歉策略来避免更大的冲突。低语境文化强调个人意见和差异,适当程度的冲突被看作积极的行为——大家视理性的意见冲突为民主体制的一个积极因素。人们免不了冲突,也就免不了冒犯对方。所以,西方人的道歉频率也相应升高。而且,他们为了争辩自己不应当是全部责任的承担者,在道歉中常采用减轻责任的策略。

下表是五个场景中美道歉行为策略和行为的对比(人数的百分比)

表 12 不同场景下中美道歉行为百分比列表

情景	1		2		3		4		5	
行为者策略	操汉语者	操英语者	操汉语者	操英语者	操汉语者	操英语者	操汉语者	操英语者	操汉语者	操英语者
1	33.3	3.0	0	0	0	0	33.3	0	0	0
2	0	0	0	0	0	0	0	0	0	0
3	16.7	0	25	0	39.4	44.4	0	0	0	0
4	16	4.5	0	28.6	0	0	0	10.7	0	25
5	33.3	95.4	12.5	28.6	33.3	42	66.7	89.7	80	50

续表

情景	1		2		3		4		5	
行为者策略	操汉语者	操英语者	操汉语者	操英语者	操汉语者	操英语者	操汉语者	操英语者	操汉语者	操英语者
6	0	0	0	14.3	0	14	0	0	0	0
7	0	0	62.5	28.6	16.7	0	0	0	20	25
8	0	0	0	0	10.7	0	0	0	0	0

总的来说，从中西在道歉策略选择上的异同可以看出，道歉策略的选择具有一定程度上跨文化的共同性，也就是说在相同的情境中，在相同的社会因素和语境特征下，在行为的冒犯程度也相同的条件下，说不同语言的人们实施道歉的方式大致相同；社会语用因素也会对道歉策略的选择产生一定的影响，如相对权势、社会距离和行为的冒犯程度等是和道歉的实施方式紧密相联的。

4.4.2 恭维行为对比

恭维是人们日常交际中经常需要使用的礼貌性的言语行为，恭维及其应答构成了人们言语交际能力的一个方面。恭维是说话人对听话人进行积极评价的言语行为。

这一言语行为并不像看上去那么简单，它涉及社会文化的许多方面。恭维语包括两部分：发话人发出恭维语和受话人做出相应的反应。恭维语的一个明显的特征就是使用积极评价语言，其目的大都是为了表示欣赏对方，取悦被恭维者。恭维语与其他言语行为的不同之处在于没有负面评价词汇的出现，出现在恭维语中的都是正面评价语言；恭维语的运用和社会、文化有着密切的联系。目前对恭维的研究主要集中在英语中的恭维及其应答的语言形式、分布与频率、功能及性别差异等方面。沃尔夫森（1983），梅恩斯（1983），赫伯特（1988，1989）等广泛调查过美国英语中的恭维语使用情况，霍尔姆斯（1988）调查过新西兰英语中的恭维语使用情况。在中国，左焕其（1988）、贾玉新（1997）、李悦娥（2002）等不少人都做过汉语恭维语及其回应的调查。

不同的文化社团对恭维语的对象、内容、场合以及对恭维语的反应各有不同。恭维语运用的场合在不同的文化背景下是不同的。例如，虽然中国和西方恭维语的主要功能都是保持双方和谐一致的关系，但西方恭维语倾向于表达平等、一致的关系，而中方恭维语则侧重于表示尊敬、关心对方。具体来说分为以下两点差异：

1. 恭维对象的差异

根据 Wolfson 和 Herbert 等学者的观点，恭维语的对象往往涉及两个方面，一是"外貌或所属物"，二是"成就和能力"。

在西方文化中，恭维他人的"外貌或所属物"被认为是非常普遍的现象，而女性的外貌永远是被恭维的对象，这是由角色关系所决定的。而中国则倾向自然、未经修饰的外表，"天生丽质"从古至今一直是中国人对女性美的最高评价。

在西方文化中，男性称赞女性的容貌、身段、穿着、打扮等是很平常的，而中国人比较含蓄，男性对女性的称赞，一般是笼统地说："你今天气色不错"，而不会像西方人那么直观而具体，例如:Your hair looks good。在西方社会，陌生男士恭维女士："你是个性感的姑娘。"女士听了会十分高兴，并回答说："谢谢。"而在中国的传统文化中这基本上是个禁忌，无法接受，这也许与中国古代的"男女有别""男女授受不亲"的训诫有关。

又如对能力的恭维，西方人偏向恭维对方经过努力后所取得的成功，而中国人则除了恭维对方的成功之外，往往会提及对方为成功所做出的努力。西方人善谈自己的丈夫、妻子、子女工作如何努力，如何出色，而中国人则会感到太俗气。中国男人忌讳在别人面前夸妻子漂亮，而西方人则会感到十分自然，颇为欣赏，中国人称赞的对象往往不是这家的女主人，而是主人的孩子。

2. 恭维应答的差异

不同的道德观和文化习俗，决定了恭维应答语的不同。西方人出于礼貌趋向接受恭维称赞，但为了避免和谦虚准则发生冲突，常采用避免自我夸奖的策略，在语言中往往具体表现为以下三种形式：

接受 说话人往往对对方的称赞表示感谢，或者表示同意对方的评价，或回赠称赞。这是西方文化中经常采取的方式，他们的文化背景是：夸奖者总是希望被夸奖者对自己的赞扬做出肯定的评价和积极的反应，说"谢谢你"之类鼓励的话。例如：

A: You can speak very good French.
B: Thank you.

A: It's a wonderful dish !

B: I am glad you like it.

转移 转移恭维对象或降低对方的称赞程度，避开了"自我表扬"，也避开了"否定他人"。

拒绝 不同意对方的评价，在西方这种应答模式总是竭力避免的。在别无选择的前提下，不得已而为之。而中国人注重谦虚，趋向于不正面承认，在受到恭维时常常表现出受之有愧的样子，常采用"拒绝+否定"模式，一般低声说不值得称赞之类的话来表示拒绝，贬低自己，抬高别人。

谦虚谨慎被看成是君子之美德，也是一种特有的东方式文化。而西方人会把这种过谦视为自卑，在他人面前显示自己是无能之辈。所以，要注意当说英语的人称赞你时，千万不要回答："No, I don't think so." 这种回答在西方人看来是不礼貌的，甚至是虚伪的。我们再来看一个例子，以下是在宴会上的对话：

—— Oh, your dress is really nice.

—— Well, it's just so so.

甚至有人会用这样的话来贬低自己：

—— Oh, no. My dress isn't nice. It's ugly.

这是典型的中国式反应。西方国家却没有这样的文化习惯，当西方人听到中国人这样否定别人对自己的赞扬，或者听到他们自己否定自己的成就，甚至把自己贬得一文不值时，会感到非常惊讶，认为中国人不诚实。

3. 恭维功能的差异

在西方文化中，恭维语的一个主要功能在于协调交往中双方关系的"一致性"，即恭维者把它作为一种融洽社会关系、增进彼此感情的手段。

而在中国文化环境中，恭维语的一个主要功能往往是通过恭维对方达到某种功利性目的，它并不是一个有力的协调"一致性"的行为，这是中国文化中的恭维语不同于西方文化的一个重要方面。[①] 一般来说，地位较低者在地位较高者面前使用恭维语时，他们主要是为了寒暄和促进与领导之间的和谐关系，而地位较高者也能意识到欣然接受可以避免伤害恭维者的面子，维系上下级的和谐关系，这样地位较低者，也会认为这是领导对自己的一种鼓励，是对自己成就的肯定。为了不展示自己，也为了让自己显得更有礼貌，他们在恭维语策略的选择上就比地位较高者更倾向于选择拒绝型，而不那么直接接受。

---

① 参见贾玉新《跨文化交际学》，上海外语教育出版社，1997年。

权势话语关系中，权势地位的不同对恭维语应答策略的选择有所影响。权势关系交往的言语活动体现在身份、地位或职权等方面存在差异的角色意识。在言语交际中，权势大的一方由于其所扮演的社会角色有一定的主导性，所以他们在交谈的语势、语态上会表现得更自信、更不容置疑。因此在面对恭维时，地位较高者即权势大者更倾向于选用直接接受型，而地位较低者却因为不那么自信而选用其他策略。

中西方社会价值间的一个重要差异或许就是对待个人身份的态度的不同，这是我们所发现的差异的原因。西方人认为每个人都有他自己的个性，这应当得到承认与重视，而中国人更看重集体的共同努力。所以，通常中国人对称赞所做的反应是，不突出自己，因为强调个人的成就，是不被社会所接受的，而西方人往往接受别人对自己的称赞，把它作为对自己个性或成就的一种承认。

4.4.3 拒绝行为对比

拒绝作为一种言语行为，属于语用学研究的范畴，是社会各阶层、各群体所共有的，所谓拒绝就是针对邀请、请求、建议、给予等各种施为性言语行为做出的一种"不合作性"选择。

人类在交往中"没有不要面子的交际"，在交际过程中，交际各方必须在面子上下功夫，使言语恰当得体，既维护积极面子又照顾消极面子。但是在现实生活中，有些行为无法顾及交际事件中所有人的面子，如需要对某人的邀请、请求、建议等提出拒绝。因此拒绝本质是不礼貌的，它威胁到了发话人、受话人双方的积极面子，即参与、协同的一面，布朗和莱文森把这样的行为称作"损害面子行为"。因此，在拒绝另一方时，发话人需顾及受话人的感受，采取相应的礼貌策略——恰当的言语表达方式。

无论在直接性层面还是在整个话语的礼貌值方面，社会权力、社会距离、拒绝事件的难易程度和情感都影响拒绝言语行为，但对于不同语言影响的方式和程度不完全相同。为了具体说明，我们可以看看根据中西双方"老板要求加班"这一场景中作为下级在应对老板建议中的具体相关数据信息。

第二章 交际社会语言学

表 13 中国和美国调查对象对老板建议的表态

情景＼地区	中国	美国
总数	55	30
答应请求	14（25.45%）	2（6.67%）
直接拒绝	11（26.83%）	9（32.14%）
间接拒绝	26（63.41%）	19（67.86%）
表示歉意	21（51.22%）	13（46..43%）
表示遗憾	0	4（14.29%）
说明原因	28（68.29%）	17（60.71%）
提供别的办法	13（31.71%）	5（17.86%）
给出承诺	6（14.63%）	7（25%）
礼貌用语	10（33.33%）	22（73.33%）

从数据中首先可以看出中西方拒绝行为的共同点：

（1）在 20 个直接拒绝了上级请求的部分，双方都会在拒绝时选用一些较为温和的词语来降低冒犯的程度，比如，汉语中的"恐怕"及英语中的"really"。

（2）双方采取的拒绝策略的频率分布有一定的相似之处，即使用频率最高的前两位分别为：说明原因和间接拒绝。请看下例：

①我还有件急事要办，不然就来不及了。（说明原因）

② Today is my mother's birthday, I must go back home right now.（说明原因）

③ I'm really sorry! But I have other obligations that need to be done.（间接拒绝）

④真对不起，我还有很重要的事。（间接拒绝）

但是从数据统计的来看，中西双方的拒绝行为还是表现出了一定的差异：

（1）"提供别的方法"策略的使用

在拒绝对方建议时，美国受试者（17.86%）很少会给对方提供一个别的方法，而更多的中国受试者（31.71%）则会在拒绝之后提供一个建议。因为老板的社会地位高于自己，所以拒绝了请求就会威胁到老板的面子，因此，在阐述完原因之后提供一个备用方案会降低这种面子威胁的程度，而美国受试者多采用虚拟语气来表达拒绝，例如：

①真不凑巧，我今天有很重要的事，要不然，您让小张留下来帮您吧！

②不好意思，我还急着去接孩子。这样吧，我去看看小王有没有什么事，让她留下。

③ I'm sorry! I really wish I could but I've got other things to do.

④ Sorry, I have an appointment. If I knew early I would have postponed it.

（2）礼貌用语的使用

在所有拒绝了老板建议的问卷中，中方受试者和美国受试者在使用礼貌用语上出现了很大的不同。有22个（73.33%）的美国受试者说了"I'm sorry""Excuse me"等话，而10个（33.33%）中国受试者使用了"对不起""抱歉""不好意思"等表达歉意的礼貌用语。在中国人的思想观念里，拒绝别人时给出拒绝的理由会显得更为礼貌，也顾及了对方的面子。很明显这种拒绝策略上的差异也反映了两种文化的不同。

（3）实际的拒绝应答

从统计数据我们可以明显看出，最大的不同点是25.45%的中国受试者接受了老板的建议，而与此相对应的，仅有6.67%的美国受试者表达了愿意留下加班。这充分体现了中西方价值取向的不同。权势和平等的关系问题在谈及"道歉"行为对比时已有相关涉及。不同社会侧重点也会有所不同，一些注重权势而另一些更注重平等。就中国社会而言，"等级"观念深深地渗透到民众的思想意识中，中国社会中的每个成员会不断对自我和他人的社会地位进行等级定位与权势测量。与中国文化相对应的西方文化则尽力缩小社会或者等级差异，他们对待"权势"的态度并不像中国人那么敏感。

总的来说，中西方的人们在选择拒绝策略时，对西方人而言，社会距离（social distance）是主要的决定因素，而中国人更注重的是社会权力（social power）。由于不同民族不同的文化价值观，以及他们对面子原则中积极面子和消极面子的不同认识的原因，导致了他们对使用直接拒绝言语和间接拒绝言语，以及间接程度的不同取舍。在拒绝他人时中西方都倾向于使用间接拒绝策略，但是西方比中国人在拒绝时表达得更直接，表示强烈拒绝的程度明显高于中国人，而中国人表示委婉拒绝的程度明显高于西方人。

不同文化背景下的拒绝语往往暗示了不同的文化内涵。在东方文化，特别是传统的中国文化中，拒绝语使用是否恰当甚至成为影响人际关系的因素之一。在中华民族的传统观念当中,"拒绝"别人或多或少含有对他人"不礼貌"或不给他人"面子"的含义。几千年来中国人的行为(包括任何言语行为)都由"礼貌"来制约,由"面子"或"面子功夫"(face work)来维系。因而中国人在拒绝他人,特别是社会地位高的人的时候,都非常注意言语措辞的间接性,尽量做到"委婉""婉转",唯恐"伤了别人的面子"。

中国社会的这种传统意义上的"礼"的概念,在西方社会是不存在的。西方文化的特点是外显、明了,人们在交际时,信息一般由显性语码所载,他们把"口若悬河""滔滔不绝""善于雄辩"看作具有很强能力的表现,生长在这种西方文化环境的美国人当然会比中国人采取更直接的方式,因为中国属于重交际环境文化,人们在交际时,较多的信息量蕴涵在社会文化环境中,这种文化推崇"寡言少语""含而不露","夸夸其谈""直言快语"被认为是不礼貌的、肤浅的。因此,中国人在使用拒绝策略时通常更多地使用间接、含蓄的方式。

在西方文化中拒绝语往往具有较高的直接程度,而中国人所使用的拒绝言语行为的言内行为与言外行为往往相去甚远,有时甚至截然相反。这点对不了解中国文化的西方人来说是难以理解的,也是无从把握的。

4.4.4 问候行为对比

问候语是交际双方见面时打招呼使用的程式化语言。各种文化有自身的一套问候语系统,它的主要功能是通过相互问候来联络感情,维系人际关系。在跨文化交际中由于问候方式、文化内容的差异常常会出现交际上的失误。

在中国文化中,人们常用"吃饭了吗?""上哪儿去?""到哪儿去了?"等言语来作为问候语,这些只是打招呼的方式,听的人也只是用一种程式化的应答语表示回应,不需要认真对待。

而这些问候语直接迁移到英语里。它们的语用功能就不再是"问候"了,而是你真的想从对方那里获取信息,或者可以被推导出一些他们习惯了的"会话含意",因此反而会起反作用。例如,他们会把"Where are you going?"和"Where have you been?"认为是对他们隐私的窥视,好像对方要去一个不该去的地方。把"Have you eaten?"当作是一种邀请的信号。实际上,在中国文化里,这样的问话并不是真的提问,也不是真的想知道你早上吃了什么或去什么地方,而仅仅被当作一种问候语。而在同样的场合,西方人的问候方式只是简单地说声"Hello"或"Hi"。

日本人则习惯用"天气很好"做招呼语。西方人更爱谈论天气情况，因为天气是一个中性话题。他们用许多不同的方式谈论天气，例如：

—— Lovely day, isn't it?

—— Miserable weather, isn't it?

—— It's warmer today, isn't it?

—— It was a heavy rain that we had last night, wasn't it?

—— We could do with some sunshine, couldn't we?

—— It's hot for this time of the year, don't you think?

不过，在谈论天气时，很少进行简单的描述，如 It's raining today, isn't it? 最好增加某种评价性的话，比如，可以说 It's raining terribly hard today, isn't it?

如果我们不注意各个民族之间问候习惯的不同，就会出现一些类似的误解，导致交际障碍。

4.4.5 致谢行为对比

致谢语是回应别人的致谢的程式化语言。各种文化有自身的一套致谢语系统，主要是通过致谢来表示礼貌，维系人际关系。在汉语的致谢语中，当说话人受到别人称赞时，往往表达"谦虚"的语用意义，这是符合礼貌原则中的谦虚原则的。但是正因为汉语中的谦虚原则往往与英语国家中的"合作"原则中质量准则产生冲突，导致了跨文化交际中致谢行为的语用失误，使说话人原有的语力消失，造成误解。

例如，中国人在致谢时经常会说：这是我应该做的 / 这是我的职责。

将其译成英语就是：That's what I should do. / That is my duty.

从语用学的角度分析，这两句英译话语的语用意义就变成了"这不是我情愿做的，只是责任而已"。英语国家人听到这样的话语会感到十分尴尬。而在汉语中只是为了表达"这是我的职责范围，不必客气"，是表示对致谢人的客气。

不同民族语言中的致谢语在运用上是不太相同的。英语国家的人可以说是不离"thank you"。几乎任何场合，任何人际关系都可以使用。相比之下汉语中的"谢谢"不像英语那样处处使用，有时还需谨慎使用。有几种场合中国人常常不用致谢语。

4.4.6 告别行为对比

告别语是交际双方道别时使用的程式化语言。各种文化有自身的一套告别语系统，主要功能是通过相互致意来表示礼貌，维系人际关系。比如英语、汉语中常用的告别语如下：

Good bye! It's nice to meeting you.

See you! So long! See you later!

Good night! Have a nice day!

再见！明天见！

走好！慢走！

不送了！请留步！有空再来玩！

各自文化有不同的侧重点。如果把汉语告别语直译成英语并用于跨文化交际当中，如"慢走"等，英语国家的人会觉得很不自然或十分别扭。汉语的告别语显然比英语的告别语复杂，这主要是社会文化的差异所致。

4.5 斯科隆跨语篇交际理论的提出及应用

从上述的跨文化交际研究观点来看，当一个中国人和一个美国人进行交际的时候，我们的理解是：这是一个来自中国文化的人和一个来自美国文化的人所进行的交际，甚至这是一个来自东方文化的人和一个来自西方文化的人所进行的交际。那么我们所做的跨文化交际研究，就是从研究这两种不同的文化入手，进而去分析、解释，甚至推测这两个人之间的交际。东方文化是讲究群体取向的，而西方文化是强调个人主义的；那么这个美国人和这个中国人在陈述各自的观点的时候，很可能是这样的情形——美国人大胆自信地说："I think that... I suggest that... In my opinion..."而中国人则是谦虚审慎地说："我们认为……；我们的看法是……我们的建议是……"——但实际情况未必是这样的。

这就暴露了这种意义上的跨文化交际研究所存在的弊端：它把每一个交际的个体都看成是某一种文化的代表（13亿中国人，每一个中国人都是中国文化的代表），而这样的文化又是一个大群体的概念，于是它把这世界上形形色色的人所进行的复杂的交际简化成为数不多的一些交际模式，比如，东西方交际模式、中美交际模式、中日交际模式，为了方便研究，它往往会用一些高度概括的字眼来描述这些文化的整体特点（比如，我们说德国人谨慎、法国人浪漫、英国人保守、美国人开放），这种一概而论的描述也被称为"文化定势"

（stereotype）。

文化定势 { 消极定势：把属于不同群体的成员看成是两极的对立面。
[中国人"集体主义"→←美国人"个人主义"]
积极定势：把属于不同群体的成员看成是完全相同的。
[所有的西方人都是"个人主义"] }

但是，实际上，不管是消极定势还是积极定势，用它们来指导我们的交际都是危险的，往往会导致交际中的偏见、误解、歧视乃至冲突。

正如美国语言学家斯科隆所说，在交际过程中，交际者在职业、性别和代别等方面的差异很可能比他们在文化方面的差异还要显著。比如，一个中国的年轻的"朋克"（punk）和一个美国的年轻的"朋克"在一起的时候，可能会有很多共同的话题；相反，这个中国的"朋克"和一个中国传统的老太太之间可能根本无法沟通，尽管他们都属于所谓的"中国文化"。

诸如此类的现象就促使我们考虑：在跨文化交际研究中，如果只从"文化"这个宽泛而笼统的向度去研究，那我们的思路将很受限制；我们还应该从更小的群体当中挖掘出另外的一些向度（比如，职业、性别、代别，等等），进而多方位、多角度地研究人与人之间的交际。这里我们主要介绍一下美国语言学家斯科隆的跨语篇交际理论。

4.5.1 跨语篇交际

所谓的跨语篇交际中的"语篇"，就是指整个交际系统。斯科隆用"语篇系统"（discourse system）来代称它，斯科隆认为"语篇系统"包括意识形态、社会化、面子系统和语篇形式四个方面：

意识形态（Ideology）——群体（系统）内部所共有的世界观、价值观、信仰、宗教，等等。比如，很多东亚人（包括中国人、韩国人、日本人）喜欢强调他们的民族拥有悠久的历史；而很多西方人却没有追溯历史根源的意识，他们强调的是自己的政权是一种新生的力量，处于不断变化与迅速发展之中。这是历史观上的体现。

社会化（Socialization）——人们通过学习使自己成为某个群体中的一员的方式和过程。它包括文化适应和教育两个部分。文化适应（enculturation），即通过非正式的学习（比如环境的熏陶）习得自己的身份，成为某群体的一员。而教育（education）则是指正式、系统的学习。一个小孩在接受正式教育之前，他的社会化基本上等于文化适应；接受正式教育以后，人们的社会化才包含以上两部分内容。

面子系统（Face systems）——群体内部成员之间的人际关系，也叫"礼貌系统"（Politeness System）。

斯科隆认为，在人际交往中，影响面子系统的有三方面的因素：权力（Power）、距离（Distance）、话题的轻重（Weight of the imposition）。它们又各自分为正、负两种情况：

权力（+P，–P） { +P——交际双方有一种垂直的、不平衡的权力关系。
　　　　　　　 –P——交际双方是一种权力对等的关系。

距离（+D，–D） { +D——交际双方有一定的心理距离。
　　　　　　　 –D——交际双方关系很亲密。

两种权力关系和两种距离关系交互搭配，就可以构成以下几种面子系统（礼貌系统）：

（1）恭敬面子系统（Deference politeness system）：（–P, +D）

说者1 ←——— 独立性 ———→ 说者2

比如，经济学院的一个教授和文学院的一个教授，二者是平级，但可能交往不多，关系不是很亲密，他们在交际中一般会采取一些恭敬的言语策略。

（2）紧密面子系统（Solidarity politeness system）：（–P,–D）

说者1 <= 参与 => 说者2

比如，两个关系非常亲密的同学，不存在垂直的权力关系，他们在交际中往往会采取积极参与的言语策略。

（3）层级面子系统（Hierarchical politeness system）：（+P, +/–D）

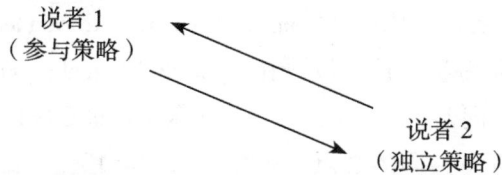

（+P,+D）比如销售部经理与客户部的职员之间，存在垂直的权力关系，并且由于不经常在一起共事而关系不紧密。

（+P,−D）比如销售部经理与销售部的职员之间，存在垂直的权力关系，并且由于经常在一起共事而关系紧密。

不管二者的关系是紧密还是生疏，只要存在权力的不平衡关系，就往往会导致交际双方采取不同的言语策略；反过来，交际双方如果采取不同的言语策略，也往往会导致权力的不平衡分布。

"独立性"和"参与"都是言语策略，也叫"礼貌策略"（Politeness strategies）。它们涉及"面子"内部自相矛盾的两方面——人们在交际中，一方面要"参与"对方，表示对对方的关注；另一方面又要维持一定的"独立性"，以显示对对方权利的尊重。如果给予对方过多的关注或参与，势必会威胁到自己的权利和独立性；但是如果过分地维护自己的权利和独立性，又可能会侵犯对方的权利和独立性，同时降低对对方的关注。所以交际者要考虑既维护自己的权利与独立性，又要尊重对方，不至于造成侵犯。"独立性"的策略主要有：

①对听者的需要作最小的预设（不干涉），比如"I don't know if you will want to send this by air mail or by post."

②给听者提供不做的选择，比如"It would be nice to have tea together, but I am sure you are very busy."

③减少威胁感，比如"I just need to borrow a little piece of paper, any scrap will do."

④道歉，比如"I'm sorry to trouble you, could you tell me the time?"

⑤表示悲观，比如"I don't suppose you know the time, would you?"

⑥分离说者与听者的关系，比如"This is to inform our employees that..."

⑦陈述客观普遍规则，比如"Company regulations requires an examination..."

⑧使用听者的姓和头衔，比如"Mr. Lee, there's a phone call for you."

⑨缄默；

⑩使用自己的语言或方言。

"参与"的策略主要有：

①表示对听者的关注，比如"I like your jacket.""Are you feeling better today?"

②夸大对听者的兴趣、赞同以及同情，比如"You always do so well in school!"

③声明与听者的同盟关系，比如"All of us here at City Polytechnic."

④声明与听者拥有共同的观点、态度、知识与感受，比如"I know just how you feel. I had a cold like that last week."

⑤表示乐观，比如"I think we should be able to finish that annual report very quickly."

⑥显示说者了解并顾及听者的需要，比如"I'm sure you will all want to know when this meeting will be over."

⑦假定或断言双方的共同利益，比如"I know you want to do well in sales this year as much as I want you to do well."

⑧使用对方的名字和昵称，比如"Bill, can you get that report to me by tomorrow?"

⑨健谈；

⑩使用听者的语言或方言。

语篇形式（Forms of discourse）：群体内部所共有的语言形式、语言风格、行话、术语，等等。

下面我们看一下一位刚从学校毕业的小刘逐渐适应她的第一份工作的过程。小刘刚开始在这个公司工作的时候，并不是马上就进入公司的语篇系统，实际上她还处在学校的语篇系统之中，所以最初她很不适应，整个工作环境、工作程序以及其他员工对她来说都是陌生的。为了适应这个环境，她开始学习。

她通过什么方式来学习从而使自己成为这个系统中的一员呢？有两种途径：一方面，公司本身会为员工提供各种培训，比如，举办一些介绍性的讲座或者散发一些工作指南之类的手册，向新员工说明公司的规章制度、工作形式和程序等，这是一种正式的学习方式；另一方面，小刘也会在日常生活中不断地向她身边的老员工学习，学会在特定的情况下应该怎么做。通过正式的和非正式的两种社会化途径，小刘慢慢地习得了公司职员的身份。（Socialization）

伴随着这个社会化的过程，小刘也不断地接受着这个公司的意识形态的感染，包括这个公司在同行中的定位，它的历史、发展前景、企业文化与企业理念，等等。随着时间的推移，她和这个公司的意识形态取得了越来越多的认同，也就是说，公司的意识形态逐渐成为小刘个人意识形态中固有的一部分。（Ideology）

而这种意识形态又会影响到她处理公司内部人际关系的方式。比如，对待上面总公司的人员应该怎样？对下面子公司的人员应该怎样？对同事应该怎样？对顾客应该怎样？哪些人可以直呼其名？哪些人必须称呼头衔？哪些人可以跟她一起吃饭？哪些人除了公事之外什么都不能谈？（Face systems）

最后在交际当中所形成的关系系统又会对小刘的言语方式产生极大的影响。比如，寄给总公司的信函会措辞委婉一些；而寄给分公司的信函可以直接一些；跟同事打电话的时候可以打哈哈，培养一下感情；而跟顾客打电话的时候则要

161

直奔主题……（Forms of discourse）

以上意识形态、社会化、面子系统以及语篇形式共同构成了公司的语篇系统，任何人要融入这个系统都无法逾越这四个方面。当小刘感觉越来越适应这个系统的时候，也就是她在其他公司员工眼里显得越来越老练的时候。

值得注意的是：以上这四个方面并不是截然分开、有先有后的，而是同时进行、紧密联系的。

4.5.2 跨语篇理论的实例分析

不同文化背景下，人际关系选择的交际策略可能不尽相同，下面我们以面子理论为框架采用差异分析法分析《红楼梦》人物王熙凤的交际策略。首先，通过《红楼梦》所展示的语境中提供的社会权势原则，对王熙凤与其交际参与者所处的交际模式和策略进行预测，再从文本提供的言语事件中找出与预测模式的差异，并分析差异产生的原因。《红楼梦》记载的是一个封建社会中一个官宦大家族内部发生的事，其中封建的等级观念是在当时影响言语事件的主要因素，这一社会背景在《红楼梦》中映射到贾家的各种人物在家族中的地位。因此，我们借助当时的社会背景中人物身份地位的社会定位即权势为尺度来进行预测。

如前所述，我们知道构成面子系统的三个要素：权势（P）、距离（D）、强加程度，强加程度增加时（＋W），独立性面子策略的使用就会随之增加；当强加程度削弱时（－W），关联性面子策略的使用便会随之增加。这样，形成了恭敬面子系统（－P，＋D），紧密面子系统（－P，－D），层级系统体系（＋P，＋/－D）。

首先，我们从权势和距离两个角度对王熙凤在家庭关系中所处的位置进行预测。

在家庭关系中，存在着以长幼为界限的辈分差异，即权势差异（P）。

① 长辈

太婆婆：贾母

公婆：直接：贾赦、邢夫人
　　　间接：贾政、王夫人

② 同辈

兄嫂：贾珍、尤氏、（贾珠）、李纨

丈夫：贾琏

弟妹：贾宝玉、贾环、林黛玉、薛宝钗、迎春、探春、惜春

③ 晚辈

侄子：贾芸、贾蓉

在权势差异方面，如果只考虑 P 的影响，那么按照正常模式的预测，其权势应该是随着辈分的降低而递减的。即长辈大于同辈，同辈又大于晚辈。

按照面子系统的三种体系，略去距离和强加程度不计，我们可以把长辈和同辈划分为等级礼貌体系。在同辈人中，王熙凤要么与之处于尊重面子体系（−P，＋D），要么与之处于一致性面子体系（−P，−D）

由于在小说中，贾珠已故，贾政、贾赦与王熙凤的对话前 80 回并无记载，贾琏与王熙凤为夫妻，其中关系过于复杂，并与本文所要探讨的问题没有很大的关联性，因此在此不做分析。可以将这四个人从关系中抹去，上述预测的结果按照面子体系可以归结为：

等级礼貌体系（＋P，＋/−D）：

贾母

邢夫人

王夫人　　　　　　　　　王熙凤

（关联性策略）　　　　　（独立性策略）

王熙凤

贾蓉（关联性策略）

贾芸（独立性策略）

紧密面子系统（−P，−D）/ 恭敬面子系统（−P，＋D）：（应有一个是正）

尤氏、李纨关联 / 王熙凤独立

贾宝玉、贾环

林黛玉、薛宝钗

迎春、探春、惜春

然而，小说中的实际记载并非与我们的预测完全相同，有一些存在着很大

的差距。我们这里分析一下与上述预测模式出现差异的重点人物：贾母在《红楼梦》的第三回有这样一段对话记录：

> 这熙凤携着黛玉的手，上下细细打谅了一回，仍送至贾母身边坐下，因笑道："天下真有这样标致的人物，我今儿才算见了！况且这通身的气派，竟不像老祖宗的外孙女儿，竟是个嫡亲的孙女，怨不得老祖宗天天口头心头一时不忘。只可怜我这妹妹这样命苦，怎么姑妈偏就去世了！"说着，便用帕拭泪。贾母笑道："我才好了，你倒来招我。你妹妹远路才来，身子又弱，也才劝住了，快再休提前话。"这熙凤听了，忙转悲为喜道："正是呢！我一见了妹妹，一心都在他身上了，又是喜欢，又是伤心，竟忘记了老祖宗。该打，该打！"

上述对话是发生在一个有众多家族人的正式场合中，贾府中"后宫"齐出动迎接林黛玉，其中包括贾母、王夫人、邢夫人、李纨、迎春、探春、惜春三姐妹，以及众多的嬷嬷丫头。因此在正式场合下，其强加程度更应该为（＋W），此时王熙凤与贾母之间则更应该遵守上述等级礼貌体系，突出表现出二者的权势差异（＋P）。

但在上述的对话中，王熙凤对贾母的称呼是"老祖宗"，而不是像其他人一样尊称为"老太太"，"老祖宗"是一个非正式的昵称。这是明显的独立性策略的使用。同时还说："我一见了妹妹，一心都在他身上了，又是喜欢，又是伤心，竟忘记了老祖宗。该打，该打。"王熙凤在贾母面前强调"我"的独立性，也是一种关联性策略。同时贾母对于王熙凤使用的也是一种关联性策略，由此可以看出，两者之间并不存在权势差异P，是一种（–P，＋D）的关系。

此外再如第二十九回，有过这样的描写，王熙凤想约宝钗、黛玉、宝玉等人去清虚观看戏，被贾母听到后要同去：

> 贾母听说，笑道："既这么着，我同你去。"凤姐听说，笑道："老祖宗也去，敢情好了！就只是我又不得受用了。"贾母道："到明儿，我在正面楼上，你在旁边楼上，你也不用到我这边来立规矩，可好不好？"凤姐儿笑道："这就是老祖宗疼我了。"

此处"老祖宗"这一称呼又一次出现，同时"老祖宗也去，敢情好了，""这就是老祖宗疼我了"，对说话人表示赞同这些语句都表明是关联性策略的使用。

同时在此处，贾母的语言策略是一种明显的关联性策略，她向王熙凤示意明天可以不用来伺候，这实际是给了王熙凤选择权，这实际是牺牲掉了自己的一部分独立性来给王熙凤提供独立性。两者处于明显的（—P）模式中。

类似的对话还有书中四十三回、四十四回，描写贾母组织给凤姐过生日。

贾母道："凤丫头说那一班好，就传那一班。"凤姐儿道："咱们家的班子都听熟了，倒是花几个钱叫一班来听听罢。"贾母道："这件事我交给珍哥媳妇了。越性叫凤丫头别操一点心，受用一日才算。"

贾母不时吩咐尤氏等："让凤丫头坐在上面，你们好生替我待东，难为他一年到头辛苦。"尤氏答应了，又笑回说道："他坐不惯首席，坐在上头横不是竖不是的，酒也不肯吃。"贾母听了，笑道："你不会，等我亲自让他去。"凤姐儿忙也进来笑说："老祖宗别信他们的话，我吃了好几钟了。"贾母笑着，命尤氏："快拉他出去，按在椅子上，你们都轮流敬他。他再不吃，我当真的就亲自去了。"

书中第四十六回还有一处王熙凤十分明显的独立性策略的证明：

贾母又笑道："凤姐儿也不提我。"凤姐儿笑道："我倒不派老太太的不是，老太太倒寻上我了？"贾母听了，与众人都笑道："这可奇了！倒要听听这不是。"凤姐儿道："谁教老太太会调理人，调理的水葱儿似的，怎么怨得人要？我幸亏是孙子媳妇，若是孙子，我早要了，还等到这会子呢。"贾母笑道："这倒是我的不是了？"凤姐儿笑道："自然是老太太的不是了。"贾母笑道："这样，我也不要了，你带了去罢！"凤姐儿道："等着修了这辈子，来生托生男人，我再要罢。"

在此处虽然王熙凤在语义上没有威胁到贾母的面子，是在夸赞贾母会调教丫头，但是故意有一种加强自身独立性的句式，"我倒不派老太太的不是，老太太倒寻上我了？"可见其是一种明显的（—P）模式。

但是王熙凤并不是对每一个长辈都采用这种策略，其中最明显的便是王夫人，书中第二回有着这样的描写，林黛玉进府，王夫人向王熙凤问一些贾府管理的情况。

又见二舅母问他:"月钱放过了不曾?"熙凤道:"月钱已放完了。才刚带着人到后楼上找缎子,找了这半日,也并没有见昨日太太说的那样的,想是太太记错了?"王夫人道:"有没有,什么要紧。"因又说道:"该随手拿出两个来给你这妹妹去裁衣裳的,等晚上想着叫人再去拿罢,可别忘了。"熙凤道:"这倒是我先料着了,知道妹妹不过这两日到的,我已预备下了,等太太回去过了目好送来。"王夫人一笑,点头不语。

可见,王熙凤在与王夫人的交际中是按照预测模式中的等级面子系统进行的,对于王夫人称呼为"太太",并且在对话中给王夫人留有很大的对立性,如"想是太太记错了?""等太太回去过了目好送来。"王熙凤是完全遵守着独立性策略,王夫人也完全遵守着相关性策略。二者之间的交际体现着明显的权势差异(+P),处于等级礼貌体系。

王熙凤与贾母的对话在书中有很多,而且多与上述所列举的模式相同,她们之间的谈话模式可以归结为紧密面子系统,尽管贾母与王熙凤之间按照辈分存在着的权势差异P,但是王熙凤在与贾母的交际中并没有拘泥于这一差异,而是适度地采用关联性策略,拉近与贾母之间的距离,使得双方的距离因素变成(−D),以距离(−D)来掩盖权势差异(+P),使得二者之间关系亲密,并没有因为两者之间的权势差异(+P)而减少其亲密度。

通过对于《红楼梦》中王熙凤交际策略的分析,我们发现影响王熙凤交际的主导因素是贾母的个人喜好所造成的私人化权势因素P。它造成了与预测模式的不同,但是这种差异的产生并没有使读者否认王熙凤的现实性,相反使得王熙凤这一人物在书中更加饱满、更加真实可信,这也正是《红楼梦》写实性的体现,在一定程度上反映出了当时社会的一些现实问题。可见这一因素在现实社会的交际模式中也产生了一定的影响。

同样地,在当前社会交际中,这一因素的影响也仍然存在,如在现实生活中,一个属下如果经常被上司批评,不受重用,那么他身边的同事也会因此和他在交际时保持距离。这实际上便是上司私人化权势对交际策略造成的影响。此外,在越小的团体产生的语境中,私人化权势对于交际模式的影响越是突出,如学校中的一个班级、一个小的公司、一个宿舍等,有时还会成为交际的主导因素,形成不同于一般的交际模式。因此,私人化权势在现实交际模式中也有着一定的作用意义,而《红楼梦》只是向我们展示这一影响社会交际模式因素的一扇窗口。

第三章 宏观社会语言学

第一节 引言

宏观社会语言学，又称"语言社会学"，主要研究关于语言的整体性的问题，比如，语言的接触、语言政策的制定、语言规划、语言的应用等。宏观社会语言学以社会为出发点，研究语言在社区组织中的功能，也就是说宏观社会语言学是与语言相关的社会研究，其研究目的在于尽可能多地发现什么是社会，这类研究从社会学的角度出发，把语言问题作为社会问题来对待，着重考虑语言作为社会资源或者社会力量的作用。

人类的任何一种语言都不会是孤立地存在于社会当中的，不同的语言之间是必然会互相接触的，语言的接触必然会产生词语的借用、语言的融合和混用、双语和双言现象、语码转换和语码混用、语言的扩散等问题，这些现象正是宏观社会语言学研究和关注的内容，宏观社会语言学往往从社会的角度出发，对这些特殊的语言现象进行研究分析，考察这些语言现象产生的社会原因、社会背景，以及对社会发展的反映等。同时语言政策和语言规划的制定也是宏观社会语言学研究的内容之一，如何处理好语言和政府职能部门的关系，使语言更好地反映社会的发展和需求，政府职能部门如何根据语言的发展规律制定出符合社会发展和需求的语言政策和语言规划，都是宏观社会语言学所关注的。比如，一个多民族的国家，选择什么语言作为官方语言，就是一个社会问题，是从语言的角度来考虑还是从政治经济的角度来考虑，是需要政府做出决策的，政府所做的语言规划可以为社会语言问题提供管理对策，是对语言问题所做出的有组织的、主动的反应和调节。语言学家费尔克劳夫（Fairclough）指出："20世纪末以来，语言学理论研究的一个主要缺陷，是缺乏对于语言与权势关系的认真研究……现在主流语言学已经注意到这个问题。从长远的观点来看，这种研究对于主流语言学有着更深一层的含义——有可能导致更多具有社会现实意义的语言学新型理论的产生，最终取代各种反社会主干理论目前在语言学界的中心地位。"近年来，随着宏观社会语言学的发展，社会语言学的应用问题成为人们关注的热点，社会语言学内部甚至产生了政治语言学、法律语言学等新兴学科，这些新兴学科在语言学研究中引入了社会因素，借助于跨学科研究所提供的观察视野和分析手段，丰富了语言学的理论建设和研究内容。

第二节 语言接触

语言作为人类最重要的交际工具，当它履行自己的社会职责时，不同民族、不同地区、不同国家之间的语言必然会互相接触，当今社会迅速发展，科技高度发达，语言的接触显得更为必要。语言学家萨丕尔认为："语言，像文化一样，很少是自给自足的。交际的需要使说一种语言的人和说邻近语言的或文化上占优势的语言的人发生直接或间接的接触。交际可以是友好的或敌对的。可以在平凡的事务和交易关系的平面上进行，也可以是精神价值——艺术、科学、宗教——的借贷或交换。"语言的接触必然会产生词语的借用、语言的融合和混用、双语和双言、语码转换与语码混用、语言的扩散等各种问题。

2.1 词语的借用和语言的融合

2.1.1 词语的借用

随着各国、各民族之间交往的增加，语言接触更加频繁，词语借用现象极为普遍，其中借词是一种经常采用的方式。借词是由英语 loan-word 直译过来的，即借用外语词汇来表达信息，也叫外来词，这是不同的语言互相接触的结果，指的是音与义都借自外语的词。随着语言的互相接触，一些语言向其他语言借用本语言词汇系统中原本没有的而社会生活的发展中必需的词汇，这是社会进步的需要，是社会发展的必然。大多数语言只借用本语言词汇系统中缺少的词，比如，表示新概念的、新思想的新词术语。只要社会之间有接触，就会有词语的借用，每种语言中都存在一定数量的借词。

汉语在借用其他语言的词汇时，常常用自身的构词材料和规则构成新词，不常借音，因此汉语中的借词数量不是很多，但自古以来，汉语就有借词的传统。随着各民族之间的接触与往来，汉语中产生了许多借词，有些词流传至今。比如，汉代及汉代以后借入的词"玻璃""菠萝""葡萄""石榴""狮子""佛""菩萨""僧""和尚""塔"等；元代借入的词"蘑菇""站""胡同"。五四运动以后，随着我国和西方各国的交往，外来的新事物、新概念不断涌入，汉语里出现了一些借自外语的借词，比如，"沙发（sofa）""扑克（poker）""咖啡（coffee）""雷达（radar）""坦克（tank）""尼龙（nylon）""吉普（jeep）""白兰地（brandy）""啤酒（beer）""卡车（car）""卡片（card）""巧克力（chocolate）"，等等。

　　借词在英语词汇中的比重很大，这是和汉语不同的地方。英语发展到现在，已经有100万词汇，其中借词要占到词语总数的一半。比如，英语从法语中借来的词，"state（国家）""people（人民）""enemy（敌人）""unique（独一无二）""naive（天真的）""routine（例行公事）"等；借自拉丁语的词，"impetus（动力）""maximum（最大量）""vacuum（真空）"；借自西班牙语的词，"armada（舰队）""cocoa（可可）""hurricane（飓风）"；借自意大利语的词，"inferno（地狱）""balcony（阳台）""violin（小提琴）"；借自印第安语的词，"caribou（驯鹿）""toboggan（平底雪橇）""tomahawk（印第安战斧）"。英语中还有大量的汉语借词，从100多年前英语中大量涌现汉语借词的现象开始，英语中的汉语借词不断增加，随着中国改革开放及对外文化交流和商贸往来的不断扩大与深入，英语中更是大量借用反映中国特有的事物与现象的词。比如，TaiChi（太极）、Kung-fu（功夫）、silk（丝）、mahiong（麻将）、yangkof（秧歌）、ShiChing（诗经）、Taoism（道教）、Fengshui（风水）、Confucius（孔子）、Mencius（孟子）、Maoism（毛泽东思想）、Papetiger（纸老虎）等。新闻媒介也对英语中的汉语借词产生了很大的影响。每年新闻媒介所传播的"有中国特色的词汇"在英语中大部分是以意译的形式出现的。比如，"菜篮子工程（vegetable basket project）""乡镇企业（township enterprises）"等。可以预见，在这些"有中国特色的词汇"中，一部分词汇将成为永久的英语词汇。

　　语言的发展反映社会生活的变化，其中表现最为明显的是词汇的变化，社会生活的方方面面的发展与变化都在词汇中有所表现。因此，借词从借入之时就打上了异国或异族的语言文化与风俗的烙印，对本族语言与文化产生潜移默化的影响。比如，汉语中的各种借词对汉语产生了巨大的影响，英语作为载体，把世界上最新的科学技术内容、异国风俗文化带入汉语并影响汉语，"VCD""DVD"这样的字母已经融入汉语词汇，成为人人惯用的汉语词汇。随着全球一体化步伐的加快，世界各国各民族之间的交往日益加深，跨语言、跨文化的交流将更加广泛，不同语言之间的借词现象将更加普遍。

2.1.2 语言的融合和混用

语言随着社会的发展而发展，也会随着社会的融合而融合。语言融合是指不同的语言在经常接触的过程中，其中一种语言逐渐吸收、发展其他语言的某些成分和特点，而成为操不同语言人所使用的唯一的语言，是随着不同民族的接触或融合过程而产生的一种语言现象。它并不是产生一种新的语言，而是一种语言战胜另一种语言，它并不违反语言发展的一般内部规律和特殊的发展规律，也不是一下子实现的，而需要一个长期的逐渐的过程。语言的融合首先表现在词汇上，其次表现在语法和语音上，它一般分借用阶段、混合阶段和完成阶段。不同民族的交往，必然会产生不同语言的接触碰撞，在这一过程中，一种语言排挤和替代其他语言而成为不同民族的共同交际工具，即不同民族语言在接触和融合过程中，其中某一种语言成为胜利者，保留自己的语法构造和基本词汇，并且按自己发展的内在规律继续发展，成为趋向于融合的各民族人民的共同交际工具，而其他语言则由于无人使用而消亡，因此语言融合也称为"语言替代"或"语言换用"，是不同语言统一为一种语言的重要途径。比如，我国汉民族和各少数民族的语言各不相同，经过朝代的更迭，各民族和各种语言发生了大融合，汉语在融合过程中成为胜利者，继续按照自身规律发展。

语言的融合过程一般是先出现双语现象，随着时间的推移，最终一种语言被另一种语言排挤、代替。这是一个漫长的过程，出现双语现象时，被融合语言的使用者一般会使用两种语言，本族语和在融合中占优势的语言，双语现象最终的结果会有两种，一种是被融合的语言放弃自己的语言，完成语言的融合，比如，中国古代鲜卑语和汉语的融合，最终汉语取胜，鲜卑语消失。双语现象的另一种结果是两种语言各自发展，比如，我国朝鲜语与汉语，最终两种语言都保留了下来。总的来说，不同语言的人生活在同一地区时，由于交际的需要，一般会互相学习对方的语言，产生语言间的互相影响，即使在获胜的一种语言中也总会留有被取代语言的痕迹，随着一种语言的消亡，这种痕迹就成为两种语言融合的见证。比如，东北的地名"哈尔滨"留有满语的痕迹，"哈尔"在满语中意为"江"，"哈尔滨"意为"江滨"。

语言的接触会产生混合现象，比如，混合现象的皮钦语（Pidgin 也叫洋泾浜语）和克里奥尔语（Creole），它们都是以一种语言的语法为基础，以另一种语言的词汇来表达事物。皮钦语指非正规学会的不登大雅之堂的外语，其特点之一就是它是一定场合下使用的特殊语言，没有人把它当作母语来学习使用，它是一定社会条件下的产物，只有口头形式，是一种变形的外语，在其形成过程中，将某些语言的词汇和语法结构简化，语音上发生了变化。外来者为了使当地人明白自己的意思，常常简化自己的语言，加入一些当地语言的成分，当地人为了和外来者沟通，开始模仿这种语言，在模仿的过程中会受到自己语言中的语音、语法、词汇的影响，进行相应的改变，这些改变被外来者接受，双方互相接受对方的这种改变之后的语言，成为大家通用的交际工具。皮钦语的特点是语音经过当地语言音系的改造，语法规则减少到最低限度，词汇项目较少，迂回曲折地表达事物。皮钦语的产生是为了满足说不同语言的人的临时需要，其使用范围非常有限，比如，20世纪70年代到80年代，大量土耳其、意大利、西班牙和葡萄牙工人流入德国的柏林和法兰克福，出于交际的需要，产生了以德语为基础的皮钦语。其他国家和地区，比如非洲巴布几内亚也有以英语为基础的皮钦语。

克里奥尔语是皮钦语的升格。和皮钦语不同的是，克里奥尔语是一种混合语，已经成为某一族群的母语，被该族群社会采用为主要交际工具，它的词法句法结构比较丰富，语音也开始规范化，语言的功能和词汇量也增加了，是一种比较稳固的语言体系，从语言结构的角度来说是一种完整的语言，其特点是被孩子们作为母语来学习使用。比如，非洲的各部落之间使用不同的语言，在某些地区的种植园，劳工来自不同部落，因此，欧洲殖民者和非洲劳工之间、劳工和劳工之间无法沟通，他们只能使用经过洋泾浜化的殖民者的语言，不同种族、部落的人通婚之后的家庭里，克里奥尔语就成为第二代人学习的母语了。其他国家和地区，比如牙买加有以英语为基础的克里奥尔语，海地也有以法语为基础的克里奥尔语。

2.2 双语（多语）和双言

2.2.1 双语和双言

双语或双言是一种社会现象，是指某一社区或个人同时使用两种或两种以上语言的现象。目前，使用多种语言的国家和地区是非常多的。比如，在美国，国家的官方语言是英语，但随着各国移民的增加，使用西班牙语、法语、德语、意大利语、汉语的人也在逐年增加，据美国1990年的人口普查资料，在美国13.8%的人口在家里使用非英语语言。在我国，汉语普通话是官方语言，是各民族和地区的人进行交际的共同的工具，不同民族有不同的语言，如果不用普通话就无法交流，那么在一些少数民族地区就会同时使用汉语普通话和民族语言，可以说，这些都是双语或者多语现象。社会语言学家认为，社会中双语并用的情况是"社会双语"，个人用两种或以上语言的是"个人双语（多语）"。从社会语言学的角度来看，双语是一种社会现象，社会双语是其典型代表，个人双语是社会双语的具体体现。

我国汉语的使用情况非常复杂，七大方言差异很大，尤其是语音方面。七大方言内部又各有不同的次方言，如果不借助于普通话，不同方言区的人有可能完全不能交流。随着社会的发展，人口的不断流动，各方言区实际上都在同时使用普通话和方言。

美国语言学家弗洛森（C. A. Ferguson，1959）对双言制（祝畹瑾译，1992）做出了解释："一种比较稳定的语言状况，除了这种语言的基本方言（可能包括一种标准语和几种地区性的标准语），还有一个非常不同、高度规范（语法上往往更复杂）的变体。这种变体是较早时期的或另一集团的大量书面文学作品的语言，基本上要通过正式教育才能学会，用于书面语和正式谈话的场合。但这个集团的成员在日常会话中并不使用它"。[①] 按照弗洛森的定义，普通话应该就是汉语的标准语，方言应该就是地区性的标准语，普通话和方言都是汉语的不同变体。从社会语言学的角度来看，不同的方言是汉语的不同的语言变体，一个社会使用两种或两种以上的语言变体的现象可以说是一种双言制现象。

2.2.2 调查实例分析

从心理学的角度研究语境与语言使用之间的关系，至今已有 80 年的历史。社会心理学家普遍认为："通过日常语言理解世界，就其本质而言，是一种面向他人的活动。"[②] 谈话不仅是传达个人之间的意思的工具，它们主要还是社会的交往形式，这种交往形式不仅表现在"认知"的个人之间，而且也表现在社会、文化、政治群体或机构成员之间。[③] 北京的大学校园汇集了全国各地的学生，其比重甚至大大超出本地学生。从自身角度来看，大学生受到的最直接的影响莫过于语言，毕竟言语交际在如北京这样的大都市中已经渗透衣食住行的每个角落；从北京话的角度看，作为普通话的基础，虽然与其他地方方言相比它在语

---

① 参见徐大明、陶红印、谢天蔚：《当代社会语言学》。
② 朱永生：《语境动态研究》，北京大学出版社，2005 年，第 21 页。
③ [荷]冯·戴依克：《话语·心理·社会》，施旭、冯冰译，中华书局，1993 年，第 3 页。

音、语义结构上最接近全国通用语，但是毕竟无法与标准语画上等号，不能代替普通话使用，这种最接近普通话的特殊方言，与大学生的日常生活息息相关，又有着较为实际的语用学研究价值。

在此，我们以北京师范大学汉语言文学专业的学生所做的调查来分析我国社会环境对双言制现象的影响。主要通过随机抽样（主要采取该抽样形式中的系统抽样及整群抽样）的调查方法，进行了问卷调查，通过对问卷展示出来的个人、社会交际以及心理认知因素的分析，探讨社会环境对语言的影响。共发225份问卷，收回有效问卷209份，最后随机选择了其中的200份。问卷从学科分类上划分：文理科各100份；从年级差异上划分：大一学生92份，大三学生108份；从性别比例上划分：男生92份，女生108份。62.2%的被调查者在家乡都以方言为主，这种语言习惯可以抛开其他因素，如年级及性别、学科因素的影响等，也就是说在进入大学以前，在校大学生的语言习惯中多数是以地方方言为主，这种环境肯定会影响对北京话与地方方言间的认知偏差，也会从一定程度上影响他们对于北京话的理解和接受。一般来说，以方言为主要语言的学生，不会从心理上对北京话表示太大的认可。结果表明，只有21%的人认可北京话优于地方方言，46%的人认为北京话听起来一般，在这部分人中，以家乡方言为主要语言的占了90.4%。普通话是以北京话为标准语音，北方方言为基础方言的，同时北京作为政治文化中心在全国范围内的威信决定了北京方言的"优势"地位，因而，外地学生在接触北京方言的过程中不可避免地面临着摒弃地方方言接受北京方言的问题（语言的渗透问题）。

针对北京话的六个主要特点：儿化多、语速快、轻声多、语序倒置、特别的词尾、熟语多，选择儿化的调查者占很大比例（31.8%），其次是语速快（19%），特别的词尾（18.6%），熟语多（17.6%）。当在语言相互接触过程中可能产生语法渗透时，语言结构本身起着巨大的作用，如果结构相似，相互渗透就容易，如果结构不同，相互渗透就困难，地方方言和北京方言作为汉语言的组成部分，在语法结构上存在很大的相似性，因而，人们在接触北京话时不经常出现语法不懂的情况；而词汇是语言中相当容易渗透的部分，这就是说，地方方言和北京方言的主要差异也表现在词汇的不同上，因而，外地学生在接触北京方言的时候词汇是很大的障碍；语音渗透在语言渗透中是处于比较中间的地位，由于电影电视的广泛使用和普通话的大力推广，北京方言作为普通话的基础，学生在理解北京方言时出现语音障碍的情况不多，只是存在于个别的语速、儿化问题上。

2.3 语码转换与语码混用

在社会语言学中,"语码"用于指任何一种语言或它的变体。语码是一个非常容易让人接受的概念,它的优越性在于它是中性的。语言、方言、标准语、混合语、克里奥尔语等术语容易引起情感问题,而变体这个概念又容易被理解成从属于某种更标准的语言。语码可以指任何一种用来交际的符号系统,甚至可以指只供自己使用的一种秘密的符号系统。

2.3.1 语码的分类

根据不同的标准,语码可以有不同的分类方式,较为常见的是将语码分为有限语码(或局限语码)与精密语码(或复杂语码)两类。有限语码(restricted code)主要用于这样一种交谈,在这种交谈中,参与者对交谈内容有共同的预测,或者说对交谈的背景和预设有共同的认识;精密语码(elaborated code)则用于另一种交谈,在这种交谈中,参与者对交谈内容没有共同的预测,或者说对交谈的背景和预设没有共同的认识。具体来说,在使用有限语码的交谈中,参与者具有相同的兴趣、身份、社会关系与行为准则,在这样的前提下,参与者只需要有限的词汇,就可以充分表达自己的意见,并且语速可以很快。有限语码常见于结婚多年的夫妻之间、来往频繁的朋友之间,也常见于封闭或半封闭的团体,如部队的战斗单位、流氓犯罪团伙等。在使用精密语码的交谈中,参与者预设不同,很难预测对方的意图,在这样的前提下,参与者不得不较为谨慎地遣词造句,以便详细阐明自己的意见,还需要根据听话者的反应随时调整自己的会话策略、说话内容,以达到互相理解、不致误会的结果。精密语码常用于与陌生人、外国人等一切生活经验和知识背景不同的人谈话。

相关研究以英国社会学家巴兹尔·伯恩斯坦(Basil Bernstein)对伦敦少年的语言研究为例。他选择在社会阶层上处于两极的两组人,一组是61名住在伦敦不同地区的15—18岁的青少年,他们都是通信员或邮递员,均未受过中等教育;另一组是伦敦六所最大的享有特权的人住读的公学中的45名相同年龄层的青少年,他们渴望知识,对各门课程感兴趣。伯恩斯坦认为,前一组相当于下层工人阶级,而后一组相当于中层阶级。研究结果表明,下层和中层阶级的青少年在有限语码、精密语码的使用方面存在很大的差异。与此同时,两种语码的差别可以预测说话人将选择哪些结构成分来组织自己的话语，或预测这些话语意义的程度的不同。使用精密语码时，说话者能从相当多的可替换语言手段中进行选择，因此，预测说话者将选择哪些语言结构成分的可能性很小；使用有限语码时，可供选择的这类变体或可替换手段的数量十分有限，因此，预测说话者将选择哪些语言结构成分的可能性就大。

有限语码与精密语码是相互补充的，精密语码是有限语码经补充和扩展后形成的。也就是说，使用精密语码时偶尔也会使用一些句法上简单、语义上具体的语言手段，而使用有限语码时则不会使用句法上复杂、语义上抽象的语言手段。有限语码可以产生在社会的任何场合，只要它被相应的社会环境所使用。

2.3.2 多重语码现象

将语码看作语言时，多重语码现象指的就是双语现象（bilingualism）和多语现象（multilingualism）了。所谓双语和多语，指的是个人或集体经常使用两个或多个语言变体（其中包括民族语言变体和地域方言变体）的现象，前者称为个人双语（多语），后者称为集体双语（多语）。产生这种现象的社会因素主要有两个：一是客观原因，操不同语言的人共同生活在一起，从而自然地产生个人双语或集体双语；二是主观原因，由政府规定使用两种或两种以上的语言，从而形成个人双语或集体双语。

多重语码即双语、多语现象是现代社会交往中必然存在的现象，并且会随着社会的不断发展而有所变化。多重语码的结果大致有两种，一是稳定地保持原有状态。在某些双语社会中，用一种语言表现一套行为、态度和价值，用另一种语言表现另一套行为、态度和价值。它们相辅相成，各有自己的作用。在当代中国社会，绝大多数少数民族都已经形成双语社会。多重语码的另一种结果是双语或多语回归到单语。如果其中有一个发展水平较低，交际功能也有较大的局限，那么这个语言终将被发展水平高的、交际功能较为完备的语言所取代。

我国目前的双语双方言情况是非常复杂的，可以划分为多种类型。双语类型主要有：①普通话和民族语并存型。这种类型几乎流行于所有的民族地区。②民族语和方言并存型。这种类型主要分布在汉族与少数民族毗邻或杂居的地区。③民族语言和民族语言并存。如新疆地区的少数民族人一般兼通维吾尔语和哈萨克语。④普通话、汉语方言和少数民族语言并存。这种类型在民族聚居区和民族杂居区都存在。⑤汉语和外语并存型。典型的例子是香港和澳门。双方言类型主要有：①方言和普通话并存。这种现象最为普遍，从东部到西部，从城市到乡村，全国几乎都是这种情况，只不过各地会说普通话的人口比例有多有少而已。②不同方言并存型。此类型分布在全国大部分地区。（3）多方言型。如深圳市就是一个多方言的典型城市，既使用普通话，又说粤方言、客家话和闽方言等。

2.3.3 语码转换

由于多重语码现象的存在，社会和个人往往会对语码进行选择。社会对语码的选择属于语言规划的范畴，是宏观社会语言学所关心的内容。而微观社会语言学所关心的是个人对语码的选择。一个多语码的人在具体的交际活动中根据自己的实际需要进行的语码调整或转换，通常称之为语码转换（code-switching）。也就是说，语码转换指的是使用两种或两种以上的语言变体的现象。

不同的语码有不同的功能负荷。语言中的每一句话或每一种表现手法都具有社会价值，它可以反映出参与者各自的年龄、身份、阶层等社会特征，也可以反映出说话人和听话人之间的社会关系。在日常生活中，每一个正常的人所使用的全部语言手段不会是千篇一律、毫无变化的，人们总是会随着交际环境的变化来转换语码。每一个人都可以"自愿"地从一种语码转换为另一种，但这种自愿又不是说话人可以完全左右得了的。这就是说，语码的转换表现为一种相当复杂而微妙的社会行为，而这种行为甚至连说话人自己都觉察不到。

甘柏兹将语码转换分为两类，即情景型转换（situational switching）与喻义型转换（metaphorical switching）。第一种指由于交谈者或话题等的改变所引起的转换，例如，两个学生在用方言闲聊时来了一位老师，他们就转用普通话和老师交谈。第二种指说话人为了改变相互的关系或说话的语气、重点而引起的转换，例如，老师在用普通话讲课的时候突然来了句家乡话，实际是为了活跃课堂气氛而开了个玩笑。

波普拉（Poplack，1993）认为，所谓语码转换是指，在连续讲话中，出现不同的语言的句子和句子片断的现象，而且这些句子片断，必须在内部结构上符合本语言的句法和词法规则。如果在一段话中，虽然出现了两种或多种语言的句子，但只出现了一种语言的语法规则，就不能说是语码转换。

库珀（Cooper，1969）通过研究纽约波多黎各双语社团的语言状况，得出一个重要论断：在一个稳定的双语社团中，不同的语言有不同的分布范围，这种分布和每种语言的威望、交谈时的话题、交谈的场合以及交谈双方的关系有关。

司珂滕（Scotton）认为，双语人长期形成的语言习惯会对语码的选择产生重要影响。他把双语人习惯性的语码选择称为无标记的选择，而把有意识进行的选择称为有标记的选择。这种模式主要有四条原则，即基本原则、技巧原则、尊敬原则、复合原则。

普拉特（Platt）通过研究马来西亚和新加坡社会中的语码转换，在费希曼（Fishman）和甘柏兹的理论模型上又增加了三点：a）个人言语习惯是本人社会特征潜在影响的结果，这些社会特征，包括种族、年龄、性别、文化程度、社会经济地位等；b）双语现象会对语言本身产生影响，在语言受到外力而发生变化的过程中，该语言社团对这种变化可能有两种反应方式，即个体反应方式、集体反应方式；c）不同言语集团之间的界限，可以从三个方面来分析，即区别集团的难易、集团成员资格取得的难易、集团对别的语言所持的态度。

贾尔斯（Howard Giles）和史密斯（P. M. Smith）认为，双语者的心理状态也会影响语码转换现象。他们将语码转换的现象分为两种，即聚合（convergence）与分散（divergence）。前者表明说话人谋求对方承认彼此的一致性，因而在言语上也努力去适应对方；后者则表明说话人想要强调彼此的区别或分歧，因而在言语上也要坚持不同的语码。

陈松岑（1999）认为，语码转换普遍存在于多语社会中，是一种在语言研究中比较难以弄清楚其纷繁内容的复杂现象。她在1996年主持"新加坡华人的语言使用和语言态度"的调查时，对新加坡华人日常生活中的语码转换现象进行过一些调查。众所周知，新加坡是一个多民族的国家，在全国270多万人口中，华人就有210多万，占了总人口的77%以上；其余为马来人、印度人和少数其他种族的人。在这个多民族的社会中，政府规定英语、华语（即汉语普通话的新加坡变体）、马来语、泰米尔语为官方语言，而在华人中，通行的主要是汉语的闽、粤、客家等方言和华语、英语。因此，新加坡华人的语码转换是相当频繁的。

2.3.4　影响语码转换的因素

影响语码转换的因素多种多样，如社会领域、社会角色关系、语言忠诚、语言优越感或卑下感等。需要指出的是，上文所论及的影响语言变异的各种社会因素同时也是语码转换的影响因素。下面是几种最为常见的影响语码转换的因素[①]。

（1）身份因素引起语码转换，主要表现在利用语码转换来抬高身份。在中国大陆的各方言区，普通话是高层语言，能说流利的普通话能给人留下受过良好教育的印象。例如，在宁波的商业洽谈中，讲普通话有时成了有文化、高素质的标志。

（2）参与者因素影响语码转换，主要表现在角色关系对语码转换的制约。谈话中的一方如果是尊长（上级、长辈、教师），另一方往往要服从对方的语码转换。例如，在课堂里师生的角色关系很明确，教师讲普通话是带有强制性的；在校外师生的角色关系淡化了，教师讲不讲普通话就没有强制性了。

（3）场景因素引起语码转换。例如，开会时用普通话发言，会后休息时用方言聊天。

（4）利用语码转换达到保密目的。谈话双方为了不让在场的第三者知道谈话内容，有意识地使用第三者听不懂的语言，如行话中的秘密语。这种现象在商业交易、体育竞赛、团伙犯罪中是很常见的。

（5）语言情结制约语码转换。两个陌生人在外地相遇，如果通过一阵非母语的交谈发现是同乡，往往会转而使用家乡方言，这就是语言情结的影响。

（6）对双语的不同熟练程度制约语码转换。在需要表达个人思想感情的时候，双语者往往会选择母语，以便更直接、更细微、更生动、更便利地表达思想。不过，有时熟练程度还会受到交谈话题的影响，比如，在谈论学术问题时，双语者反而会觉得使用普通话更熟练一些。

当然，每种具体的语码转换现象的影响因素也是有其自身特色的，比如，研究结果显示，新加坡华人的语码转换现象受到以下几方面因素的影响：

（1）新加坡华人的语言习得类型。大部分新加坡华人的母语是汉语的某个方言，第二语言才是华语或英语。这种语言习得方式必然会影响到他们的语言态度、语言能力，而语言态度和语言能力又必然会影响到交际过程中语码的选择或转换。

（2）新加坡华人对各种语言的掌握程度。45岁以上的中老年人一般能熟练使用一种或多种方言，至于对华语或英语的掌握程度，那就要看他们的文化水平和过去接受教育时所使用的教学语言了；25—45岁的人运用方言、华语、英

---

① 参见游汝杰、邹嘉彦（2009）

语的能力都比较好，语码的转换常因交际对象、目的和话题而不同；25岁以下的青少年所掌握的双语主要是英语和华语。

（3）新加坡华人对各种语言的评价和态度。对英语、华语的评价大体一致的看法是，英语最有用、有权威，华语则有利于继承中华传统文化、保持华人的种族特征。

（4）各种语言在该社会中的地位与功能。在社会地位上，英语第一，华语其次，方言排在最后。就交际功能而言，英语是法定的行政、司法、教学语言；华语是政府大力推广的华人的共同口头交际工具，具有超方言的性质，其使用场合正在随着中国大陆和世界其他华人地区经济的发展而扩大；方言则主要是家庭用语和在一些特定场合中部分人的用语。

（5）言语发生的交际场合的性质。一般而言，越是正式性强的场合，英语的使用率越高；越是正式性弱的场合，华语乃至方言的使用率就越高。在华人的家庭内部，使用方言和华语为主；家庭之外，则以华语和英语为主。

（6）交谈对象的不同。交谈对象可以分为家庭成员和非家庭成员两类，家庭成员又可分为四个世代，即老一代（祖父母）、中年一代（父母）、青年一代（配偶和兄弟姐妹）、少年一代（子女）。对老、中两代人使用方言；对青年一代使用方言，有时也用华语和英语；对少年一代则主要用华语，有些人也用英语；对非家庭成员讲话，则主要以华语、英语为主。交谈对象还可以分为熟人和陌生人两类，对陌生人使用的语言要依交际场合的性质而定，对熟人则要以对方的年龄为准。

（7）交谈话题的不同。谈论工作、学习等正式话题时，以英语为主；谈论私事或生活琐事等非正式话题时，以华语和方言为主。

需要指出的是，上述几个因素对语码转换的影响是交错综合在一起的。

2.3.5 语码混用

所谓"语码混用"是指在使用一种语码时，由于特定的原因，大量混合使用另一种语码要素的情况。语码混用不同于语码转换，前者是个人行为，后者则需要交谈双方共同完成。语码混用的基本单位是句子，大多是句子内部的词汇替换，或可称为"句中语码转换"现象。而语码转换的基本单位是语段，一般是在语段之间发生。

以香港的"中英夹杂现象"（孔玫，1991）为例。在香港，很多受过一定教育的年轻人，在说话或写文章时，习惯在汉语的句子中使用英文词汇，甚至是在整个篇章、语段中使用完整的英文句子。例如以下语句："为了这张大碟的面世，我都把电影的期 hold（推迟）了。""我喜欢每段日子都很 neat（有条理）。""波格是网球场上著名的冷血杀手，想不到 cool（冷静）如波格也会冲动至仰药自杀。"出现这种语码混用现象的原因主要有三方面：a）少数人认为，懂英文才有派头，所以说话时会夹杂英语；b）很多人是英文学校毕业的，对一些字眼，不知用中文如何表达，只好用英文代替；c）电视等传媒的影响，像"阿 sir""写份 report 来""大家 happy 一下"之类的语句在电视节目中频繁出现，直接影响了整个社会的语言。

2.3.6 语域和语体

语域（register）和语体（style）是与场景相关的两个重要概念。语域指"语言使用的变体"（varieties according to use），即一个人在不同的场合用不同的语言形式表达同一个意思。语域受到三方面因素的制约：a）场景（field），是指发生交际活动的整个事件，可以分为专业性与非专业性两大类；b）方式（mode），主要指话语互相传递的渠道，可以分为口头和书面两大类；c）交际者（company），指参与交际的人，在交际活动中所扮演的角色类型，还包括说话人的意图如命令、劝告、教导、宣传等。所谓"语体"就是语言根据交际的环境不同而形成的不同体式，如谈话语体、政论语体、科学语体、事务语体等，是"标准语在功能上的类别"。语体会因场合的不同而变换，这就是拉波夫所谓的"语体转换"（style-shifting），他还进一步将语体定义为"讲话人对自己语言表现所付出的注意力"的差别所带来的结果。与拉波夫的语体理论不同，贝尔将语体定义为讲话人根据听话人的社会角色而设计的产品。简单来看，拉波夫的理论偏重讲话人的因素，而贝尔的理论偏重听话人的因素。在语体转换中，讲话人的因素应该是更有决定性的作用，讲话行为既是交际行为，也是自我表现行为。

"语域""语体"这两个概念并不仅仅与场景相关，而是综合了影响语言变异的众多因素。我们知道，在实际的语言交流过程中，影响语言使用的不会只有一个因素，多数情况下是许多因素的综合。尽管说话人在表达时不是自觉地、有顺序地考虑各个因素，但他总是通过过去的实践，较有规律地将各种因素结合在一起，进而决定自己选择何种语言变体。因此，"语域""语体"就是社会语言学家为某些社会因素与语言变异的结合所专门规定的两个术语。

语域与语体之间的关系如以下几例所示①：

（1）家常谈话时所使用的语体特点有：句子成分不完整，主语常常不出现；少用书面语词汇；在说话的节奏、速率、腔调等方面都呈现极自然的状态。

（2）新闻广播语言使用的是正式语体，其特点包括：一是尽可能接近标准语或书面语；二是语音上的抑扬顿挫尽可能循规蹈矩，不带感情色彩。

（3）课堂用语会较多使用平时不用或少用的书面语词汇，例如"动物、植物、气象、宇宙、农作物"等，这些书面语词汇，都有相对应的口语词。

（4）与幼童谈话时的语言特点是尽力模仿幼童的语言表达方式，使用所谓"娃娃腔"（baby talk），例如，重叠式词汇"肉肉、鞋鞋、糖糖"等，目的是缩短与幼童之间的年龄差距，达到更好的交际效果。

（5）与外国人谈话时会尽可能地使用所谓"外国人腔"（foreigner talk），语速减慢、咬字清晰、词汇浅近，语法结构也较为简便。目的是尽量使外国人听懂自己的话。

2.4 语言的扩散

2.4.1 语言扩散的研究

语言的扩散是人类语言发展历史中的普遍现象，是信息交流网络为实现特定的信息交流功能而接受某种语言或语言的变体，是与时间的推移成正比的依时增值。语言扩散本质上是行为的扩散，我们可以从形式、功能和渗透性三个方面来进行研究。

形式方面的研究，主要是考察语言变体在以各自扩散过程中的相互接触，各变体内部结构发生的变化，从而形成的不同于以前的新的语言变体。因此形式的差异本身就是语言扩散中的因变项。

功能方面的研究，主要是考察语言扩散的目的。在多语地区，说话者为了达到不同的目的而选择不同的语言，这反映了说话者在信息交流中强调自己的社会价值和社会地位。由于语言扩散的目的不同，扩散的时间、速度、途径和范围也不同，功能可以进一步划分为能产性技能（说和写）和接受性技能（听

---

① 参见游汝杰、邹嘉彦（2009）

和读)、集团间扩散和集团内部扩散、平行关系和垂直关系。能产性技能在扩散的时间、途径及速度方面同接受性技能完全不同;集团间扩散是在不同的集团之间扩散,集团内部扩散是在集团内部进行的;平行关系是跨越地理和人种界限,把社会作为整体的社会信息交流过程,而垂直关系则指社会中不同阶层之间的信息交流过程,特别是社会上层同普通民众之间的交流过程。

渗透性方面的研究,主要是考察语言的创新变化被接受的程度,这种创新变化被接受的程度可以分为四个阶段:第一阶段,意识,是指说话者意识到某种语言可以实现一定的功能;第二阶段,评价,是指说话者根据是否有利于实现特定功能这一原则,对某一语言采取赞同或反对的态度;第三阶段,熟练程度,是指说话者对创新变化后的语言使用得熟练与否;第四阶段,使用,是指说话者对创新变化后的语言广泛地使用。

2.4.2 影响语言扩散的因素

全球化使国际交流不断增强,世界各国的语言接触更加频繁,全球化从某种意义上来说表现为语言的全球化,这也是某些语言扩散的前提。实际上,语言扩散研究的兴趣点不是扩散本身,而是扩散的时间,语言扩散随着时间的推移会发生变化。起初,扩散的速度较慢,然后突然剧增,并且上升比率基本保持不变,这说明扩散本身就是一个因素,最后,上升速度减慢,说明使用这种语言的人口数量的增长率接近于零,或者说这种语言已进入另一语言的界限范围。社会信息交流是语言扩散的根本原因,语言模式随着语言集团之间和集团内部的交流频率及性质的变化而变化。影响语言扩散的因素主要有四个方面:语言本身的特点、国家实力和国家在国际上的威望、国际贸易和金融的发展、现代通信技术和交通的发展。

英语的全球扩散可以从语言内部和外部两个方面来分析。从内部来看,即从英语本身的特点来看,英语是一种接纳能力很强的语言,对外界的发展变化有很强的适应性。英语一个最大的特点是混合特质和渗透性,这些特征使英语迅速延伸到世界各地。从外部来看,17世纪时英国国力极强,在国际上有很大的威望,随着英国的殖民扩张,英语开始向各殖民地扩散,英国逐渐衰落之后,其旧日殖民地美国于20世纪迅速崛起,取代了英国的地位,英语继续迅速向全世界扩散,成为全球通用语。随着国际贸易和金融的发展,美国作为全球贸易和金融中心,其语言当然会向全球扩散,20世纪70年代末开始的信息技术革命及 90 年代的全球化浪潮加速了英语的国际扩散，使英语成为凌驾于其他一切语言之上的超强语言。因此，英语的扩散可以充分证明影响语言扩散的四个因素的重要性。

从上面的例子可以看出，语言本身的特点当然是语言扩散的一个重要因素，但是国家的政治经济实力可以说是语言扩散的主要驱动力。英语之所以能够成为全球通用语，与英美国力的强盛是分不开的。历史上汉语的扩散也可以证明政治经济的影响力。在我国国力强大的时期，汉语不仅向各少数民族地区扩散，而且也曾向周边国家越南、日本、朝鲜等国家扩散，这些国家的语言中大量吸收了汉语的字音和字形，有些一直沿用至今。语言学上把这三个国家语言里所吸收的汉语成分称为汉语的"域外方言"。越南语里的汉语成分分为三个层次，第一个层次是古代越语，指汉至唐初传入越南的一些汉字读音；第二个层次是指唐代以后大量输入的成系统的汉字和汉语读音，形成了汉越语；第三个层次是越化汉语，产生的时代晚于汉越语，是汉语和越南语融合的结果。日语里汉语成分的输入始于汉光武帝时中日的正式建交，此后日本不断吸收中国的语言和文化，吸收了大量汉语词汇和汉字，其中的汉语词汇分为三个系统：吴音、汉音和唐音。吴音模仿中国唐代以前的南方语音；汉音模仿中国汉朝的语音；唐音主要模仿中国唐朝的语音。

2.5 世界英语变体研究

英语在不同历史时期的全球性扩张，产生了各种具有地域文化特色的世界英语变体。21 世纪以来，全球化的进一步发展更加促进了世界各个国家和地区在经济、政治、文化各方面的交流，同时也继续推动着英语扩张到世界各地，并渗透到生活的各个领域。在基于用法的语言观和方法论的指导下，认知社会语言学家也关注到了作为全球性语言的英语在世界各地的不同表现，同时揭开了认知社会语言学视角下的世界英语变体的研究。

当前有关世界英语变体的研究主要包含三个方面：关注和描写世界英语变体的语言特征以及语言使用者的语言态度；主张英语变体为双语和双文化杂交品；主张英语全球化导致了英语文化帝国主义，同时导致了世界文化的同质化，并对这一倾向进行意识形态批判。本节主要介绍认知社会语言学对于前两个方面的研究。

在世界英语的研究上，卡齐鲁（Kachru）的杂交论具有较大的影响。卡齐鲁提出同心圈模式，把世界英语变体划分为三个同心圈，内圈是作为母语使用的英语国家，例如，美国英语、加拿大英语、澳大利亚英语和新西兰英语等；外圈是作为制度化的第二语言变体，如非洲英语、印度英语等；扩展圈是作为外语使用没有制度化的英语变体，如日本英语、中国英语等。同时卡齐鲁也强调英语在各种殖民及后殖民语境下经历的结构和社会文化的转变，并主张在认知层次上探究语言中的文化，但是杂交论缺乏对多语和多元文化现实的研究方法，未能产生英语变体如何表达和体现特定文化的系统实证研究。

而认知社会语言学在卡齐鲁理论的基础上也反对割裂语言和社会文化语境的描写方法。所以在认知社会语言学对世界英语变体的研究中，把英语变体置于其文化语境，借助基于用法的语料库统计方法，对实际用法语料中的文化关键词、原型差异、稳定性、频率等用法特征进行量化统计。同时借助认知语言学的基本理论，尤其是理想认知模型、概念隐喻和转喻的理论为分析工具，结合心理学、民族学、人类学等相关学科的研究来论证和揭示英语变体的文化认知理据，展现英语全球化带来的文化多元化。

目前认知社会语言学对世界英语变体突出的研究成果主要还是集中在涉及制度化的第二语言英语变体中。

沃尔夫（Wolf, 2009）通过非洲英语（喀麦隆英语及东非英语）和英国英语的对比，考察了非洲英语变体中非洲社团模式的文化和概念化认知。沃尔夫等人通过定性和定量分析展现了 kinship、family、ancestor、eating、food、father、son 等在非洲英语中的文化关键词的隐喻和转喻映射及其蕴含的非洲文化认知模式。在探讨基于亲属关系的非洲社团模式的过程中，沃尔夫等人首先从原型范畴阐述了作为源认知域的 kinship 和 family 在非洲文化和西方文化中的概念差异。在西方文化中这两个概念的原型是家庭，由通过婚姻建立的血缘关系、亲情关系等生物关系构成。但在非洲文化中，两者超越了西方文化中的血缘和婚姻关系，家庭和社会这两个概念是密切联系的，家庭的界限是由社会交往和人与人之间的生物联系共同确定的，家庭的概念范围延伸到整个社团。所以在非洲文化语境下，亲属关系作为源认知与映射到社团的社会关系、扶养与共同义务、宇宙观与祖先崇拜、巫术与冲突四个方面，形成了相互交织的复杂概念网络。而非洲文化语境下相互关联的家庭社会生活资源分配、宗教和政治生活上的独特文化模式也正是非洲英语变体产生语义变异的文化政治根源。在社团的社会关系方面，非洲英语变体的亲属词存在普遍的转喻用法特征，两个基于 kinship 的转喻（community for kinship; kinship for community）构成非洲社团模式的核心。从非洲英语变体的文化关键词的固化程度和频率上看，kinship 是对 community 进行概念化的重要源认知域，对社会文化群体及群体成员进行定位。基于 kinship 的概念化方式不仅用于建立人与人之间的社会联系，还会用于人际冲突和社会隔离，比如发生宗教冲突时，人们总是认同与自己有相同信仰的人或群体，此时宗教身份就会暂时超越其他身份。同时，在非洲文化中，个人身份在很大程度上依附于 family 和 community，集体身份的重要性超越了个体身份，个体身份以 community identity 来概念化，kinship for community 的概念化方式内在地隐含了 individual identity is communal identity 的概念化方式。在抚养与共同义务方面，由于非洲语境下亲属关系即抚养关系，在非洲英语变体中，亲属词必然蕴含了抚养的义务和责任。因此在非洲社团模式中，个人与整个社团共享自己的财富是一项被期待的，甚至制度化的义务。在概念层上，这种抚养关系体现于 eating-and-feeding 模式。沃尔夫等人发现这一模式广布于关于财富和资源分配的语篇，用来对资源分配进行概念化。通过非洲社团模式中这种具有独特含义的饮食和食物隐喻，腐败被积极地概念化为正当现象（也可以被消极地概念化为对亲属模式的违反），这一点必须在非洲社团模式的背景下来理解。沃尔夫等人认为这一模式包含了亲属关系、社团模式、抚养责任、资源分配之间相互联系的复杂概念化网络。在宇宙观与祖先崇拜方面，基于 kinship 的隐喻概念化也延伸到生者世界之外：man is in a kinship relation with the other elements of the cosmos，也就是说现实世界社团成员间相互的责任和期待的关系同样适用于人同其他世界的概念亲属的关系，比如 ancestors。沃尔夫等人通过对语料库中这一文化关键词的词频统计、词汇的搭配模式，辅以词汇联想模式和联想强度的问卷调查，多角度展示了传统宗教概念在非洲英语变体中的文化核心地位和 ancestors 这一概念在非洲社会文化的社团模式、宇宙观中的核心地位和特殊的概念化方式。ancestors 作为社团成员，被期待着为现实世界的成员提供物质和非物质的支援，相互原则又规定了社团成员对 ancestors 的义务和责任，体现为祖先崇拜的各种文化仪式，如以食物为形式的祭品供奉。ancestors 在现实世界的特殊位置通过社团长者的特殊位置来体现。一个人的生命历程被认为是不断积累世俗经验，在世俗世界中消亡，趋近神灵世界和获得神灵智慧与力量的过程，因此年龄是非洲社团模式所看重的。年长者，尤其是传统的有医术的长者及统治者被概念化为 mediators between man's world and the spiritual world。在巫术与冲突方面，巫术同 eating 的隐喻和转喻联系是传统巫术信仰的核心内容。非洲英语中反映 witchcraft is eating 的文化概念化的语料相当丰富。在非洲文化语境下，巫术概念是中性的，其性质取决于运用的目的，积极的巫术保护和重建被破坏的社会平衡；消极的巫术是有悖于亲属秩序甚至拒绝和破坏亲属秩序的一切影响和行为。而在消极巫术中，witchcraft is eating 这种概念化的模式甚至能超越亲属模式和社团模式，成为民族或宗教冲突的概念化方式。在非洲英语语料中，以 eating 为源认知域的隐喻和转喻形成一个交互影响的概念化网络，反映了非洲文化模式中特定的识解方式，witchcraft is eating 这一常规的概念化方式甚至产生了英语共核词汇 to eat 在非洲英语变体中的语义变异，在非洲英语变体中，to eat 的语义变异可以表现为通过实施巫术来伤害、杀害或控制某人。

此外，Sharifian（2008）结合人种学的词汇联想法考察了澳洲土著英语使用者和澳大利亚标准英语使用者对词汇 home 的概念化。Sharifian 发现这个文化关键词在两种变体中所蕴含的文化概念化并不相同，澳洲土著英语中的 home 的概念化范围囊括了整个家族的成员，以及有频繁接触的社团成员，具有典型的土著文化特征；而澳大利亚英语使用者的概念化，则局限于居住房屋、居家物品、室内活动等，反映了西方文化语境下典型的 home 认知模型。

沃尔夫（2008）还对香港英语的文化概念化进行了研究，发现在香港英语中文化关键词如 family、mother、father、son、sister 等词汇都是通过转喻映射，并与更大的集体，甚至国家和社会发生联系。这一现象说明在香港英语中，对集体、国家和社会的概念化是以家庭为中心的，英语变体中的语义变异也由此产生。这些文化关键词的转喻映射方式及其产生的语义变异在本质上是香港英语对汉文化特征的适应和继承。

世界英语变体的研究首先在理论上博采众长，结合了认知语言学、人类学、社会学、心理学等诸多学科，具有理论上的开放性。不仅对群体层面的文化概念化考察，同时也促进了关注个体的传统认知语言学理论的发展。另外，世界英语变体的研究大多数使用语料库搜集语料，利用语料库语言学进行定量分析，但同时并不停留在对语言事实描写的基础上，而是运用于文化概念化的研究上，关注概念变异和语言表达之间基于意义的系统联系，尤其是通过隐喻和转喻映射建立的意义联系。

第三节 语言规划

3.1 语言规划概述

语言政策（language policy）的处理关系到一个国家的政局稳定、民族团结和国际地位，也关系到一个国家教育工作的全局。语言教育的发展离不开语言政策的指导，只有制定出符合社会发展需要的语言政策，语言教育才能明确方向。语言规划（language planning）是语言政策的具体体现，具有社会性、权威性、交际目的性、长期性和实践性的特点，对语言的发展起到一定的指导作用。语言政策与语言规划的内容互有联系而又有区别：语言政策是基础、核心，是行政行为；语言规划是语言政策的延伸与体现，既是政府行为又是社会行为，其理论又可以为语言政策的制定提供理论依据。

3.1.1 语言政策

语言政策是指一个国家为其语言规划的实施所制定的方针和指导性的规定，语言政策表现国家或社会团体对语言问题的根本态度，是人类社会群体在言语交际过程中根据对某种或某些语言所采取的立场、观点而制定的相关法律、条例、规定、措施等。各国的语言政策都有明确的目的，语言政策制定的目的主要包括两个方面，即语言自身发展目的和政治经济目的，主要有三个方面的内容：语言转移政策（language shift policy）、语言维持政策（language maintenance policy）、语言丰富发展政策（language enrichment policy）。语言政策是语言接触和语言冲突的产物，是解决语言矛盾的需要，通常出现在某种语言的生存发展遭受其他语言的干扰和威胁的多种语言并存的社会群体中。

语言转移是指从使用一种语言改为使用另一种语言。人们迁移到具有另一种优势语言的国家或地区，或者，双语或多语制的国家或地区只有一种语言可以提供就业，这些情况经常会发生语言转移。有的国家为了推行语言转移，制定相应的语言转移政策，如限制教育语言的数量。

语言维持是指个人或群体，特别是在双语或多语通行区域，或者在移民群体中的个人或群体继续使用本身语言的程度。在某些地区，某些语言使用的程度大大降低以后，政府或团体制定语言维持政策，使一些语言重新恢复使用，如英国威尔士的威尔士语（Welsh），苏格兰某些地方的盖尔语（Gaelic）。

语言丰富发展政策，是指制定相关政策，设置相关课程，作为语言教学的补偿性教育。

3.1.2 语言规划

"语言规划"（Language Planning）的这个名称从词源史来说时间并不长，1957年才出现，提出者是美国哥伦比亚大学的语言学家威因里希（Uriel Weinreich）。之后，豪根（Haugan）在他的论文中也使用了这个词。随着研究的增多，"语言规划"逐渐成为一个使用较为广泛的术语，在国外语言规划学界确定下来。但这并不意味着在此之前不存在语言规划。相反，语言规划的历史是非常悠久的。我国是最早进行语言规划的国家。早在春秋战国时期，我国就已建立起官学和私学。《礼记》的《学记》和《荀子》的《劝学篇》反映了当时在贵族子弟中推广识字教学的活动。秦始皇统一中国后实行的"书同文"政策，是我国历史上见诸记载的最早的语言规划。经过整理、改革，比较统一规范的小篆成了当时的标准字体，改善了当时文字使用较混乱的社会状况。

语言规划是指由政府或社会团体为了解决在语言交际中出现的问题，有计划有组织地针对各种涉及语言的事项或问题所进行的各种工作和活动的总称。如确定官方语言（或国语）、语言规范化及其推广、文字改革及拼写法改良、语言调查和语言复兴、规定新词语及纳入全民词汇，等等。例如，中国推广普通话、汉语规范化和文字改革；印度尼西亚确立马来语为国语，并命名为巴哈沙印度尼西亚语，等等。语言规划通常是某种语言政策的具体体现。例如，在殖民主义时代，殖民地政府通常推行语言同化政策，把宗主国的语言强加给被压迫民族，在正式场合禁用当地语言；在实现民族平等的国家，少数民族地区实行双语政策。例如，在中国西藏自治区，汉语和藏语都是官方语言。

人类早期的语言规划包括我国秦朝的"书同文"，它是把形形色色的各国文字统一起来，以小篆作为全国统一通行的文字。罗马帝国时代的欧洲也实行以拉丁文统治多民族国家的"书同文"政策。文艺复兴以后，意大利、法国、西班牙、瑞典都成立过负责语言研究的机构，保持和维护本民族的语言。

3.1.3 语言规划的分类

语言规划作为一种社会现象，已经存在几千年了，但是作为一个独立的研究领域，却是近50多年的事。学者们从不同的维度研究语言规划，例如，德裔加拿大语言学家海因茨·克洛斯（Heinz Kloss）依据语言规划的级别、方法、终极目标、目标语言、功能和特性这六个范畴将语言规划分为十二种类型：国家级语言规划与非国家级语言规划、创新语言规划与保守语言规划、保持取向语言规划与过渡取向语言规划、单目标语言规划与多目标语言规划、建设性语言规划与破坏性语言规划、语言地位规划与语言本体规划。

　　国家级语言规划与非国家级语言规划是根据语言规划所影响的纯粹地理上的级别进行的分类。

　　创新语言规划和保守语言规划是根据语言规划方法中所体现的精神以及对语言所产生影响的大小和性质进行的分类。创新语言规划是具有革新的，甚至是革命性质的规划活动，往往使所规划的语言能够发生一些较大的或根本性的变化。保守语言规划是在已经确立的标准语体的基础上谨慎地做一些微观调整而使其适应时代变化的语言规划。

　　保持取向的语言规划是指为保持原有主体语言的取向强势而不顾其他语言的规划。例如，苏联推行的"俄语至上"政策，国家政策中未考虑各加盟共和国的语言。过渡取向的语言规划是指为保护弱势语言以使其能在强势语言影响下继续生存并继续发挥作用的语言规划。

　　建设性语言规划是旨在提高一种或多种语言的质量和/或地位的语言规划。破坏性语言规划是旨在削弱、瓦解某些语言的质量和/或地位甚至废除某些语言的语言规划，如毁灭某些少数民族语言的语言立法。

　　语言的地位规划（language status planning）是指对一种语言或方言的社会功能和社会地位所做的决策，以及通过法律、指令等对这些决策的实施。语言本体规划（language corpus planning），是指对语言文字本身所进行的规范化和标准化，其目的是改善和增强语言文字的社会功能。语言本体规划的核心就是建立统一的语言标准和规范，实现语言标准化。

3.2 语言地位规划和语言本体规划

　　语言地位规划和语言本体规划在语言规划的分类中最具影响力，已经成为语言规划分类研究中最常见的、得到最普遍认可的一种分类方法。克洛斯认为，应该区分两种不同的语言，一种是作为自主的语言系统的语言，一种是作为社会制度的语言。以这两种不同的语言观为基础的语言规划表现出不同的特性：

语言地位规划是在某一特定社会中为了改变一种语言或语言变体的使用和功能而付出的种种努力；语言本体规划则是关注语言本身或语言内部结构的规划。

3.2.1 语言的地位规划

按社会功能与社会地位，语言通常可以分为以下几个类别：

官方语言（official language）：为适应管理国家事务的需要，在国家机关、正式文件、法律裁决及国际交往等官方场合所规定的一种或几种有效语言。

国语（national language）：在多民族国家中，由政府规定的一种或几种全国通用的或代表国家的语言。不同国家可能有相同的国语，如英国、美国、加拿大、新西兰都以英语为国语。

官方语言和国语在多数国家是一致的，但也有不一致的情况。如毛里塔尼亚以法语为官方语言，以阿拉伯语为国语；新加坡的官方语言有四种：马来语、英语、汉语和泰米尔语，而只有马来语是它的国语。

共同语：狭义的共同语特指一定的社会人群所共同使用的语言，广义的共同语泛指在不同区域内通行的语言，即在狭义共同语产生之前的通用语也是一种共同语；方言、土语在本方言和土语通行的区域内也是一种共同语。民族共同语是随着民族的形成而形成的，通常是在一个民族范围内通行的。

标准语：标准语是共同语的最高形式，是经过加工和规范的共同语。

语言的地位规划是指对一种语言或方言的社会功能和社会地位所做的决策，以及通过法律、指令等对这些决策的实施，其主要包括以下方面的内容。

1. 制定语言政策。语言规划是语言政策的具体体现，语言政策反映的是国家或社会团体对于语言问题的根本态度。语言政策按其指导思想的主要目的，可以分为：

（1）语言同化：提倡、敦促、规定每个社会成员学习、使用该社会中占统治地位的语言。语言同化是语言规划中最常见的一种模式。例如：法国18世纪大革命时期将在法国北部的一种法语方言定为"国语"以后，出台了一项旨在消灭法语方言以及其他语言的语言政策，要求小学教学全部使用标准法语，操其他方言或语言的人都要学用标准法语，规定标准法语是法国法律的唯一用语。苏联1938年的一项法令规定所有非俄语学校必须将俄语作为第二语言来讲授，1958年的另一项法令允许公民自由选择教育语言，但是在各类学校当中，俄语和加盟共和国的国语都是强制性的语言。

（2）语言多元化：倡导多种语言在社会中并存，包括不同语言群体的共存以及不同语言群体在一种公平的基础上保持并培植他们自己的语言。比较典型的语言多元化是在一国或一个语言社区内，确定并使用多种官方语言。例如：新加坡奉行的是四大官方语言政策，即马来语、华语、泰米尔语和英语都是同等地位的新加坡官方语言。比利时没有全国统一的官方语言，其南部的官方语言是法语，北部的官方语言是佛拉芒语，东部的官方语言是德语，首都布鲁塞尔地区的官方语言则是法语和佛拉芒语。文化多元和多语现象是一种社会语言事实，多语现象也是一种资源，语言规划人员应该合理开发、合理利用这种资源，不应该简单将其视为国家统一和社会经济发展道路上的一种障碍。但是，如何证明一个国家特别是发展中国家实行语言多样化政策的合理性，始终是困扰语言规划学者的一道难题。

（3）语言本土化：选择一种或多种本土语言作为官方语言，也包括恢复或改进某种本族语为官方语言或者恢复使用传统的文学语言作为官方语言。例如：马达加斯加的官方语言是法语和马尔加什语，其中马尔加什语是马达加斯加的民族语言。1978年马达加斯加的一项民族普通教学大纲首次规定，马尔加什语是该国初等学校及部分中等学校的教学用语，法语作为第二语言从小学二年级开始学习。作为口语的希伯来语早在2000多年前就已经消失，而却在犹太教的礼拜仪式中保存了下来，移居到这个国家的犹太人原来散居世界各地，他们之间没有统一的民族语言，以色列采用的语言政策是复兴希伯来语作为其国语。突尼斯于1976年将古阿拉伯语定为本国的官方语言，阿尔及利亚于1989年也将古阿拉伯语定为本国的官方语言，则是恢复使用传统的文学语言作为其官方语言的例子。

（4）语言国际化：以国际上广泛使用的某种语言作为官方语言、区域共同语言或教学语言。语言国际化的语言政策在前殖民地国家比较常见。例如：纳米比亚使用的语言有二十多种，但该国1990年的宪法规定英语为其唯一官方语言。非洲加蓬的唯一官方语言是法语。喀麦隆的官方语言是法语和英语。澳大利亚、新加坡、印度、菲律宾、巴布亚新几内亚等国家也都采用英语作为官方语言；马来西亚、印度尼西亚、新加坡和文莱四个国家共同采用标准马来语为区域性共同语言。这些国家选择一种或几种国际语言作为本国的国语，其动机主要是：认为国际语言有利于从社会文化、经济、政治等方面同其他国家进行交流，有利于推进本国的现代化，有利于发展本国的对外贸易和科学技术。在一些多语言共存的国家当中,由于欧洲语言在该国具有中立的地位,所以选用欧洲语言作为本国的官方语言,这有助于防止民族分离和国家一体化。

2. 选择、确定标准语、共同语或官方语言。在多种语言或语言变体并存的国家或地区,通常只能选择一种或几种语言或方言作为标准语、共同语或者官方语言。第二次世界大战以后,选择、确定标准语、共同语或官方语言成为亚洲、非洲和南美洲一些新独立国家必须迫切解决的问题。这些国家在选择自己的官方语言时,根据各自不同的语言政策,有的沿用原宗主国的语言,如加纳沿用英语作为官方语言;更多的国家则选择某种本族语来做自己的官方语言,如坦桑尼亚以斯瓦希里语为官方语言。联合国则以英语、法语、俄语、西班牙语、汉语和阿拉伯语这六种语言为其工作语言。

3. 协调语言关系。世界上的语言有五六千种之多,在每一个国家或一个语言社区中,往往也有多种不同的语言或者方言。不同的语言或方言之间,由于政治、经济、文化、民族、宗教、心理等因素的影响,可能会引发各种矛盾和冲突,这就需要语言地位规划,采取适当的措施来协调这些语言之间的关系。例如:从1954年开始荷兰与比利时两国共同使用了新的荷兰语正词法,1980年两国又签约成立了荷兰语联盟,这使得本为荷兰语一种方言的弗兰德语更加接近于标准荷兰语。法国和意大利为了抵制英语的过大影响,都曾采取过保卫本国语言的协调行动。马来西亚使用的马来西亚语和印度尼西亚使用的印尼语,是马来语的两种方言,1972年印尼采用了和马来西亚语一致的正词法,从而促进了两国的语言合作和交流。

4. 保障语言权利。语言权利主要包括语言的学习权、使用权和传播权。保障公民的语言权利主要是指采取措施保障公民使用本民族语言,接受用本民族语言进行的教育,使用本民族语言进行诉讼等权利。"语言教师国际协会"草拟的"基本语言权普遍章程",对语言权的主要内容作了比较全面的概括。保障公民的语言权利,最有力的措施是立法。例如:2001年1月1日起实施的《中华人民共和国国家通用语言文字法》确定普通话为国家通用语言,规范汉字为国家通用文字,规定"公民有学习和使用国家通用语言文字的权利。国家为公民学习和使用国家通用语言文字提供条件"。《中华人民共和国宪法》第四条第四款规定:"各民族都有使用和发展自己的语言文字的自由,都有保持或者改革自己的风俗习惯的自由。"第134条规定:"各民族公民都有使用本民族语言文字进行诉讼的权利。人民法院和人民检察院对于不通晓当地通用的语言文字的诉讼参与人，应当为他们翻译。在少数民族聚居或者多民族共同居住的地区，应当用当地通用的语言进行审理；起诉书、判决书、布告和其他文书应当根据实际需要使用当地通用的一种或者几种文字。"《中华人民共和国教育法》第十二条也规定："汉语言文字为学校及其他教育机构的基本教学语言文字。少数民族学生为主的学校及其他教育机构，可以使用本民族或者当地通用的语言文字进行教学。"

3.2.2 语言的本体规划

语言本体规划，是指对语言文字本身所进行的规范化和标准化，其目的是改善和增强语言文字的社会功能。语言本体规划的核心就是建立统一的语言标准和规范，实现语言标准化。

1. 全民共同语和民族标准语的推广和规范。

（1）推广全民共同语和民族标准语的是语言本体规划最重要的工作之一，在语言、方言复杂的国家里，这项工作尤其重要。例如：英国推广以伦敦方言为基础的标准英语。日本在明治维新以后在全国范围内普及了以东京音为标准音的国语。

（2）制定、推行共同语、标准语的各项规范标准也是语言本体规划的重要内容，具体包括：文体改革，书面语口语化，制定并推行语音、词汇、语法的规范标准，编纂词典和语法书、规范方言词语、外来词语和新词语。

2. 改革文字。改革文字是指对原有的文字体系进行调整和改进，以增强其服务社会语言生活的有效性。改革文字主要有三种情况：

（1）文字体系内部的改动或调整。例如，法文的字母改革：法文原先只用拉丁字母中的 22 个，经过 1762 年的改革，字母数量增加到了 26 个。我国所进行的汉字简化和整理也属于这种情况。

（2）整个文字体系的改变。例如：古英语用的是鲁纳字母，基督教传入英国后英语改用拉丁字母。土耳其从 1928 年起开始使用拉丁字母而放弃了已使用了 1000 多年的阿拉伯字母。蒙古 1930 年改用拉丁字母而放弃了原先使用的蒙古文字。

（3）文字制度的彻底变革。例如：古埃及使用的是表意文字，而现代埃及使用的是表音文字。朝鲜放弃使用汉字，全部改用表音的谚文字母。

3. 为只有口语而没有书面语的语言创制文字。是采用以词和词素为基础的词符文字，还是采用以音节为基础的音节文字，或者采用以单个元音和辅音为基础的拼音文字？是选用一种现成的文字，还是创制一种新的文字？这就是创制文字。首先需要解决的是字形的选择和确定的问题。例如：纳米比亚的纳马文采用拉丁字母拼写纳马语，通过增加一些记音符号来标记纳马语中的吸气音。科米语属于乌拉尔语系、芬兰－乌戈尔语族，为科米语创制文字的圣斯特凡主教精通希腊文和教会斯拉夫文，但他并没有采用希腊字母或斯拉夫字母，而是另外创造了一种阿布尔（Abur）字母。

4. 制定与推行文字规范标准。这项内容与改革文字和创制文字联系非常紧密，改革文字和创制文字的过程中或改革和创制之后，必然要相应地制定与推行文字规划标准。制定与推行文字规范标准的具体内容包括：选择与确定文字形体，规范字量、字形、字音、字序，制定正字法、正词法。例如：日本为了使其所使用的汉字规范化、标准化，创制了与汉字夹用并为汉字注音的假名，并对汉字的读音进行了规范，公布当用汉字表、常用汉字表，简化部分汉字，制定人名用字标准，确定平假名通用化，限制汉字数量等。

5. 新词语的整理与规范。在语音、词汇、语法这三个语言要素中，词汇对社会生活和事物变化的反映最直接，是三个语言要素中最活跃、变化最快的要素。随着社会的不断发展和新事物的不断产生，新词语也不断地涌现。对新词语的整理和规范，应该采取谨慎、宽容的态度，并遵循以下原则：

（1）必要性原则：新词新语的产生和发展，必须出于交际表达的需要。

（2）明确性原则：创造新词需要表义明确。

（3）高效性原则：新词语用少量的语言符号能够传递较多的信息量。

（4）动态性原则：新词语从产生到进入共同语词汇库，有一个动态的发展过程，对新词语的整理和规范也应遵循相应的动态性原则。

（5）普遍性原则：人民群众对新词语接受和使用的普遍程度。

6. 术语的规范化和标准化。术语是各门学科的专门用语，是人类科学知识的结晶，术语的规范化、标准化对科技发展、文化交流、经济建设和语言交际都有着重大的意义。术语是语言词汇的一部分，重视术语的规范化和标准化是语言本体规划的重要内容。国际标准化组织专门成立了术语标准化委员会，负责协调术语的标准化工作，另外还成立了国际术语情报中心。各个国家也都十分重视术语的规范化和标准化工作。

3.2.3 语言本体规划和语言地位规划的关系

语言本体规划和语言地位规划的主要内容和主要目标不同，但它们之间存在着紧密的关系，语言规划的许多决定和措施，既涉及语言地位变化，也涉及语言本体的变化。通常情况下，地位规划是本体规划的先决条件，而本体规划又对地位规划起到推动作用。要为一种语言配置一种新的功能，这本属于语言地位规划的内容，但是该规划往往要求对该语言系统本身做出一定程度的改进。比如，研发一种新的文体，创制并规范新词术语，等等，而这又属于语言本体规划的内容。

3.3 语言规划的基本方法[①]和步骤

3.3.1 语言规划的基本方法

语言规划不单纯是语言问题，它涉及其他诸多因素，这使得语言规划必须采用多种多样的方法，如行政的、法制的、社会的、媒体的、学术的乃至个人的方法。不同的国家有不同的国情，不同的民族有不同的族情，不同的语言社区情况也不同，因此，不同的国家、民族、语言社区的语言规划都各不相同。但总体来看，语言规划的方法主要有五种：

1. 约定俗成与从俗从众相结合

约定俗成是语言自律性的体现，是语言的社会行为，是语言在社会应用中的一种自我调节功能，同时也是社会对语言规范的一种方法。从俗从众是指从社会使用语言的流行度去观察语言应用，将社会使用语言的普遍性和流行度作为确定语言地位及制定语言规范标准的重要依据。语言规范应当将约定俗成与从俗从众这两种方法适当结合起来。

2. 行政干预与语言调控相结合

行政干预是政府管理社会语言生活的解决社会语言问题的重要方法，属于政府行为，主要表现为制定语言政策和采取行政措施，保障语言规划的顺利进行。土耳其的土耳其语言学会，日本政府的文部省及国语审议会，德国的哥德学院和德语学会，西班牙的西班牙学院，法国政府的法语高级理事会、法语总委员会、法语咨询委员会及法兰西学院在国家的行政干预语言事务上都发挥了重要作用。

---

① 本节主要参考戴庆夏主编：《社会语言学概论》，北京：商务印书馆，2004。

语言调控是指为保证贯彻、实行语言规划任务、目标及具体的语言规范标准所采取的具体措施和做法，主要是行政行为，也有社会行为，即所采取的措施、做法主要是指令性的，也有指导性的，主要是侧重于维持语言运用标准的相对稳定。

3. 学术规范与辞书指导相结合

学术规范是指经过严谨的学术研究，科学合理地制定各项语言文字标准并发表实施，供社会使用。学术研究的范围很广，其中包含了很多不同层次的学术活动。以学术成果形式来看，则有论文、专著、教材、规范、标准、工具书等多种形式。这些学术成果问世之后，对语言文字的使用可以发挥一种引导作用，甚至是干预作用。辞书指导是指依据语言文字规范标准编纂各种规范性、权威性的辞书，指导群众贯彻、执行这些规范标准，正确使用语言文字，促使语言和语言生活规范、健康地发展。依据各项语言规范标准编写出来教材，特别是中小学语文教材和供人们学习语文用的一般教材，对人们使用语言文字的影响也很大。

4. 宣传引导与媒体示范相结合

宣传引导和媒体示范是行政行为和社会行为相结合的语言规划方法，就是要借助包括报纸、杂志、图书等纸质媒体，广播、电视、网络等电子媒体、数字媒体在内的各种媒体进行广泛宣传，让社会各界了解语言规划的意义及其目标、内容和规定，动员社会大众参与，引导他们接受规划并自觉贯彻、执行。这对语言规划的顺利实施也有十分重要的意义。

5. 重视个人作用与名人影响

由政治家、社会活动家、文化名人和著名学者等倡导并参与制定语言规划，号召、动员社会大众广泛参与，并以他们的言语行为和语言使用广泛影响社会大众的语言生活，这也是语言规划可以采用的有效方法之一。例如，土耳其的文字改革经过较长时间的酝酿和社会有识之士的积极探索，在土耳其解放战争结束并建国后，凯末尔总统利用他的权威和个人魅力，多次发表关于文字问题的讲话，积极提倡和大力推动土耳其的文字改革，并成立土耳其语言学会，最终以拉丁化新文字替代阿拉伯文字，彻底完成了土耳其文字的改革。

3.3.2 语言规划的基本步骤

语言规划是一项庞杂的系统工程，需要按照一定的步骤来实施。语言规划一般包括以下六个步骤：

1. 调查

调查社会对语言及语言使用的需求，评估语言生活状况，为语言规划做好前期准备工作。

2. 选择规范

选择规范指选择某种语言或语言变体作为标准语、共同语或官方语言，确定并存的几种语言或语言变体的地位和关系。

3. 使规范法典化

选定规范后，要通过一系列的工作使它标准化、稳定化。这些工作包括制定语言文字的各项规范标准及语文法规，编写与之相配套的规范性、权威性的发音手册、语法教材、字典词典、拼写指南、语文课本、语文读物。

4. 推广规范

推广规范指的是组织实施语言规划，推广使用语言规划及其各项标准，调动行政部门、社会团体、学术机构、学校教育、传播媒体、文学艺术和社会名人积极参与实施、推广。

5. 完善功能

完善功能是指扩展规范语言的适用范围，增加可供选择的形式，以满足现代社会对语言功能的复杂要求。具体说来包括审定和推广科技与人文领域里的各类术语，编制类语词典以及有关各种文体的手册等。

6. 评估

评估、总结语言规划实施情况，检验语言规划的社会效果。

3.4 语言规划的基本原则 [①]

语言规划是一项庞杂的系统工程，在制定与实施的过程中，不仅要依据语言及语言生活的实际情况，还要考虑社会生活、政治经济、民族宗教、观念心理、文化教育、科学技术等与其关系密切的相关因素。语言规划应该遵循语言及语言生活发展变化的客观规律，体现国家的意志，符合社会发展的需要，符合各相关因素的实际，使语言具有完善的交际功能，能够承载所有必要的信息，充分发挥传播媒介的作用，并引导语言生活健康有序地发展。因此，具体制定和实施语言规划，应当确定并遵循一定的原则。确定语言规划的基本原则，应

---

① 本节主要参考、介绍陈章太（2005）研究成果。

当根据语言及语言使用的性质、特点,并从语言与社会、文化及语言使用者的关系,以及社会生活等的实际需要出发。语言规划的基本原则可以确定为如下四项：科学性原则、稳妥性原则、经济性原则和政策性原则。

3.4.1 科学性原则

科学,要求合乎语言的发展规律,合乎社会的发展趋势,合乎语言生活的实际。科学性原则,指的是制定和实施语言规划要符合语言的发展规律和语言生活的特点以及与之相关因素的实际符合社会和群众的需要,使语言具有完善的交际功能,并正确有效地引导语言生活的健康发展。语言规划的科学性原则,具体包括求实性、动态性、人文性、系统性和可行性。

求实性是指制定、实施语言规划,要从语言及其使用的性质、特点出发,从社会生活的实际需要出发,并符合本国、本民族或本语言社区的实际需要。我国制定、实施语言规划重视求实性,最大的特点是统一性与多样性、指令性与指导性相结合。

动态性是指制定和实施语言规划,要有一定的灵活性,要根据时空及其他相关因素的变化而变化。语言存在于社会,随社会的变化发展而变化发展；语言是人类社会的重要交际工具,使用语言的人是变化的,交际形式与内容也是多样的,交际中的语言都呈不同的时空分布,显现语言的强大的社会功能。语言的社会变化和交际活动,必然促使语言价值及人们对语言价值认识的变化。这些变化中的重要因素,决定语言规划必须具有动态性,在不同时期有不同的目标和规定,对不同环境和不同群体有不同的要求,而且要有一定的灵活性和预见性；确定的目标,制定的标准,规定的要求,采取的措施,可以视社会需要和语言生活的变化而加以调整、修改和完善。

人文性是指制定、实施语言规划,要充分考虑与语言关系密切的社会、文化、心理、观念、伦理、习俗等人文因素,以及语言使用者的因素,充分体现人文精神。语言在社会中运用,与社会、文化等因素密不可分,是文化的载体；社会性成为语言的重要特性之一,而人文性是语言社会性的最集中体现。语言规划中的问题,往往不是单纯的语言问题,而是语言的社会应用问题,是语言关系问题,语言文明问题,语用文化、心理问题,需要结合人文因素加以解决,才能取得良好的效果。

系统性是指制定、实施语言规划,要充分考虑语言内部的系统性及外部相关因素的系统性，充分体现语言的连续性，所制定的规划具有一定的系统性。首先，制定、实施语言规划，要系统考虑与语言相关的各种因素，如语言与社会、政治、经济、文化等的相关性。第二，制定、实施语言规划，要体现历史连续性和发展持续性。语言发展是渐变而不是突变的，语言使用一般呈现历史的连续性，而对语言及语言生活的变化又可作一定的预测，这就决定语言规划要具有历史连续性和发展持续性。第三，制定的规划要有一定系统性和严整性。

可行性是指语言规划及其实施可操作性较强，有效性较高，特别是对它的实施，要有各种实际可行的具体规定和办法，便于语言规划主持者和接受者的运用与操作。

3.4.2 稳妥性原则

语言规划的稳妥性原则，是指制定、实施语言规划，要考虑历史的延续性，社会的约定俗成，并有一定的宽容度，目标与要求要实际、适当，采取的步骤、方法要稳妥，借以确保规划的顺利制定与实施。稳妥，要求政策有连续性，顺乎人心，因势利导，积极推进，掌握分寸，逐步进行，并建立明确具体的目标机制和迅速广泛的反馈机制。语言规划的稳妥性原则，具体包括传承性、宽容性和渐进性。

传承性是指制定、实施语言规划，要考虑语言的历史继承性和语言使用的延续性，遵循语言发展的规律，使规划更加稳妥，效果更加显著。传承性还体现在政府或专家对语言文字使用进行干预的连贯性，使社会语言生活稳定、有序地承前发展，而不致出现断裂、缺失，造成语言应用混乱等现象。

宽容性是指制定、实施语言规划，要根据语言及语言使用的特点，坚持实事求是的态度，规划要有一定的弹性，并留有余地，对正处变化之中的语言现象不要急于进行规范而要继续进行监测与观察，规划中的指导性内容要占一定的比重。这是因为语言是有层次的、不断发生变化的，语言使用不单纯是语言问题，与各种因素都有关，所以语言规划要体现宽容性，保持一定的灵活性。

渐进性是指制定、实施语言规划时，要认真考虑语言变化、发展的循序渐进和语言生活的延续发展的特点，顺乎自然，因势利导，逐步、稳妥地推进工作。"自然"是指语言及语言生活逐渐变化的规律，"势"是指沿着这个规律向前发展的趋势，也就是说，语言规划要遵循并利用语言及语言生活的变化规律和发展趋势，充分发挥自身的能动作用，逐渐、稳步地做好促进工作。

3.4.3 经济性原则

语言规划的经济性原则，是指制定、实施语言规划，要符合合理、简便、好用的要求，具有较好的社会效益和经济效益。语言地位规划越是科学、合理，对社会稳定与进步意义越重要；语言本体规划越是简便、精细、好用，越容易受到社会各界的欢迎与接受，对政治经济、文化教育、科学技术等的发展有较大的作用，因此，经济性原则值得语言规划主持者充分重视，并在语言规划中很好体现。语言规划的经济性原则，具体包括简便性、适用性和效益性。

简便性是指制定、实施语言规划，要科学合理、简明易行、便于贯彻执行。作为社会重要交际工具，语言必须既能承载所有必要的信息，又便于人们交流思想、表达感情，充分、便捷地满足人们的交际需要。

适用性是指制定、实施语言规划，要适合社会各界和语言规划接受者的需要与要求，便于大范围实施，便于社会更多人使用，便于语言规划者运作与操作，实施效果又便于检验。

效益性是指制订、实施语言规划，要使语言更加规范、好用，要充分发挥语言的社会交际功能，使其获取良好的效果与声望，并增强其社会效益和经济效益。语言规划的效益性与语言活力和语言价值有密切的关系，活力越强的语言价值越高、效益性越大。

3.4.4 政策性原则

语言规划的政策性原则，是指制定、实施语言规划，要贯彻、体现语言政策的重要规定和主要精神。语言政策是国家和政府关于语言地位、语言作用、语言权利、语际关系、语言发展、语言文字使用与规范等的重要规定和措施，是政府对语言问题的态度的具体体现。语言规划与语言政策关系极为密切，语言规划是语言政策的体现与扩大化、具体化，语言规划的基本理论又是制定语言政策的理论依据，使语言政策具有理论基础。制定语言规划，应坚持政策性原则，总结语言政策的成功经验，吸收、贯彻语言政策的主要内容和重要规定，这样才能保证语言规划的正确与可行。语言规划的政策性原则要求制定和实施语言规划时，要周全考虑和妥善处理语言及其使用中的政治因素，体现一定的政治特点，正确处理与政治关系密切的语言问题。政策是政治的延伸，语言政策有很强的政治性，语言规划也有较强的政治性。语言规划如果离开政治性，或是过分强化政治性，那都不可取，都难以顺利实施。

3.5 语言规划的意义

语言并不单纯是一种交际工具，它还在社会中发挥诸多重要的功能。许多研究个案表明，在制定语言规划的过程中，思想、政治、经济、社会、民族、文化等因素的重要性往往超过语言本身。语言规划是社会生活和语言生活中的大事，对社会生活和语言本身都有十分重要的影响。

3.5.1 对社会政治、经济等方面的意义

从长远的观点看，语言规划的目标最终是为社会政治目标服务的。语言规划确定语言的社会地位，协调语言的社会关系，保障公民的语言权利，这关乎国家的政治大事。语言规划做得好，语言问题处理得当，能够促进经济发展和社会安定；语言规划做得不好，语言问题处理不当，有可能引发民族问题或社会骚乱。越来越多的学者相信，语言规划实际上就是通过对语言的干预，来解决社会政治、经济等问题的一种方法。语言规划加强语言文字规范化和标准化，对促进经济、文化、教育、科技的发展也有非常重要的作用。例如：阿拉伯语的推广对阿拉伯世界的国家统一和民族团结起到了至关重要的促进作用。而印度等一些国家因为一些语言问题长期以来没有得到妥善解决，严重影响了它们的团结、稳定和发展。欧洲文艺复兴以后，意大利、法国、西班牙等国相继成立语言机构，实施语言规划，维护本国、本民族的语言纯洁与健康，这对欧洲国家的统一与社会稳定以及以后的工业革命、资本主义经济的发展产生了非常重大的积极影响。

3.5.2 语言规划对语言本身的意义

语言的规范化、标准化，对增强语言的社会功能有着直接的影响。语言规划做得好，能够增强语言的社会功能，提高语言的交际效率，从而适应社会不断发展变化的需要。语言规划还可以对语言的历史演变产生积极影响，使语言结构本身更加规范、精密，更适合现代社会的需要。例如：我国简化汉字的推行，《汉语拼音方案》的确立，普通话的推广对各地区、各民族人民之间的交

流、教育、媒体、语言信息处理等方面产生了积极广泛的影响。中国的文体改革将文言文改为白话文，使书面语接近口语，又使口语更加规范、简洁、精确，这对语言本身的发展是十分重要的。

第四节 我国的语言规划

4.1 新中国成立前的语言规划

4.1.1 文字改革方面

1. 清末切音字运动

维新派认为语文是教育的工具，教育改革要从"语文改革"入手，要消除方言隔阂，使全国人民都能说同一种"共同语"，要"言文一致"，不写文言，写白话，他们认为，繁难的汉字是造成中国贫弱的基本原因，汉字字数多、笔画繁、不能表音，是汉字最致命的缺陷，所以要改革汉字。受日本假名字母的启发，要求把汉字的音明确标示在纸面上。1892年卢戆章第一次提出了"切音字"方案。在一批政府官员的支持下，以"北王南劳①"为代表的"切音字"运动持续了10年，遍及13省（陈永舜，2002），其中最有影响的是1901年创制的"官话字母"。

2. 注音字母

1918年，教育部正式公布了"注音字母"，1930年改称"注音符号"。从它正式公布一直到1958年，这套拼音方案都具有法定地位，也是全国最通行的拼音方案。目前在台湾和海外华人社会，注音字母仍在使用。注音字母和切音字一样，形体都是来源于汉字笔画，便于写惯汉字的人学习和使用。它依据声韵调音位归纳原理，以单一的字母代表声母和韵母，如：

表 14 注音字母、拼音方案、汉字比较示例

	ㄅㄟ	ㄐㄧㄥ	ㄕ	ㄉㄚ
汉语拼音	běi	jīng	shī	dà
汉字	北	京	师	大

---

① 王照（1858—1933），字小航，号芦中穷士，又号水东，河北省宁河县（今属天津市）人。劳乃宣（1843—1921），字季瑄，号玉初，又号韧叟，浙江桐乡人。中国近代音韵学家。

3. 国语罗马字

因为看到注音字母是"汉字式",不便进行国际交流,也不利于自学,所以就有了国语罗马字的研究。1925年开始,"数人会"① 拟定"国语罗马字拼音法式",1928年由相当于教育部的大学院正式公布。国语罗马字是五四新文化的产物。当时的政府并不热心支持国语罗马字运动,国语罗马字法式是作为国音字母的"第二式"公布的,加上它本身拼法复杂等原因,国语罗马字并没能够广泛通行起来。

4. 拉丁化新文字

旅苏的瞿秋白、吴玉章、林伯渠、肖三等人和一些苏联汉学家在国语罗马字方案的基础上,根据欧洲大陆各国文字的优点和汉语的传统,于1912年拟定了拉丁化新文字。1931年召开的中国文字拉丁化第一次代表大会正式通过了《中国汉字拉丁化的原则》。拉丁化新文字方案最初是为苏联远东地区的以山东人为主的华工制定的,用于拼写以山东话为标准的北方话,所以简称"北拉"。拉丁化新文字的拼法比国语罗马字简单易学,推行时间持续到1949年,解放初期在铁路电报、海军手旗、灯号、无线电通信方面也得到了推广应用。

4.1.2 书面语改革方面

1. 白话文运动

文言文是汉语传统的书面语。文言文是一种古典语言,是一种纯粹的书面语,只有少数人会读会写。随着时代的发展,文言文越来越与实际口语脱节,不利于记录新事物新思想、不利于普及教育和提高大众文化水平的弊端越来越明显,"言文统一"的呼声越来越高,改革文言文、以白话文代替文言文的主张为越来越多的人所接受。辛亥革命后,思想解放运动不断高涨,胡适、陈独秀、钱玄同、鲁迅等人适时地掀起了一场划时代的书面语改革运动。他们高举反对文言文、提倡白话文的旗帜,利用各种方式宣传、提倡和实践白话文,在社会上产生了很大的影响。20世纪20年代初,教育部规定在小学一二年级教授白话,白话从此有了法定的地位。因为白话文符合时代和社会发展的要求,在20世纪30年代就全面取代文言文。

2. 大众语运动

"大众语"是"大众说得出、听得懂、看得明白的语言文字"。白话文运动

---

① 由刘复、赵元任、林语堂、汪怡、钱玄同、黎锦熙等人组成。

所提倡的白话文本身也存在一些问题，如半文半白和欧化句式泛滥等。为了击退文言文的复兴势力，使白话文更加接近大众口语，1934年陈望道等人在上海发起大众语运动，探讨汉语书面语的性质、特点和建设发展的方法等问题，促进了书面语的健康发展。

4.1.3 语言标准化方面

1. "北京音国语"及之前的语言标准化

自公元1153年金朝迁都北京起，800年来北京一直是全国政治、经济和文化的中心，北京话作为北方方言的代表，逐步向各地传播，并取得了在各方言之间作为共同交际工具的地位。这种公用的口语在明清时代被称作"官话"，已经相当通行了。1728年，雍正颁布法令，在方音最重的福建、广东两省设立"正音书院"，教授官话，并规定"举人、生员、贡、监、童生不谙官话者，不准送试"。

清末官话运动：1913年清政府颁布了《学堂章程》："兹以官音统一天下之语言，故自师范以及高等小学，均于国文一科内，附入官话一门"，规定北京的官话为国语的标准音。

2. "老国音"

民国政府成立后不久，教育部就宣布要建立"读音统一会"，其目的是建立全国的标准语。1913年会议正式召开，会上北方各省代表和南方各省代表就国语应该以北方音为标准还是以南方音为标准展开激烈的辩论，最后综合南北方音的特点，决定出了汉字的官话发音标准，即"国定读音"，后人称之为"老国音"。1919年，又成立国语统一筹备委员会，出版了《国音字典》。老国音只有个别语言学家会说，缺乏社会根基，不能在全国范围内推行开。

3. "新国音"

1923年，国语统一筹备委员会拟定了以北京音为标准的"新国音"，在确定国语的同时，教育部举办国语讲习所等训练班大量培训国语师资，并通过行政手段改革学校的国语教育，这样就使得以北京话为标准的国语在学校进而在社会上得以逐步推行开来。1932年商务印书馆出版的以北京音为注音标准的《国语常用字汇》成为当时正字音、推行国语的标准字典。

4.2 新中国成立后的语言规划

1955 年全国文字改革和现代汉语规范学术会议提出三大语言政策：简化汉字、推广普通话、推行《汉语拼音方案》。

4.2.1 汉字的规范和改革

在汉字的规范方面，主要工作是整理异体字和制定有关汉字的各种标准。1955 年，国家公布了《第一批异体字整理表》，共收异体字 810 组 1865 个，经整理后确定并淘汰的异体字有 1055 个。有关汉字的标准，教育部、文化部、文教会、国家语委、国家标准局等部门先后颁布了《常用字表》（1952 年）、《印刷通用汉字字表》（1965 年）、《信息交换用汉字编码字符集》（1981 年）、《现代汉语常用字表》（1988 年）、《现代汉语通用字表》（1988 年）等法规，并对地名、计量单位名称、化学元素名称用字问题和汉字部首排检法、数字用法、标点符号用法等作了规定。

1949 年中国文字改革协会成立，提出"汉字的整理和简化"的任务。1952 年中国文字改革研究委员会成立，设立"汉字整理组"，把"整理汉字并提出其简化方案"作为工作计划纲要。从 1952 年到 1954 年，经过五次修改，拟定了《常用字简化表草案》作为《汉字简化方案》的基础。1954 年中国文字改革研究委员会改组为中国文字改革委员会，并通过了《常用字简化表草案》，定名为《汉字简化方案草案》，于 1955 年由文字改革委员会和教育部联合发布，在全国征求意见，最后经过全国文字改革会议讨论修正和国务院"汉字简化方案审定委员会"审定；国务院 1956 年第 23 次全体会议通过《关于公布〈汉字简化方案〉决议》。根据国务院"分批推行"的指示，从 1956 年 2 月 1 日到 1959 年 7 月 1 日分四批推行。当时简化汉字的重点是减少笔画，字形绝大部分是"约定俗成"的，具有较深厚的群众基础，基本达到了手写简单化和印刷清晰化的"以利目前应用"的目的。经国务院批准 1964 年编印了《简化字总表》，进一步明确了可能模糊的问题，实际是对《汉字简化方案》的一次整理，使之更系统化了。《简化字总表》共改简化字 2236 个，简化了 1264 个繁体字。这批简化字经过逐步试用、推行，已经为人们普遍接受。

1975 年文字改革委员会拟出《第二次汉字简化方案（草案）》，1977 年经国务院批准发表，广泛征求意见。但由于《第二次汉字简化方案（草案）》字数简得过多，试用要求过急，有些字简得不够合理，受到了很多人的批评和反对。1986年，国务院宣布废止《第二次汉字简化方案（草案）》，"对汉字的简化应持谨慎态度，使汉字的形体在一个时期内保持相对稳定，以利于社会应用。"汉字简化问题由于《第二次汉字简化方案（草案）》推行的失败而成为一个敏感问题，汉字简化工作至此告一段落。1986年1月，国家教育委员会和国家语言文字工作委员会在北京召开全国语言文字工作会议，会议规定"研究和整理现行汉字，制定各项有关标准"是这一时期我国语言文字工作的主要任务之一。1997年12月教育部和国家语言文字工作委员会召开了第二次全国语言文字工作会议，在汉字方面，对汉字简化应持更加谨慎的态度，使汉字形体保持相对稳定，并对现行汉字进行定量、定形、定音、定序，加强社会用字管理，改变社会用字混乱现象，到2010年，汉字的社会应用基本实现规范化。

为了全面贯彻《中华人民共和国国家通用语言文字法》，促进国家通用语言文字的规范化、标准化，适应信息时代语言生活和社会发展的需要，为了方便推行规范汉字，国家语言文字工作委员会于2001年4月组建课题组开始研制《规范汉字表》，经国务院批准，历时八年研制出的《通用规范汉字表》于2009年8月12日起至2009年8月31日面向社会公开征求意见。

4.2.2 《汉语拼音方案》

从建国初期的民间组织"文字改革协会"到政府的"文字改革研究委员会"再到国务院的直属机构"中国文字改革委员会"，研究拼音方案都是一项主要任务。文字改革协会专门成立了"拼音方案委员会"。中国文字改革委员会从1955年起经过长期研究讨论和广泛征求意见，先后提出了采用拉丁字母的《汉语拼音方案（草案）》和《汉语拼音方案（修正草案）》。1958年第一届全国人民代表大会第五次会议正式批准《汉语拼音方案》，并开始在全国范围内推行。汉语拼音方案是在总结注音字母、国语罗马字和拉丁化新文字优缺点的基础上制定的。《汉语拼音方案》主要是用来给汉字注音和为推广普通话服务的，不是代替汉字的拼音文字。它的用处有：（1）给汉字注音；（2）拼写普通话，作为教学普通话的工具；（3）作为少数民族创造和改革文字的共同基础；（4）帮助外国人学习汉语，促进国际文化交流；（5）用来音译人名、地名和科学技术术语；（6）编索引，排序。1977年联合国第三届地名标准化会议通过决议决定采用《汉语拼音方案》作为罗马字母拼写中国地名的国际标准。1979起年联合国秘书处采用汉语拼音作为在各种拉丁字母文字中转写中华人民共和国人名地名的标准。1982年国际标准化组织通过决议采用汉语拼音方案作为在文献工作中拼写有关中国的专门名词和词语的国际标准。《汉语拼音方案》成为国家标准和国际标准以后，还需要有一个正词法规则作为补充。1982年7月成立的汉语拼音正词法委员会主要有三项任务：（1）拟订汉语拼音正词法基本规则和各种专用规则；（2）审订各种拼音表，如城市街道名称拼音表等；（3）编订汉语拼音正词法词汇集。1984年发布了《汉语拼音正词法基本规则（草案）》，作为试用稿，征求意见。修订后，国家语言文字工作委员会和国家教育委员会于1988年联合公布了《汉语拼音正词法基本规则》。2001年起实施的《中华人民共和国国家通用语言文字法》第十八条明确规定国家通用文字以《汉语拼音方案》作为拼写和注音工具。《汉语拼音方案》是中国人名、地名和中文文献罗马字母拼写法的统一规范，并用于汉字不便使用和不能使用的领域。1986年1月，国家教育委员会和国家语言文字工作委员会在北京召开全国语言文字工作会议，要求进一步推广《汉语拼音方案》，研究并解决实际使用中的有关问题，研究汉语、汉字信息处理问题，参与鉴定有关成果。1997年12月教育部和国家语言文字工作委员会召开了第二次全国语言文字工作会议，在汉语拼音方面，强调汉语拼音的实际作用，规定进一步扩大汉语拼音的作用范围。50年来《汉语拼音方案》在给汉字注音、推广普通话、汉字信息处理等方面发挥了巨大的作用。

4.2.3 推广普通话

"普通话"这个名称是1906年提出的，指的是"各省通行之话"，相当于当时的"国语"。新中国成立到现在，推广普通话大致上可以分为五个阶段。1949年到1955年全国文字改革会议，是准备阶段。1955年到1966年，是蓬勃发展阶段，其中1958年到1960年是黄金时期。1966年到1976年，是遭受破坏阶段。1976年到1986年"全国语言文字工作会议"召开，是恢复阶段。1986年到现在，是再发展阶段。（于根元，2009）

1955年全国文字改革和现代汉语规范学术会议制定了普通话的标准："以北京语音为标准音，以北方方言为基础方言，以典范的现代白话文著作为语法规范。"1956年国务院发出《关于推广普通话的指示》，同时还成立了中央和各地的推广普通话工作委员会。此后，全国上下展开了一场轰轰烈烈的推广普通话运动。在举办普通话语音研究班和培训班、进行全国方言普查、举行普通话教学成绩观摩会等活动的配合和推动下，推广普通话运动取得了显著成效。

　　文化大革命以后，推广普通话重新得到重视。1982年第五届全国人民代表大会第五次会议通过的《中华人民共和国宪法》明确规定"国家推广全国通用的普通话"，从此，普通话不仅是现代汉民族的共同语，还是我国各民族通用的语言，推广普通话有了国家的法律保障。

　　1986年1月，国家教育委员会和国家语言文字工作委员会在北京召开了全国语言文字工作会议。主题报告《新时期的语言文字工作》关于推广普通话有许多新的提法：（1）把推广普通话工作同做好现代汉语规范化工作列为语言文字工作的第一项任务。（2）工作的重点放在"重点推行，逐步普及"上。在20世纪里使普通话成为教学用语、工作用语、宣传用语、交际用语。（3）对不同情况的人，普通话的具体要求可以不同，可以分成三级。（4）北方方言区也要推广普通话。（5）继续注意语音的规范以外，还要注意词汇规范和词汇教学。1992年的《国家语言文字工作十年规划和"八五"计划纲要》还提出：（1）20世纪后10年使普通话"成为师范院校、初等和中等学校的校园用语"。（2）普通话必须"大力推行，积极普及，逐步提高"。（3）省会、自治区首府、直辖市、计划单列市、沿海开放城市、经济特区和重点旅游地区要加快推广普通话的进程。从目前的情况来看，这一措施是十分有效的。2004年由商务印书馆出版了由国家语委普通话培训测试中心编制、教育部语言文字应用管理司审定的《普通话水平测试实施纲要》。国家规定从1998年起，每年9月的第三周为"推广普通话宣传周"。 1997年12月教育部和国家语言文字工作委员会召开第二次全国语言文字工作会议，申明继续贯彻国家新时期语言文字工作的方针、政策，根据国家、社会发展的需要，对新时期语言文字工作的具体任务做出适当的调整，使其更加全面、具体、完善。这一阶段确定了语言规划各项工作的具体方针、目标。推广普通话的方针为：大力推行，积极普及，逐步提高。目标是2010年前全国初步普及普通话，2050年前全国普及普通话。

　　80年代后期起，政府有关部门顺应社会需求，制定了相应的措施，开展对普通话分级分等和水平测试的研究。对有关人员进行普通话水平测试，实行持证上岗，这是提高普通话工作的重要组成部分，是使推广普通话工作逐步走向科学化、规范化、制度化的重要举措。测试的主要对象是广播电视播音员、主持人、教师等。普通话水平测试分为一、二、三级，每级又分为甲、乙两等。广播电视播音员的普通话必须达到一级以上，国家级广播电视播音员必须达到一级甲等，语文教师必须达到二级乙等以上。

半个世纪以来，推广普通话工作取得了很大的成功，普通话成为各级学校和教育机构的教学语言，在全国大、中、小城市广泛通行。

4.3 少数民族的语言规划

我国有 55 个少数民族，它们大多数有自己的语言，部分民族还有自己的文字。少数民族的语言规划是我国语言规划的重要组成部分。要对少数民族语言进行规划，制定科学、合理的语言政策，首先必须对少数民族语言的面貌和使用情况有较全面的了解。

20 世纪 50 年代制定了发展少数民族语言研究的十二年远景规划和五年计划。为了给民族识别工作提供依据和帮助少数民族创制、改进文字，1956 年中国科学院会同有关单位组织了 700 多人参加的七个少数民族语言调查队分赴全国 16 个省区，对全国少数民族语言进行全面调查，基本了解了各民族的语言情况，取得了大批珍贵的资料，编写、出版了一批少数民族语言调查报告和少数民族语言概况，还出版了一套中国少数民族语言简志，为语言规划的制定与实施创造了极为重要的条件。

50 年来，我国少数民族规划工作主要包括语言标准化和改革、创制文字两个方面。

4.3.1 语言标准化

很多少数民族由于长期以来处于与汉族及其他民族杂居的状态，民族地区的政治、经济、文化中心往往是由当地少数民族与汉族共同建立的，这就使得少数民族难以自然形成本民族的共同语、标准语，这些民族语言内部的方言分歧往往比较严重，语言的规范化程度较低。少数民族语文规划的工作之一是帮助那些具备一定条件的民族选择、确定标准音，建立语言规范，以使其语言更加健康地发展，使其文字更加规范。有关部门曾经专门深入讨论过壮语、维吾尔语、蒙古语等大语种的基础方言、标准音的选择和规划问题。在为少数民族创制、改革文字时，也总是先对其方言情况进行调查，选择、确定其基础方言和标准音。例如，为壮语选择了占壮语总人口 2/3 的北部方言作为基础方言，武鸣县壮语为标准音。此外，对维吾尔语、哈萨克语、蒙古语、朝鲜语等少数民族语言的新词、术语也进行了规范。

4.3.2 改革、创制文字

改革文字是指对原来有文字的民族的文字进行小的部分的改进或大的整体的改变。创制文字是指为尚无文字的民族创造、拟定文字。

1955年全国民族语文科学研讨会制定了创制和改革民族文字的全面规划。为保证少数民族文字改革、创制的顺利进行，1957年国务院通过并公布了《关于少数民族文字方案中设计字母的几项原则》，对创制少数民族文字工作做出了总体设想和具体规定，总的原则是以拉丁字母为基础，字母系统要清晰，便于教学、使用与交流。

新中国成立以来，有关部门对十几种民族文字进行了改革。其中有的是对原文字作一些改动、补充和完善。例如，傣族原来有四种通行于不同地区的文字，根据傣族人民的意愿，改进历史悠久、通行面广、文献资料丰富的傣仂文和傣哪文，使它们的文字系统更加清晰、严密、科学。有的是完全放弃或大幅度改革原文字体系，重新设计新文字方案，如纳西族原来有图画文字、象形文字和音节文字，1957年制定了拉丁字母的新文字方案。重新设计过新文字的还有佤语、维吾尔语、哈萨克语、四川凉山彝语、贵州威宁苗语、傈僳语、景颇语、拉祜语等。1956年至1958年相继为布依语、哈尼语、载瓦语、侗语等少数民族语言创制了拉丁字母文字。这个阶段少数民族文字的创制、改革总体上是非常成功的。

4.4 当前中国的语言规划

4.4.1 强势语言、强势方言与母语安全问题

从理论上说，语言是一律平等的，但现实中却是有强有弱。强势语言或方言是指由于经济、政治、文化等方面的优势而成为该地区、该国家甚至全世界范围的标准语的语言或方言。强势语言或方言又称优势语言或方言。比如，英语是世界级的强势语言，粤语是汉语的一种强势方言。一般说来，在一个较大的地区里，中心城市的方言是强势方言，每一个城市方言相对它的乡下方言来说也是强势方言。

在一般情况下，第一语言称为母语，也就是一个人所属民族的民族语言，也称本族语。而第二语言，也就是非母语语言，则是境内其他民族的语言或外语。大多数民族语都有若干方言，同时都以其中之一或者以某一方言为基础形

成的共同语作为这个民族的标准语。汉语的标准语是普通话,而这种标准语仍是第一语言。笼统地说,母语是指本民族的语言。就个人的言语来说,幼年时自然习得的语言,叫作自然母语,自然母语大多数是民族语言的方言。社会母语是指民族标准语,是与外语相对应的,是整个社会对外交流的语言。

母语安全,指的是社会母语的安全,主要体现在两个方面:一是社会母语的地位是否能得到保障。二是社会母语的本体即语音、词汇、句法是否受到其他因素的影响而出现大量不规范的现象。

影响社会母语安全的主要有以下几个方面:

1. 过多的"自然母语转移"的现象影响了母语的安全。在大多数情况下,一个人的自然母语与其社会母语是一致的,但是由于政治、经济和地域造成的方言分歧,可能导致自然母语和社会母语的不一致,从而产生自然母语偏离社会母语的"自然母语转移"的现象。自然母语转移指的就是一个人的自然母语不再是本民族语言,而成为某一种外语或方言,而且在成年后仍未能改回来。

2. 强势语言的"入侵"使得母语的使用权利受到限制,影响了母语地位的安全。在我国的很多地区,由于过分强调外语特别是英语,形成了一种以说中西杂糅的"洋泾浜"语言为"时髦"的风气,使外语冲击社会母语,妨碍社会母语的健康发展。不区分对象、不按实际需要的"全员普及英语"严重挤压了学习社会母语的时间,损害了整个社会的利益。

3. 强势语言的"入侵"以及网络对交流的要求,影响到社会母语本体的安全,使得社会母语内部的语音、词汇和句法受到影响,出现了许多不规范现象,极大地影响了社会母语的纯洁性。

总的来说,中国民众的社会母语意识还比较淡漠。汉语方言数量众多,在方言区特别是在方言与普通话差别比较大的地方,人们自然认为方言是他们的母语,后来学习的普通话与方言相比,则成了"第二语言"。

我们在通过语言立法、正确的语言政策和必要的语言规划,建立一套有效的机制来维护母语安全的同时,还必须在理论上加强对社会母语问题的研究与宣传,从基础教育做起,加强对汉语特点的理解与认识,增强青少年对汉语热爱的感情,强化母语安全的意识,使汉语在国内成为一种最安全的强势语言。(王宁、孙炜,2005)

4.4.2 汉字的规范

汉字的规范有两种含义，广义的规范化包括汉字系统本身的规范化、标准化和汉字使用的规范化两个方面，通常所说的"四定"（定量、定形、定音、定序），就是指要把汉字系统整理成符合这四项标准的文字体系。狭义的汉字规范化专指汉字使用的规范化，是指全社会要根据国家及政府职能部门制定的各种正字法标准使用汉字。这里主要讨论汉字的规范化，特别是字形的规范化与汉字识字教学的关系。关于汉字的规范化，自从50年代以来，我国政府主要作了三方面的工作：整理异体字、统一字形、简化汉字。本书前面章节已有相关介绍，这里不再赘述。2001年起实施的《中华人民共和国国家通用语言文字法》明确规定我国的通用语言文字是规范汉字，学校和其他教育机构通过汉语文课程教授规范汉字。规范汉字，目前指的就是经过了这些语言规划后确定的汉字。

汉字是世界上唯一未曾中断使用而延续至今的表意文字系统（王宁，2000）。汉字因义构形，它的形体直接带来的信息是意义，由义而知音。汉字构形学认为，汉字作为一种信息载体和一种被社会创建又被社会共同使用的符号，在构形上是以系统的形式存在的。在共时历史层面上的汉字总体，有自己的构形元素，这些元素有自己的组合层次与组合模式。汉字的个体字符不是孤立散乱的，而是内部呈有序性的符号系统。殷商至两周阶段，汉字的整个系统处在由表形文字向义音文字发展的阶段。形位数量的固定和归纳程度的加强，构件功能从表形为主到以表义为主、表音为辅，结构方式从图形式的平面组合到义音的层次组合———这三点，就是这一阶段汉字演变的主要表现。隶书的义音化程度比之小篆更加大幅度增强，形体与物象的联系几乎不存在了，在任何一个层次上，构件的表形功能完全被表义、表音功能所替代。这一方面说明汉字总体的性质没有变化，仍是义音文字，另一方面也可看出，构件的义音化给汉字的简化提供了充分的条件。体现在形声字形体上的分类、示源、表音功能，使汉字字形所显示的义、音信息内容加大，表义与别词性能增强，并使汉字整体系统的简化得以实现。汉字的简化并不意味着表意性的减弱，只是表意方式的变化。汉字构形学使汉字的研究减少臆测而变得更加科学，并为汉字的应用如汉字的规范、汉字的优化和简化、汉字的教学、汉字信息处理等提供了理论依据。我国所进行的汉字简化是符合汉字历史发展趋势的，用汉字构形学的眼光来看，《简化字总表》中所采用的字符，大部分是有历史依据并符合逻辑分析的，这十分利于汉字识字教学。

4.4.3 《语言文字规范手册》解读

《语言文字规范手册》是语文出版社出版的、将历年颁布、实施的有关语言文字方面的主要法律规定、法规性文件、国际标准、国家标准和规定等，整理、汇集成册的一本文件资料汇编，正文部分收录了《中华人民共和国国家通用语言文字法》《国务院批转国家语言文字工作委员会〈关于废止〈第二次汉字简化方案（草案）〉和纠正社会用字混乱现象的请示〉的通知》《关于重新发表〈简化字总表〉的说明》《简化字总表（1986年新版）》《简化字总表检字》《现代汉语用字表》《现代汉语常用字表》《现代汉语通用字表》《第一批异体字整理表》《部分计量单位名称统一用字表》《汉字统一部首表（草案）》《出版物上数字用法的规定》《标点符号用法》《普通话异读词审音表》《普通话异读词审音表检字》《第一批异形词整理表》《汉语拼音方案》《文献工作——中文罗马字母拼写法（ISO—7098）》《汉语拼音正词法基本规则》《中国人名汉语拼音字母拼写法》《中国地名汉语拼音字母拼写法》《中国各省、直辖市、自治区名称汉语拼音字母缩写表》《中国各民族名称和罗马字母拼写和代码》《中文书刊名称汉语拼音拼写法》，附录部分收录了《新旧字形对照表》和《汉语拼音字母名称读音对照表》。

《语言文字规范手册》从1990年初版至现在，已出版了四版（1990年第一版，1993年增订本，1997年第三版，2006年第四版）。它的出版对语言文字规范化、标准化起到了积极的推动作用，对语言文字的实际应用起到了良好的指导作用。

下面简要介绍其中的《中华人民共和国国家通用语言文字法》《出版物上数字用法的规定》和《简化字简表》。

1.《中华人民共和国国家通用语言文字法》

《中华人民共和国国家通用语言文字法》2000年10月31日第九届全国人民代表大会常务委员会第十八次会议通过，由国家主席发布，于2001年1月1日起正式实施。

《中华人民共和国国家通用语言文字法》分四章共二十八条。

第一章为总则，第一条阐明了本法的总体目标："为推动国家通用语言文字的规范化、标准化及其健康发展，使国家通用语言文字在社会生活中更好地发挥作用，促进各民族、各地区经济文化交流，根据宪法，制定本法。"第二条规定了国家通用语言文字的所指："国家通用语言文字是普通话和规范汉字。"规定了国家、各级地方政府及其有关部门在推广国家通用语言文字中的作用、义务、措施，公民依法使用国家通用语言文字及各民族人民依法发展自己的语言文字的权利，如第三条："国家推广普通话，推行规范汉字。"第四条："公民有学习和使用国家通用语言文字的权利。"第八条："各民族都有使用和发展自己的语言文字的自由。"

第二章对国家通用语言文字在国家机关、学校及其他教育机构、语言出版物、广播电台、电视台、公共服务行业、信息处理和信息技术产品等中的使用做出了明确规定，对可以使用方言、繁体字、异体字、外国语言文字的领域也做出了规定，并明确了国家通用文字以《汉语拼音方案》作为拼写和注音的工具。第十四条：下列情形，应当以国家通用语言文字为基本的用语用字：（一）广播、电影、电视用语用字；（二）公共场所的设施用字；（三）招牌、广告用字；（四）企业事业组织名称；（五）在境内销售的商品的包装、说明。第十七条：本章有关规定中，有下列情形的，可以保留或使用繁体字、异体字：（一）文物古迹；（二）姓氏中的异体字；（三）书法、篆刻等艺术作品；（四）题词和招牌的手书字；（五）出版、教学、研究中需要使用的；（六）经国务院有关部门批准的特殊情况。第十四条和第十七条看似矛盾，实则并不矛盾。

第三章规定了国务院语言文字工作部门等其他有关部门、地方语言文字工作部门及其他有关部门在管理和监督国家通用语言文字中的职责，以及对违反本法有关规定的执法措施。

第四章附则规定了本法的正式施行时间。

《中华人民共和国国家通用语言文字法》的特点主要表现在两个方面[①]：一是硬性与软性相结合，以软性为主。硬性规定主要表现在确定普通话和规范汉字的法律地位，规定了必须使用普通话和规范汉字，以及普通话水平必须达到一定标准的部门、行业的相关人员等。软性主要反映在对国家通用语言文字的使用、管理以教育、提倡、引导为主，处罚为辅。二是科学性与求实性相结合。这部法律的制定符合法理原则、求实原则、政策原则和简明原则，法律调整的对象主要是行政行为和社会公共行为而不是个人使用行为，对语言文字的个人使用行为只作引导。对方言、繁体字、异体字、外国语言文字的使用也作了合理的规定。对法律责任和执法措施的规定也是切实可行的。

《中华人民共和国国家通用语言文字法》是中国有史以来制定、颁布的第一

[①] 陈章太：《语言规划研究》，北京：商务印书馆，2005，第68页。

部关于语言文字问题的专项法律,它以法律的形式明确了普通话和规范汉字作为国家通用语言文字的地位,对国家通用语言文字的使用做出了相关规定。它对增进国家统一和民族团结,便利社会交际,提高工作效率,提高文化教育水平,加强语言文字规范化、标准化,依法管理语言文字工作等,有着十分深远的意义。

2.《出版物上数字用法的规定》

这个标准是国家技术监督局 1995 年 12 月 13 日批准、发布的,于 1996 年 6 月 1 日起实施,从实施之日起,《关于出版物上数字用法的试行规定》即行生效。它的宗旨是"对汉字数字和阿拉伯数字这两种数字的书写系统在使用上作比较科学的、比较明确的分工,使中文出版物上的数字用法趋于统一规范"。

第一条明晰了标准适用的范围。这个标准规定了出版物在涉及数字(表示时间、长度、质量、面积、容积等量值和数字代码)时使用汉字和阿拉伯数字的体例,适用于各级新闻报刊、普及性读物、专业性社会人文科学出版物、自然科学和工程技术出版物。

第四条"一般原则"规定,统计表中的数值必须使用阿拉伯数字,定型的词、词组、成语、惯用语、缩略语或具有修辞色彩的词语中用为语素的数字必须使用汉字。另外还有一条非定性的说明:"使用阿拉伯数字或是汉字数字,有的情形,如年月日期、物理量、非物理量、代码、代号中的数字,目前体例尚不统一。对这种情形,要求凡是可以使用阿拉伯数字而且又很得体的地方,特别是当所表示的数目比较精确时,均应使用阿拉伯数字。遇特殊情形,或者为避免歧解,可以灵活变通,但全篇体例一致。"

第五条对"时间(世纪、年代、年、月、日、时刻)"作了规定:公元世纪、年代、年、月、日中的数字必须使用阿拉伯数字,年份一般不简写,引言著录、行文注释、表格、索引、年表,年月日的标记可写成扩展格式,如"1994 年 9 月 8 日"可写作"1994-09-08",年月日之间使用半字线"-"。中国干支纪年和夏历月日,中国清代和清代以前的历史纪年、各民族的非公历纪年,含有月日简称表示事件、节日和其他意义的词组必须用汉字数字。

第六条规定物理量必须用阿拉伯数字。

第七条"非物理量":非物理量值一般情况下应使用阿拉伯数字。对用阿拉伯数字书写的多位整数和小数作了详细的规定,如阿拉伯数字书写的数值在表示数值的范围时,使用波浪纹式连接号"~",如"150 千米 ~ 200 千米"。

第九条"概数和约数",规定相邻的两个数字并列连用表示概数,必须使用汉字,连用的两个数字之间不得用顿号隔开,如"二三米"。带有"几"字的数字表示约数,也必须使用汉字。用"多""余""左右""上下""约"等表示约数一般用汉字,如果文中出现一组具有统计和比较意义的数字,其中既有精确数字,也有用"多""余"表示约数时,为保持局部体例上的一致性,其约数也可以使用阿拉伯数字。如:该省从机动财力中拿出 1900 万元,调拨钢材 3000 多吨、水泥 2 万多吨、柴油 1400 吨,用于农田水利建设。

第十三条"竖排文章中的数字":提倡横排。如文中多处涉及物理量更应横排。竖排文字中涉及的数字除必须保留的阿拉伯数字外,应一律用汉字。必须保留的阿拉伯数字、外文字母和符号均按顺时针方向转 90 度。

3.《简化字总表》(1986 新版)

《简化字总表》包括四个部分。第一部分是第一表"不能简化作旁用的简化字"共收简化字 350 个。第二部分是第二表"可作简化旁用的简化字和简化偏旁"共收简化字 132 个,简化偏旁 14 个。第三部分是第三表"应用第二表所列简化字和简化偏旁得出来的简化字",共收简化字 1 753 个。第四部分是附录,收录了从《第一批异体字整理表》摘录出来的 39 个字,以及经国务院批准更改的一些地名中的生僻字 37 个。

4.4.4 社区功能转变背景下的语言规划调查分析

随着我国社会的发展,很多社区的功能发生了转变,由此带来了社区功能转变背景下的语言规划问题。在此,我们主要介绍 2004 年北京师范大学汉语言文学专业的大学生所做的实例调查分析报告。他们以琉璃厂商铺的牌匾文字为个案对社区功能转变背景下的语言规划策略问题进行了探讨,以交际社会语言学为基础,采用了相应的调查方法,即"语境分析"法。他们主要对琉璃厂东街与琉璃厂西街的所有商号的牌匾的各项特征作穷尽性记录,将数据录入 Microsoft Excel,制表绘图分析。主要目的就是寻找、发现并整理牌匾用语的语言文字特征,结合社区环境、历史、文化、心理等因素,探讨社区功能转变下的语言规划问题。通过调查分析,他们发现,琉璃厂的语言文字应用呈现出一种杂乱的状态,存在简繁体及书写走向的选择无一定规,外语的盲目选用及大量的拼写错误等问题,这些都直接影响着以牌匾文字作为载体的信息的传播。此外,匾额传统的隐性流失和牌匾所指的含混不清,也是一个需要注意的问题,如果长期不重视，也会严重阻碍文化意味的传达和交流。通过分析，他们认为，琉璃厂的特殊地位体现在文化这个层面上，其发展规划除了加强适应现代化经济大潮的商业性和专业性以外，也应该在保有传统文化的基础上加强规范性，以充分体现琉璃厂的独特文化价值和浓郁的文化韵味。

调查结束后，他们从对琉璃厂进行语言规划的必要性和可行性两个方面进行了分析：

1. 必要性分析

北京作为我国的首都和国家的政治、文化中心，其语言文字应用的规范化程度，对全国无疑具有示范作用。同时，北京作为国际化大都市，也是国际社会了解中国语言文字政策和应用水平的窗口。因而作为北京市迄今规模最大的文化产业聚集区的琉璃厂，其语言文字应用的规范性就显得尤为重要，对琉璃厂进行语言规划十分必要。

2. 可行性分析

（1）法律依据。琉璃厂的语言现象较为复杂纷乱，但也并非无章可循。国家语委颁布的一系列语言文字法规都可作为规划的基本依据：

《中华人民共和国国家通用语言文字法》

第十三条：公共服务行业以规范汉字为基本的服务用字。因公共服务需要，招牌、广告、告示、标志牌等使用外国文字并同时使用中文的，应当使用规范汉字。

第十四条：下列情形，应当以国家通用语言文字为基本的用语用字：（三）招牌、广告用字。

第十七条：本章有关规定中，有下列情形的，可以保留或使用繁体字、异体字：（四）题词和招牌的手书字。

《关于在文化系统贯彻实施〈中华人民共和国国家通用语言文字法〉的通知》

把规范汉字作为文化系统的公务和服务用字。文化系统的公文、印章、标牌、标志、票据、报表、演出字幕、说明书、宣传橱窗等必须使用规范汉字，广告用字应符合国家关于广告用字规范的规定，文化企业、事业单位名牌的手书字中有不规范字的，可保留使用，但应在醒目处另外设置规范汉字的名牌。文物古迹的原有文字应当保存完好，但说明文字应使用规范汉字。需要加注汉语拼音的地方应在规范汉字下方书写汉语拼音，拼音应符合《汉语拼音正词法基本规则》的规定。

（2）政府引导。各级政府的有关部门、特别是语言文字工作部门都高度重视语言文字的规范性问题，严格按照教育部和国家语委提出的标准和要求，不断提高依法管理监督水平，加强对各个领域、各个部门的引导，以提高全社会的语言文字规范意识和应用能力。

　　（3）经验保证。我国历史上有过多次语言规划，近代以来，尤其是"九五"规划以来，我国的语言文字应用研究取得了丰硕的成果，国家通用语言文字的推广、普及和规范化工作也正在如火如荼地展开。这其中有很多经验值得我们借鉴，用以规范琉璃厂牌匾语言。

　　（4）群众基础。琉璃厂作为一个文化群体的聚集地，从业人员的整体受教育程度和文化素质较高，这些都为语言文字的规范化提供了便利。

　　（5）琉璃厂语言规划政策的复杂性。如何实现传统继承和现实需要的协调发展，以及如何坚定尊重群众固有观念和坚持语言健康成长的信念，如何处理好文字法的强制性与对语言文字使用的引导性的辩证关系，都将是长期的、复杂的问题。以琉璃厂的简繁体混用为例，现在国家依法大力推行简化字，简化字已成为大势所趋，但若一味要求牌匾用字全部改为简体，原繁体字所负载的文化意味就会减色不少，甚至荡然无存。《中华人民共和国国家通用语言文字法》第十七条的规定即留下了一定的余地，"保留"既传承了传统文化，不伤害文化学者和书法家的感情，实际上也暗含着鼓励和争取使用现行简体字的可能。

4.4.5　港、澳语言政策

　　港澳特区与大陆相距不远，是中西文化、经济的交汇点，不同的文化在这里相互碰撞、相互融合。香港、澳门回归之后不断调整其语言政策，与大陆的语言政策相呼应。

　　回归之前，在港英政府的统治下，香港长期以来的语言政策是"重英轻中"，通过各种手段打压汉语的发展，主要通过对教学语言、法律语言、公众事业等方面做出严格规定抬高英语的地位，压制汉语的发展，将"重英轻中"的语言政策渗透到社会生活的各个方面。港英政府把英语定为教学语言，甚至在1963年大学入学考试中把中文从大学考试的必考科目中取消，成为选考科目，而英语却是必考科目。在法律方面，规定法律语言为英语，法官、律师的工作语言只能是英语，香港本地的成文法必须以英文制定和出版，在执法上，香港上诉法院、高等法院和地方法院的诉讼程序均用英语。但事实上这是违背自然规律和人们的意愿的。因此并不成功，遭到了当地华人的反对，20世纪70年代大中专学生、教育团体、爱国群众掀起了争取中文合法地位的运动并取得了胜利。1972年10月18日，香港立法局会议采用"即时传译"开辟了公事中使用中文的里程碑。1974年汉语被确定为香港的法定语文。1997年7月1日香港回归后，香港的语言政策发生了根本性的变化，从回归前的"重英轻中"转向"中英并重"。《中华人民共和国香港特别行政区基本法》第九条规定，"香港特别行政区的行政机关、立法机关，除使用中文外，还可以使用英文，英文也是正式语文"。也就是说汉语和英语两种语言都是香港的正式语言，"中文为主，中英并重"。这样的语言政策，确立了汉语的地位，有利于强化国家的统一，民族的团结，有利于"港人治港"政策的实施，同时以英语作为辅助语言，也使其充分发挥了全球化中共同语的作用。

回归前澳葡政府推行的是葡语加汉语的"双语政策"，比如一个澳门人想进政府机关工作，条件是具备葡文几年级，中文几年级，但实际上当时的澳葡政府是打着"双语"的旗号抬高葡语地位，阻挠汉语取得官方地位的，英语、汉语、葡语三语的排序为"葡——中——英"，葡语的地位明显高于汉语，并且法律和公文都不能直接用汉语书写，都是用葡语起草后翻译成汉语的。1999年12月20日澳门回归后，澳门的语言政策做出了调整，三语的排位转变为"中——葡——英"，确立了汉语的官方地位，葡语退到了辅助地位。虽然葡语失去了其回归前的主导地位，但是出于"一国两制"的国策，目前的澳门在重视汉语的同时，并不忽视葡语的存在，而且加强对它的保护，促进它的发展。

4.4.6 经验总结

如前所述，仅就北京琉璃厂所存在的语言问题进行调查分析，我们就可以发现很多亟待解决的语言规划问题，更何况我国国土面积广大，这方面的问题肯定不少，因此，我国当代的语言规划还有待进一步完善。但总的来说，当代中国语言规划还是获得了巨大成功的，总结其基本经验主要有以下几点：

1. 总结、吸收中国历史上特别是清末以来中国语言规划的经验，很好地继承了之前的语言规划的成果。

2. 一切从实际出发，结合具体的国情，制定、实施语言规划。新中国成立后需要尽快发展经济、文化事业，当代中国的语言规划根据这一国情，在前一阶段进行文字改革、推广普通话和加强现代汉语规范化为主要任务的语言规划，由于任务明确，目标实际，符合社会发展需要，取得了理想的效果。

3. 切实贯彻国家正确的语言政策。当代中国语言政策的核心是：实行语言平等政策，保障公民语言权利，推广全国通用的普通话，民族自治区域实行双语政策等。这些正确、有效的语言政策对国家的团结、稳定起到了十分重要的作用。当代中国的语言规划切实贯彻了国家正确的语言政策，所以获得了成功。

4. 政府主持、制定、实施语言规划。中国过去的语言规划，主要是由爱国志士、社会名人、知识分子倡导，参与的社会行为，政府没有发挥主流作用，所以效果不大。新中国成立后，政府充分发挥行政权威的作用，建立、健全各级语言规划专门机构，主持制定与实施语言规划，调动、协调政府相关部门，紧密配合语言规划工作，并动员社会大众积极参与，使语言规划得以顺利进行。

5. 加强语言立法，逐渐形成语言法律、法规体系，依法管理社会语言文字及其使用中出现的问题。《中华人民共和国宪法》《中华人民共和国民族区域自治法》《中华人民共和国教育法》《中华人民共和国国家通用语言文字法》都对语言文字及其使用做出了相关规定。各有关部门和各地方政府也制定了一系列法规。这些法律法规的制定与颁布使语言规划工作得以有法可依、顺利进行。

6. 调动社会各界的积极配合和广泛参与。当代中国的语言规划在政府主持制定与实施的同时，将包括社会团体、学术机构在内的社会各界调动起来，使语言规划收到了良好的社会效果。

第五节　社会语言学与语言教学

社会语言学的研究成果对教学尤其是语言教学的完善和发展产生了推动作用，无论是母语教学还是第二语言教学都借鉴了社会语言学的成果。

5.1　交际能力教学

交际能力这个概念一提出，就引起了语言学界的广泛关注，对语言研究的各个方面都产生了很大的影响，尤其是在应用语言学的语言教学领域。海姆斯本人也曾强调，理解交际能力的概念，并将其运用于实践，必然可以"增强教育事业的成就"。因此，许多应用语言学家、语言教师纷纷开始从培养学生实际交际能力的角度去重新考虑我们的语言教学，从而引发了传统教学法、教学模式的重大变革。

5.1.1 交际能力与教学模式

我们知道传统教学模式存在的一个很大的问题便是学生的应试能力与语言综合运用能力、言语交际能力之间严重失衡，即传统教学往往只重视语言知识的传授输送，而极大地忽略了学生交际能力的培养。这个问题无论是在母语教学还是在第二语言教学中都普遍存在。很多学生语言知识点可以倒背如流、烂熟于心，但语言的实际运用却十分贫乏，不能适当、得体地使用语言进行社会交际，在言语交际活动中常常遭遇失败。也有部分学生书面语的运用能力很强，文思敏捷、下笔生花，然而口语交际能力却非常薄弱，在一些较为正式公开的场合常常连口都开不了，没有办法发言，无法恰当地组织编排口语材料来准确、顺利地表达自己原本的言语意图。日常生活中我们总是通俗地将这类人称为"书呆子"、"不会说话"，其实这是言语交际能力匮乏的表现，即交际能力与所掌握的语言知识之间脱节。然而造成这一问题的原因不全在学生，而更主要地在于我们传统教学模式一味灌输、以求应试、忽略学生能力的培养。这一弊端影响重大，必须对之加以重视，因为一个人交际能力的薄弱，也就意味着其语言能力的整体发展程度偏低，对个人的发展会造成极其不利的影响，同时也意味着语言教学的失败。

所以，语言知识和语言能力二者无法割裂、同样重要、不可偏废，前者是静态的知识架构，而后者则是在语言使用过程中反映出来的。因此，我们不可拘泥于静态的框架，而应该使学生更多地投入到言语交流中去，在交际活动中充分调动其内在的潜能。

总的来说，交际能力等重要言语交际理论的问世使教学法理论产生了重大变革，教学法的主流理论由以语言知识为核心的"语法大纲"转向以言语交际为核心的"意念功能大纲"，使传统的偏于静态的语言教学转向动态活动中的言语交际能力的培养。

5.1.2 教学的交际过程

海姆斯曾指出，在教育方面，"新的言语习惯的建立和口语训练必须通过以下方式进行：从特定的发话人到特定的受话人，使用特定的语码，通过特定的通道，传递特定形式的信息，涉及特定的题材和特定的场合……"

其实人类社会的教育行为本身便是社会交际中的一种特定的类型模式，教学在本质上从属于交际活动的范畴，是人类社会交往的活动之一。师生间的教学行为实则是一种交往行为，从皮亚杰的发生认识论的角度看，个体在自我心理结构的作用下会影响对外界刺激的选择接受过程与效果，而外界刺激的作用又会不断地修正学习者的心理结构，于是学习便发生在这个过程之中。所以，知识并不是完全从外部向学生输入的，也不是学生自我在封闭、孤立的条件下自发生成的，而是在师生双方的交往互动之中逐渐被学生所感知、接受的，是外界刺激与内在心理过程共同作用的结果。

既然教学是一种交际行为，那么它就必然包含交际目的、交际内容、交际方式、交际环境以及交际行为的参与双方。

教学作为一种社会交际，其目的在于促进受教育者的自我发展，令受教育者收获知识、培养能力。因此，教学交往的受益者主要是受教育者，而交往的根本目标是使受教育者受益。教学交往的内容则为具体的教学内容，而交往的环境即教学情境，它既包括了学生所处的物理环境，如学校的各种硬件设施以及教室的陈设布置、卫生绿化等情况，也包括了各种软件设施，如教师的教学技能、道德素养、情感思想，以及具有一定情感氛围的教学过程、教学活动的组织安排。概而言之，我们一般可以将教学情境定义为教学过程中所构建起的整体性的氛围。参与教学交际活动的是两种特定的社会角色——教师和学生，交际双方在知识、能力、经验上是不对等的，教师已具备相应的知识、能力以及社会经验，而学生在各方面的能力素养还较为薄弱，尚处在培养发展的阶段，故而有待于通过教学活动，进行教育引导、培养训练，从而使其释放潜能，不断地发展成长。师生之间具有比较稳定的交往模式，双方以教材、多媒体、计算机网络等为平台展开知识技能、思想观念的信息交流，二者依存互补。

在传统的教学模式中，教师往往是教学活动中的中心角色，是交际双方的主体；而学生只是客体，是知识的被动接受者，是被说教、被灌输的对象。但随着交际能力等社会语言学理论所引发的应用语言学领域的教学法的重大变革，教师的观念角色也开始产生了重要的变化。新的教学模式要求以学生为中心、为主体展开教学，教师和学生之间是彼此平等的，教师所承担的是建立在平等交往基础上的引导者、参与者的角色。所以，在新的教学模式中，要求学生由被动转为主动，要求教师由知识的传授者、灌输者转变为学生主动建构知识的帮助者和促进者，在教师的感召下，激活学生的学习欲望，从而在教学交往的过程中实现学生不断发展自我、完善自我的可能。

总之，人们开始从传统型的以教师单方面的"教"为中心的教学方式，转而进入另一种全新的以学习者的"学"为中心的教育体系，开始注重学习者认知接受的过程，开始思考怎样的教学方式、教学手段才能更完美地符合学生的语言学习和运用的原理与规律，从而最大限度地去提高学习的效率、实现学习的效果。

新的教学模式强调学习的主动性、情境性和社会性。教师要创设良好的教学情境，为学生的语言训练、言语交流活动提供合适的氛围，使知识信息的传递类型多样化与丰富化，使抽象的概念理论形象化，从而在有限的课时内最大限度地激发学生学习语言的兴趣，使其成为言语交际活动中积极的参与者和创造者，而非只是消极的接受者。这就要求教师要具备较高的素养与能力，拥有良好的创新能力和积极的进取意识，除了掌握词汇语法知识点的教学技能外，还需要通过不断地创设新鲜丰富的交际情境以诱发学生参与言语交际的兴趣和欲望，使这些语言知识成为学生言语交际活动中表达思想、获取信息、解决问题时能够真正熟练运用的工具，使学生能够将学到的知识转化为能力。教师也需要转变自己的教学理念，将自己作为一个参与者，融入学生的言语活动中去，在活动中适时地进行组织、引导、推动，有意识地淡化教师在传统教学中的中心地位。

此外，教育信息技术的发展也为新的教学模式、教学理念的实现提供了更为便捷可行的条件。现代教育信息技术具有融文本、图像、声音、视频动画等为一体的优势特点，我们可以在教学过程中，利用多种媒介技术形式，在转换与糅合的过程中变换接受者的感知方式，实现视觉与听觉等多角度的接受，从而激发学习者的兴趣，消除感觉器官的疲劳感。此外，无论是多媒体、网络还是人机互动等教育信息技术，都能帮助教师创设良好的教学情境，增强师生之间的互动，凸显学生学习的主动性，并实现对学生学习效果的及时评价和反馈。譬如教师可以借助多媒体技术创设不同类型的社会交际情境，建构起身临其境的逼真氛围，从而锻炼、提高学生在实际交往中的口语表达能力和交际能力。

5.1.3 几种教学法的分析

1. 交际教学法

交际教学法产生于20世纪70年代初期，其创始性的代表人物是英国语言学家威尔金斯，其他还有英国的语言教育家亚历山大等。交际教学法形成的理论基础正是 60 年代兴起 70 年代形成高潮的社会语言学，尤其是海姆斯的交际能力理论与韩礼德的功能语言理论和话语分析理论。交际教学法针对的主要是第二语言的学习，运用交际法所编写的最著名的教材便是《跟我学》(Follow Me)。

交际教学法强调在教学过程中对学生的交际能力的培养，"教学内容是根据学生在以目的语进行交际时的实际需要而确定的"。交际教学法的特点包括"情景化是一个基本前提"，"目的语的语言系统最好通过试图交际的过程掌握"，"语言变异在教学材料和教学法中是个中心概念"，"学生个人通过无数的试错创造语言"，"流利和可接受的语言是基本目标：精确不是抽象的概念，而是通过语境决定的"。由此可见，交际教学法的核心是教师通过开展系列言语教学活动来提高学生实际的语言运用能力。

交际教学法主要有如下几个特征：

（1）以培养交际功能为宗旨。语言教学的目标是培养创造性地运用语言进行交际的能力，而这种运用不仅要求正确性，还要求得体性。

（2）以功能意念为纲。根据学习者的实际需要，选取真实自然的语言材料，而非经过加工的"教科书语言"。

（3）教学过程交际化。交际既是学习的目的也是学习的手段，采用小组活动等形式，通过言语交际活动培养运用语言交际的能力。

（4）以话语为教学的基本单位。认为语言是存在于连贯的语篇中。

（5）单项技能训练与综合性技能训练相结合。

（6）对学生在学习过程中出现的语言错误有一定的容忍度，鼓励学生发挥其言语交际的主动性和积极性。

（7）强调以学生为中心。教学要为学生的交际需要服务，以语言功能为纲，学以致用。

（8）采用多种教学手段、媒介技术。

（9）创设情境，令学生身临其境地感受交际氛围。

交际法教学可以协调和加强教学中的言语交际过程，有利于激发学生的学习动机，培养学生的语言运用能力。

交际教学法是迄今为止影响最大、最富有生命力的外语教学法流派，对我国外语教学和对外汉语教学产生了很大的影响。但其实我们的母语教学，也完全可以借鉴交际教学法的相关理念与手段。因为扎实的语言基础为语言的运用提供条件，而语言运用的实质便在于交际，所以必须把语言作为一种交际的工具来进行教学，令学生能用所学到的语言进行交流，培养学生的综合能力。因此，可以说无论是何种语言的教学，都必须树立起交际教学的思想，并以此作为指导。

2. 整体语言法

整体语言法源于美国、加拿大等国的中小学母语教学，是一种从整体观点出发，考察和探索语言教学方法的理论学说。

整体语言法强调语言能力的培养和发展是整体性的，学习语言的过程并不是仅仅依靠单纯的模仿和学习训练各种细节就可完全掌握语言能力，而是需要通过与外界的交往，吸纳、接受、认同各种语言规范，从而使之内化成为个人运用语言的能力。整体教学法在教学方式上尤为注重各项语言运用技能之间的内在关联性，譬如主张听、说、读、写要融为一体，进行组织教学。也就是说，在教学过程中，首先要把完整的语言展示给学生，而后再根据具体的要求，进行分项技能的训练和培养，帮助学生掌握具体的言语交际能力。

借鉴交际能力等社会语言学理论而形成的，有别于传统模式理念的教学法，还包括认知法、情景教学法，等等，这里就不一一介绍了。

5.2 社会语言学与第二语言教学

5.2.1 交际能力理论对第二语言教学的影响

社会语言学对第二语言教学的影响主要来自于海姆斯（Hymes，1972）提出的"交际能力"理论。这一理论认为，语言学习者熟练地掌握语法并不意味着他们能够在实际的语境中恰当地使用语言，严谨的语言学习不能仅仅局限于培养语言学习者的语言能力，而是必须对其交际能力的发展给予足够的认识。这一理论一经提出，就对第二语言教学产生了巨大的影响。卡纳尔（Canale）和斯威恩（Swain，1980）进一步将交际能力分为四个方面：语法能力，社会语言能力，语篇能力和策略能力。语法能力即乔姆斯基所说的"语言能力"，是语法和词汇的能力问题；社会语言能力是指社会交际环境，知道说话双方应扮演什么样的角色，说话双方有多少共同的背景知识，以及说话双方交际的目的；语篇能力是指如何把单个的语言单位连贯成一个有机的整体；策略能力是指在交际过程中懂得怎样开始、怎样结束、怎样把交流维持下去，在出现问题时如何补救。在此理论基础之上形成了交际法语言教学，强调"对语言使用的掌握"，对传统的"强调对语言结构的掌握"的语法——翻译教学法、听说教学法等提出了挑战,从而也在语言教学领域引发了从纯粹强调语言结构到社会语言学视角的一场革命。

"交际能力"的提出对当时盛行的"语言能力"来说是一种进步,海姆斯认为,"语言能力"只研究理想的说话人和听话人,排斥了其他东西,实际上这样的人是不存在的。语言除了研究"语言能力"之外,还应该研究"交际能力","交际能力"实际上并没有跳出乔姆斯基"语言能力"的范围。这个概念的提出,对第二语言教学理论的发展产生了很大的影响,"交际语言教学"流派逐渐形成。吉尔斯(Giles,1973)从社会语言学角度提出的交际适应理论(Communications Accommodation Theory,CAT),对第二语言习得的研究同样产生了深远的影响。这个理论中有两个重要概念,一是"靠拢"(convergence),即说话的一方的语言向另一方接近、靠拢;另一个是"分离",指说话的一方有意或无意地使自己的语言尽量与对方不同。这些语言使用中的变化实际上也是一种语言变异,是社会语言学研究的问题。研究发现,说话双方的身份、语言能力、交际目的等都会影响到交际语言的使用,如第二语言习得研究中的"外国人腔"就很能说明问题。第二语言习得研究中的"外国人腔"是指说本族语的人,尤其是汉语教师为了让学习者听懂自己的话,自觉或不自觉地通过放慢语速、夸张发音、简化用词和语法结构等方式改变自己的语言,以适应对方的需要。研究表明,"外国人腔"的使用与说话人的交际目的有关,说本族语的人可能以交际的有效性为目标,希望对方听懂他说的话,或者希望得到听者的社会认同、支持听者学习他说的语言。汉语教师和第二语言学习者交流时,就采用了这样的策略,为了让学习者听懂自己的话,支持他们的学习,汉语教师会放慢语速,发音夸张、清晰,尽量"靠近"学习者的语言,但是没有这种交际目的的人在和第二语言学习者对话时,就不一定会采用"靠近"策略,而是很可能采取"维持"和"分离"的策略,这就是很多第二语言初学者在课堂中和教师交流得还可以,很有信心,但出了课堂就无法交流,很受打击的原因。这种现象对海姆斯的"交际能力"理论是一种印证,即严谨的语言学习不能仅仅局限于培养语言学习者的语言能力,而是必须对其交际能力的发展给予足够的认识。同样,第二语言习得所研究的"中介语"理论实际上也是一种语言变化,是与"外国人腔"相反的情况。中介语是指在第二语言习得过程中,学习者通过一定的学习策略,在目的语输入的基础上所形成的一种既不同于其第一语言也不同于目的语，随着学习的进展向目的语逐渐过渡的动态的语言系统。学习者在用目的语交际的过程中，为了使交际对象听懂自己的语言，完成交际任务，创造了一种接近目的语的"中介语"系统，而且这个系统随着学习的进展不断变化。"中介语"系统是一个动态的语言系统，从交际适应理论来讲，实际上是学习者的语言向目的语的"靠拢"。

语言学家韩礼德（Halliday，1975）提出了语言功能理论，对"交际能力"做出了补充。语言功能理论认为，儿童学习第一语言时语言的功能有七种：用语言来得到东西；用语言来控制别人的行为；用语言来跟别人交流；用语言来表达感情和想法；用语言来学习知识发现事物；用语言来创造想象的世界；用语言来传递信息。这一理论一经提出，就得到了第二语言习得研究者的认可，他们认为，第二语言习得就是学习用第二语言的语言形式来完成上述任务。随着时间的推移，语言交际理论在语言教学界的地位越来越稳固，逐渐成为指导语言教学与语言学习的一个重要理论体系。交际法语言教学是该理论最直接且最有影响力的成果。这种新的教学法旨在将语言学习者培养成为积极的语言使用者，这一点也是符合学习者个人和整个社会的要求的。

5.2.2 其他理论的影响

对语言教学产生重大影响的另一个社会语言学理论是拉波夫（Labov）提出的社会语言学变体理论（variationist sociolinguistics），这一理论为第二语言习得的研究提供了一种模式，使我们可以通过语境变化、交际问题差异，以及说话人身份和关系的不同，来预见学习者的言语行为表现。

此外，社会语言学通过联系语言结构和社会语境下的语言运用，将社会和文化因素引入语言研究，在语言教学领域引起了一场教学范式的转变：从纯粹的结构主义转向社会语言学视角，语言学习过程中文化因素与社会心理的研究极大地丰富了第二语言学习的研究内容。为了全面揭示语言、文化、社会三者之间的内在联系，社会语言学把观察范围从观察社会语境中语言的具体使用扩展到研究外语学习环境中文化因素的影响。Widdowson（1990）认为有效的语言学习涉及两种知识：一是目标语结构特性的系统知识，二是目标语社会文化输入的纲要知识。传统的语言教学理论通常强调前者而忽略后者。通过长期的实践证明，仅仅对语言结构有系统的掌握是远远不够的；缺乏目标语社会文化知识的外语学习在目标语的实际语境中会被证明是一种失败的语言学习。Colin

Simpson（1995）提出将社会语言学和文化提升引入语言课堂，并列出了几点原因："第一，学生学习语言的动机通常来自于他们对将目标语作为主要交际工具的那种文化的热情和兴趣；第二，社会语言学研究为语言学习提供了自然的文化背景，如果我们将语言视为一种活的文化财产的话，这一点就十分必要；最后，语言学习中的文化部分是破除和挑战文化偏见的最好方式之一，这无疑是每个严肃的教育者的教学目标之一。"文化研究本身是一门复杂而广泛的学科，涉及一系列相关学科，如地理学、历史学、人类学、民俗学，甚至包括大众传媒学。文化研究包罗万象的特性决定了我们无法在这一领域形成一种统一的理论或者研究方法。语言根植于社会和文化之中，文化也反映在语言中。成功掌握一门语言与对其相应的文化背景的深入理解密切相关，学习与文化相关的知识能够极大地促进语言学习的过程。Alptekin（1993）总结了在语言课堂上可用的三种文化：人类学文化、文明历史文化和微型文化（如"流行文化、旅行文化、科学文化"）。人类学文化涉及与语言学习中的"文化能力"有关的基本特征，如某一文化中的信仰、知识、态度、价值观、行为和思维方式等问题。文明历史文化主要关注地理特征、历史发展、文化和科学成就等信息。微型文化没有准确的定义，它包括所有能够提高语言学习者文化背景意识的素材来源。对于文化的教学，杨永林（2002）提出了一条原则：教学内容应该是关于目标语文化的，而不是属于目标语文化的。

5.2.3 双语教学

双语（bilingualism）是个人或一个语言社会同时使用两种语言的现象，社会语言学家认为，个人使用双语的情况是"个人双语"，一个语言社会中双语并用的情况叫作"社会双语"。从语言学角度看，双语是一种语言应用现象，从社会语言学的角度来看，双语是一种社会现象。伴随双语现象而出现的是双语教育，在双语国家或地区是很普遍的现象，在我国的少数民族聚居区更是常见的现象。比如，在美国，虽然英语是主要语言，但许多人的第一语言并非英语，在许多场合他们使用自己的母语，因此，美国是一个多语国家。美国1990年的人口普查统计表明，美国操非英语母语的人口有3180万，占全美5岁以上人口总数的14%。同时表明，全美国有380种语言，其中土著语言有120种，操西班牙语的人数最多，占操非英语母语者人口的一半以上。除西班牙语外，使用最广的非英语语言有法语、德语、意大利语和汉语。鉴于这个多语种事实，美国政府制定相应的语言政策，倾向于维护非英语少数语言的权利。双语教育涉及两种语言，从教育的观点出发，可以称为"基础语言"（base language）和"目标语言"（target language），双语教育就是使受教育者在基础语言的基础上学习目标语言，经过学习，使目标语言的水平逐渐达到一定程度。

1963 年，美国佛罗里达州达德县（Dade Country）卡罗尔韦中学建立了一个由联邦政府资助的双语教学项目，对象是来自古巴的操西班牙语的移民。美国国会 1968 年通过《双语教育法》，用以鼓励双语教学。按照法律，联邦政府把经费下拨到州教育部门和地方学区，向英语会话能力有限的学生实施双语教学项目。在美国，马萨诸塞州是第一个施行双语义务教学的州，1971 年该州通过了《过渡性双语教学法》，规定学区内出现 20 名操同一语种且英语水平有限的学生，就必须实行双语教学。美国的双语教学模式是一种过渡性的，目的是同化非英语母语者，鼓励他们学习英语，放弃对母语的依赖。如麻省法律规定，学生接受双语教学的时间最长可达三年，第一年，母语使用可占课时的 95%，第二年减至 50%，第三年减至 5%—10%。

新加坡也是一个多语的国家，英语、华语（Mandarin）、马来语（Malay）和泰米尔语（Tamil）四种语言是官方语言，国语是马来语。但是，新加坡政府在制定政策时，英语是法定的人人都会说的官方语言，要求公民必须会讲英语，其次会讲母语，即华人会讲华语，马来人会讲马来语，印度人会讲泰米尔语，对每个人来说，推行的都是双语，每个人必须通晓英语和自己的母语。1956 年，新加坡政府立法规定至少有两种语言是教学语言（media of instruction），双语制诞生；1959 年，新加坡对双语政策有所调整，强化了英语的地位，对英语的熟练程度提出了更高的要求。1980 年，新加坡实施小学阶段新教育体制，让占多数的中等和中等偏上水平的学生学习并掌握"第一语言"英语和"第二语言"，没有能力的学生可以只学习一种语言。1981 年，新加坡实施中学阶段新教育体制，目的是使大部分学生能通晓英语和母语两种语言。1987 年，新加坡政府规定从小学一年级开始，英语教学按母语的地位对待，各种族母语按第二语言对待。1990 年开始，新加坡的高等教育机构全部实行英文授课。可见，英语是新加坡的主要官方语言，在基础教育和高等教育中的地位是第一语言和法定教学语言，其他语言是第二语言。

香港和澳门作为中国的特别行政区，都是使用多种语言的地区，双语教学都是突出的问题。香港的双语主要是汉语和英语的问题，在双语教学中，如何解决教学语言问题，是香港政府非常关注的问题，并设立了专门的语文教育学院来寻求有效的解决途径。在香港的基础教育阶段，基础语言一般是汉语（主要是粤语），英语是目标语言，很多学校采用头三年所有科目用基础语言作为教学媒介，后三年同时并用基础语言和目标语言教授各门课程的模式，但也有一些学校采用其他模式。香港的高等学校教学媒介是英语，随着香港的回归，汉语的地位不断提高，高等学校的教学媒介很有可能从单一的英语转换为双语（英语和汉语），而且汉语普通话的地位也在不断提高，香港的社会及其语言结构正在演变中，双语教学也要适应未来社会的发展需要而做出相应的调整。澳门的双语则是指汉语和葡语。目前澳门特区的官方语言是汉语，葡语也是正式语言。回归前葡语借助行政力量处于强势地位，立法、司法、政府行政语一律使用葡语。当时不是懂得任何两种语言的澳门人都可以进入政府当公务员，想要进入政府部门，必须懂得葡语和汉语。1999 年澳门回归后，汉语作为官方语言的发展势不可挡，澳门作为中国对外的桥梁和窗口，其双语教育也需根据社会的发展和语言本身所能发挥的功能做出相应的调整。

5.2.4 我国的双语教学

我国是一个统一的多民族国家，经过历史上的多次迁徙、流动，形成了交错聚居的分布格局。目前我国的少数民族有 55 个，汉语以外的少数民族语言有 80 种以上，文字除汉字以外，有 20 个少数民族使用着 30 种文字（包括方言文字）。

目前，我国 55 个少数民族中回族和满族已经全部转用汉语，畲族绝大部分转用了汉语，其他很多民族的人都通晓汉语，也有一部分人只通晓本民族的语言。新中国成立以来，我国政府制订了一系列法律和政策，为少数民族的双语发展提供了根本保证，为少数民族地区的双语学习和使用创造了条件。1951 年我国《宪法》规定："各少数民族均有发展其语言、文字，保持或改革其风俗习惯及宗教信仰的自由。"同年的《关于第一次全国各民族教育会议的报告》中指出："关于少数民族教育中的语文问题，会议规定凡有现行通用文字的民族，如蒙古、朝鲜、维吾尔、哈萨克、藏族小学或中学的各科课程必须用本民族语文教学。"1952 年《中华人民共和国区域自治实施纲要》规定，"自治机关得采取一种在自治区内通用的民族文字为行使职权的主要工具，对不适应此种文字的民族行使职权时，应同时采用民族的文字。""自治区机关得采用各民族自己的语言文字，以发展各民族的文化教育事业。"1954 年《关于帮助尚无文字的民族创立文字问题的报告》中说明，"各少数民族均有发展其语言文字的自由，同时，不论是已有文字或还是没有语言文字的各民族，凡愿意学习和使用汉语或其他民族语言文字者，各级人民政府应予以保障和帮助，凡机关、学校、团体等均应尽可能予以帮助，并不得加以歧视，这是非常重要的。"1954 年的《宪法》中又补充规定，"民族自治地方的自治机关在执行公务时，依照本民族自治地方自治条例的规定，使用当地通用的一种或几种语言文字。""各民族公民都有用本民族语言文字进行诉讼的权利。人民法院和人民检察院对于不通晓当地通用语言文字的诉讼参与人，应当为他们翻译。在少数民族聚居或者多民族共同居住的地区，应当用当地通用的语言进行审理；起诉书、判决书、布告和其他文书应当根据实际需要，使用当地通用的一种或几种文字。"新中国成立以后一系列法律和政策的颁布，保障了少数民族自由学习、使用和发展语言文字的平等权利。

在我国法律的保障下，各少数民族自治区在学习、使用本民族语言的同时，非常重视汉语的学习和使用。很多有自己语言文字的少数民族自治区，都采用双语教学，即同时教授本民族的语言和汉语。大部分的模式是用本民族的语言作为教学媒介教授各门课程，汉语作为第二语言单独学习。下面我们以西藏为例，来说明这个问题。西藏是以藏族为主的民族自治区，藏族占全区人口的 90% 以上，藏文已有 1300 多年的历史。1987 年发布的《西藏自治区学习、使用发展藏语文的若干规定》和 1988 年颁布的《细则》，指出"实行以藏文为主、藏汉两种语文并用"的原则。《规定》第三条中明确，"藏族小学生全部使用藏语文教学。在不影响藏语文教学的前提下，从高年级开始增设汉语文课。中学、中专和大专院校藏族学生的语文课，以藏语文为主，同时学习汉语文，学习全国通用的普通话。汉族学生以学习汉语文为主，各种课程用汉语文教学，到适当年级增设藏语文必修课。"关于藏语文、汉语文两种语言文字的教学问题，1999 年，西藏自治区教委明确指出，"藏语文、汉语文是西藏自治区中小学民族学生的必修科目和考试科目。藏语文、汉语文的教学目标是使学生藏语、汉语兼通，为今后的发展打下基础。在中小学，首先要高度重视藏语文的教学，基础教育阶段，藏语文是藏族学生从小学一年级到高中的必修课程。汉语是我国各民族间交流的共通用语，是我国主要信息载体。西藏自治区的教育要面向全国，加强汉语文教学，是民族团结的需要，是西藏自治区稳定、发展的需要，是藏族学生自身发展的需要。能否使藏族学生做到藏、汉兼通，关系到西藏自治区基础教育的成败。藏族学生的汉语文课程学习，最迟应从小学三年级开始，有条件的地方学校，应从小学一年级开始。"关于教学语言问题，西藏自治区提出了总体模式设想，"小学阶段除个别城镇小学外，都将以藏语文授课；初中阶段，除少数城市学校外，均实行以藏语文授课为主，藏、汉语授课并存的双语授课体系；高中阶段，双语授课并存，再继续探索。"

5.3 社会语言学与母语语文教学

古代教育系统中，一般都是通过教授宗教经典，来学习标准文，例如犹太人学习希伯来语，穆斯林学习阿拉伯语，印度人学习梵文。现代社会，几乎每个国家都会在中小学阶段教授本国的标准语，下面以我国的中小学语文教育为例介绍社会语言学在母语教学中的应用。

5.3.1 我国语言文字政策的制定

语言文字具有发展和稳定两重特性，一方面随着社会的不断发展，语言文字需要适应社会发展的需求，随着社会的发展而发展，如果社会发展了，语言文字却停滞不前，社会的发展就要受到阻碍，语言文字自身就会逐渐消亡；另一方面社会的发展也要求相对稳定，这样语言文字也要求稳定，一日三变、朝令夕改的语言文字是无法成为民族共同的交际工具的。新中国成立以来，我国党和政府一贯重视语言文字工作，根据社会的发展需求，制定了相应的语言文字政策。20世纪50年代确定并开始实施文字改革的三项任务，即简化汉字、推广普通话、制定并推行《汉语拼音方案》。

1956年1月28日，国务院全体会议第23次会议通过《关于〈汉字简化方案〉的决议》和《关于推广普通话的指示》。随着决议和指示的发表，简化汉字和推广普通话工作全面启动。1982年《宪法》中规定"国家推广全国通用的普通话"，从法律上给予推广普通话工作支持。1986年中央制定了新时期语言文字工作的方针：贯彻、执行国家关于语言文字工作的政策和法令，促进语言文字规范化、标准化，继续推动文字改革工作，使语言文字在社会主义现代建设中更好地发挥作用。2000年10月全国人大常委会通过了《中华人民共和国国家通用语言文字法》，用法律的形式确定了普通话和规范汉字作为国家通用语言文字的地位，进一步使语言文字工作走上了法制管理的轨道。

经过 60 年的努力，我国语文改革取得了成功，国家制定的相应的政策对我国的语文教学工作做出了方向性的指导，对中小学语文教学大纲的制定和完善也起到了不可忽视的重要作用。

5.3.2　中小学语文教学大纲的制定

语文教学大纲，也叫"课程标准"或"课程纲要"，是由教育行政部门颁发的有关语文学科教学的指导性文件，是语文教师施教的重要凭借，也是编写和使用语文教材的总纲。

新中国成立 60 年来，随着社会的发展，根据政治经济以及社会发展的需求，在国家语言文字政策的指导下，中小学语文教学大纲经过多次修订，逐步完善起来。1949 年叶圣陶先生力主将"国语"改称"语文"，指出："彼时同人之意，以为口头为'语'，书面为'文'，文本于语，不可偏指，故合言之。亦见此学科'听''说''读''写'宜并重，诵习课本，练习作文，固为读写之事，而苟忽于听说，不注意训练，则读写成效亦将减损。"（见《叶圣陶语文教育论集》第 730 页，教育科学出版社版），从 1952 年最初的课程标准开始，我国的小学语文教学大纲经历了六次大的变化。

第一次，1952 年，教育部曾拟订了《小学语文课程暂行标准（修正草案）》。它既是建国初期指导小学语文教学的纲领性文件，又是后来编制教学计划、制订小学语文教学大纲的重要参考资料。

第二次，1956 年，教育部颁布《小学语文教学大纲（草案）》。1951 年 6 月《人民日报》发表社论，号召"正确地使用祖国的语言，为语言的纯洁和健康而斗争"。以《改进小学语文教学的初步意见》为基础，制定了大纲，并决定实行汉语和文学分科教学，它的产生标志着我国小学语文教育的重大改革。

第三次，1963 年，教育部颁布《全日制小学语文教学大纲（草案）》。1957 年 12 月国务院公布《汉语拼音方案（草案）》。1958 年 3 月，教育部发出通知，要求全国中小学和各级师范学校教授汉语拼音。在此基础上制定了新的小学语文教学大纲。

第四次，1978 年，教育部颁布《全日制十年制学校小学语文教学大纲（试行草案）》，结束了十多年来语文教材、教学的混乱局面，对恢复正常教学秩序、提高语文教学质量起了重要作用。

第五次，1987 年，国家教育委员会颁布《全日制小学语文教学大纲》。本着"适当降低难度，减轻学生负担，明确教学要求"的原则，1987年对1978年大纲主要作了适当的修改，制定出了适应当时社会发展需求的新的教学大纲。

第六次，1988年，国家教育委员会颁布《九年制义务教育全日制小学语文教学大纲（初审稿）》。这部大纲的制订体现了学科专家、编写人员和语文教师三结合，集中了全国小学语文教育界的智慧，吸收了迄今为止语文教学的成功经验。

从1950年的初高中语文课本编辑大意开始，我国的中学语文教学大纲经历了七次大的变化。

第一次，1950年发行使用的初、高级中学两套语文课本中，有以中央人民政府出版总署编审局名义写的两个《编辑大意》，实际上就起到了大纲的作用。

第二次，1956年实行汉语文学分科教学，教育部颁布了初高中《文学教学大纲（草案）》和《初级中学汉语教学大观（草案）》，这是新中国成立以后的第一套严格意义上的中学语文教学大纲。

第三次，1963年5月颁布《全日制中学语文教学大纲（草案）》。大纲明确指出："语文是学好各门知识和从事各种工作的基本工具。"并且规定："中学语文教学的目的，是教学生能够正确地理解和运用祖国的语言文字，使他们具有现代语文的阅读能力和写作能力，具有初步阅读文言文的能力。"同时，大纲还针对语文教学的实际，明确地指出："一般不要把语文课讲成政治课，也不要把语文课讲成文学课。"大纲富有远见地提出了"文质兼美"的选材标准，要求选入中学语文课本的课文，要"具有积极的思想内容和优美的艺术形式，足为学生学习的典范"；语文基础知识教学应"简明扼要，切合实用"；在教学方法上，主张回归传统，提倡多读多写多练。这些对以后的语文教学均有深远的影响。

第四次，1978年教育部颁发《全日制十年制学校中学语文教学大纲（试行草案）》。大纲提出"思想内容好，语言文字好，适合教学"的选材标准，要求语文知识教学力求"精要、好懂、好用"，教学要"提倡启发式"等。

第五次，1986年国家教委颁布《全日制中学语文教学大纲》，本着"降低难度，减轻负担，明确要求"的宗旨，大纲进一步强调了语文的工具性和重要性，第一次从素质教育及培养"四有"公民的高度来强调语文教学的重要意义。

第六次，1995年颁布《九年义务教育全日制初级中学语文教学大纲（试用）》，它反映了当时人们对义务教育性质和任务的理解以及对语文教学规律的新的认识。

1996年颁布了《全日制普通高级中学语文教学大纲（供试验用）》，与初中大纲配套的。指出"语文是最重要的交际工具，也是最重要的文化载体"。它第一次提出了"发展个性和特长"的要求，还对语文能力的训练进一步提出了量化的要求。

第七次，2000年《九年义务教育全日制初级中学语文教学大纲（试用修订版）》和《全日制普通高级中学语文教学大纲（试验修订版）》的颁布，明确"语文是最重要的交际工具，是人类文化的重要组成部分"。

5.3.3 中小学语文的口语交际教学

2001年国家教育部颁布的《全日制义务教育语文课程标准（实验稿）》中，口语教学的目标就已发生了重大的改变，从提高学生的"听话、说话"能力转变为培养学生的"口语交际能力"。"交际"概念的引进，使教学活动不再囿于课文的学习，不再只围绕于"读"和"写"；而统一"听""说"为"口语交际"，也令其培养目标、培养方向更具有实用性、综合性。具体而言，即要求使学生"具有日常的口语交际能力，在各种交际活动中，学会倾听、表达与交流，初步学会文明地进行人际沟通和社会交往，发展合作精神"。

新"课标"在第一部分"课标性质与地位"中，便针对语言教育的工具性论与人文性论的争议，提出了"语文是最重要的交际工具，是人类文化的重要组成部分。工具性与人文性的统一，是语文课程的基本特点"。从而解决了关于语文教育最重要最关键的问题。既然肯定了"语文是最重要的交际工具"，那么对这一工具的运用能力的培养便分外重要。

新"课标"将口语交际能力的培养提到了一个更高的、新的层次，交际能力的重要地位被凸显、被强调。"口语交际"与"识字与写字""阅读""写作""综合性学习"并列为语文教学的教学目标与培养要求。九年制义务教育语文课程教学对学生口语交际能力的培养分如下四个阶段具体地实施展开：

小学1—2年级阶段，口语交际教学的目标为：

（1）学讲普通话，逐步养成讲普通话的习惯；

（2）能认真听别人讲话，努力了解讲话的主要内容；

（3）听故事、看音像作品，能复述大意和精彩情节；

（4）能较完整地讲述小故事，能简要讲述自己感兴趣的见闻；

（5）与别人交谈，态度自然大方，有礼貌；

（6）有表达的自信心。积极参加讨论，对感兴趣的话题发表自己的意见。

小学3—4年级，口语交际教学的目标为：

（1）能用普通话交谈。在交谈中能认真倾听，并能就不理解的地方向人请教，就不同的意见与人商讨；

（2）听人说话能把握主要内容，并能简要转述；

（3）能清楚明白地讲述见闻，并说出自己的感受和想法；

（4）能具体生动地讲述故事，努力用语言打动他人。

小学5—6年级，口语交际教学的目标为：

（1）与人交流能尊重、理解对方；

（2）乐于参与讨论，敢于发表自己的意见；

（3）听他人说话认真耐心，能抓住要点，并能简要转述；

（4）表达要有条理，语气、语调适当；

（5）能根据交流的对象和场合，稍做准备，做简单的发言；

（6）在交际中注意语言美，抵制不文明的语言。

初中1—3年级，口语交际教学的目标为：

（1）能注意对象和场合，学习文明得体地进行交流；

（2）耐心专注地倾听，能根据对方的话语、表情、手势等，理解对方的观点和意图；

（3）自信负责地表达自己的观点，做到清楚、连贯、不偏离话题；

（4）注意表情和语气，使说话有感染力和说服力；

（5）在交流过程中，注意根据需要调整自己的表达内容和方式，不断提高应对能力；

（6）讲述见闻，内容具体、语言生动。复述转述，完整准确、突出要点；

（7）能就适当的话题作即席讲话和有准备的主题演讲，有自己的观点，有一定说服力；

（8）课堂内外讨论问题，能积极发表自己的看法，有中心、有条理、有根据。能听出讨论的焦点，并有针对性地发表意见。

此外，义务教育语文课程的新课标还强调"口语交际能力是现代公民必备的能力，应培养学生倾听、表达和应对的能力，使他们具有文明和谐地进行人际交流的素养"。并要求"要利用语文教学的各个环节有意识地培养学生的听说能力，要在课内外创设多种多样的交际情景，让每个学生无拘无束地进行口语交际；要鼓励学生在日常生活中积极主动地锻炼口语交际能力"。而在评价学生的口语交际能力方面，课标指出，"应重视考察学生的参与意识和情意态度。评价必须在具体的交际情境中进行，让学生承担有实际意义的交际任务，以反映学生真实的口语交际水平。"综上可见，我国的语文教学已开始重视学生交际能力的教学，将其作为语文教学的重要目标之一，并展开了具有操作性的具体的实验性的规划。

而高中语文课程交际教学的目标，则是在此前口语能力培养基础上的进一步深入、扩展和提高。

《全日制普通高级中学语文教学大纲》的口语交际教学目标为：

（1）自信负责地表达，文明得体地交流，善于倾听，敏捷应对；

（2）养成说普通话的习惯。表达简洁明了，力求流畅、生动，体现口语特点；

（3）能根据不同的交际场合，借助语调、语气和表情、手势，提高口头表达的效果；

（4）在讨论中能尊重、理解他人，有自己的主见，并能条理清楚地加以陈述；

（5）具有一定的演讲和辩论能力，力求观点鲜明，理由充分，有风度，有说服力和感染力。

而在高中语文新课程标准中，则强调了要使语文课程"适应现实生活和学生自我发展的需要"，"要使学生掌握语言交际的规范和基本能力"。对于学生的交际能力培养，提出了更为具体细致的要求，如：

"增强人际交往能力，在口语交际中树立自信，尊重他人，说话文明，仪态大方，善于倾听，敏捷应对。"

"注意口语的特点，能根据不同的交际场合和交际目的，恰当地进行表达。借助语调和语气、表情和手势，增强口语交际的效果。"

"在实践活动中增强口头应用的能力，能根据交际的需要，选择恰当的时机和场合，提出话题，敏捷应对，注意表达效果。参加演讲与辩论，学习主持集会、演出等活动。"

可谓是对交际的目的内容、情境方式、参与双方及交际所要遵循的各种原则等言语交际的各个层面都进行了具体阐述，提出了全方位的培养要求。

口语交际教学应该强调个人对知识的建构能力以及知识的社会性和情境性，注重口语交际情境的创设、口语交际共同体的组织、口语交际教学形式的多样化等因素。下面，我们将选取中小学语文口语交际课程的几个教材设计和教学活动个案进行分析和评价。

人教版　义务教育课程标准实验教科书《小学语文　四年级上册》

【语文园地六：感谢与安慰】

人间处处有真情，真情时时暖人心。假如，有一天小钱跟捐赠骨髓给他的台湾青年相遇，一定会真诚地表达自己的感谢之情；遭遇不幸的卡罗纳，大家的安慰对他来说是多么重要。生活中，一定有人帮助过你，你也遇到过需要安慰的人。让我们借这次机会，向帮助过自己的人表示感谢，向需要安慰的人说些安慰的话。先想想该怎样感谢或安慰，再和同学分角色进行模拟对话。

【分析】

这一口语交际活动，从本单元学习的课文内容进行引入，过渡到口语交际的话题——感谢与安慰。通过让学生对生活中帮助过自己的人表示感谢，对需要安慰的人进行关心慰问，从而有助于引导学生对课文内容有更为深刻的体认理解，并联系自己的生活实际，学会关爱他人、帮助他人，同时锻炼口语表达能力和人际交往能力。

教学时，可以先创设问题情境，引导学生回忆，譬如有哪些人曾经帮助过自己？他是在什么样的情况下怎样帮助自己的？是否曾遇到过需要安慰的人？你又是怎样安慰他的？接着，让学生以小组为形式展开交流讨论，互相启发感染。最后选派学生代表在全班进行模拟表演，师生共同评议。评议时应关注表演者的语调语气、动作表情等方面。

人教版　全日制普通高级中学教科书（必修）《语文　第七册下》

【第一单元　写作·口语交际·综合性练习：成长的烦恼】

"太阳，太阳，给我们带来七色光彩，照得我们，心灵的花朵，美丽可爱。……我们带着七彩梦，走向未来。"我们几乎是唱着这首歌长大的，我们的生活确实充满了七色阳光。然而，即便是在阳光普照的时候，也难免出现短暂的阴云。成长中的少年，会有一些挥之不去的烦恼。这烦恼来自生活，来自学习，来自与同学的交往……但是，有烦恼并不可怕，关键是要正确对待它。从现在起，让我们一起清理烦恼，消除烦恼，带着多彩的梦走向成熟。

请从下列三项活动中任选一项。

一、说一说自己的烦恼

刚刚步入少年旅途的中学生,随着年龄的增长,青春意识的萌发,幼稚与成熟并存,烦恼与快乐共增。一旦有了烦恼,忧郁、感伤就会笼罩在我们的心头,生活也会失去光彩。你是不是有过这样的体验呢?请把你遇到过的烦恼列个清单,选择自己最苦恼的一件事或几件事,仔细作些分析,与同学们交流一下,然后写一篇日记,争取给你的烦恼画上一个句号。

二、妈妈(爸爸、老师、朋友……)少年时期的烦恼

某报社要开展一次讨论,话题是"回首成长的烦恼"。现在请你以一名小记者的身份,采访一下你周围的成年人,如妈妈、爸爸、老师等。采访内容:你在少年时期曾经有过烦恼吗?是怎样对待那些烦恼的?现在重新审视,你怎样评价当年的那些烦恼?如果可能,你也可以找一找当地有名望的人或你仰慕的人,通过采访,就这个问题与他们做些交流,然后写成一篇作文,题目自拟。

三、替朋友解说烦恼

常君是你小学时的同学,你们俩曾是无话不谈的好朋友。后来他爸爸调到省城工作,他小学毕业后也随父亲到省城去读中学。有一天,他给你打来电话,说自己心里很烦,不适应省城的生活环境,与同学沟通也很困难,缺少知心朋友,等等。请你设身处地想想他的烦恼,先在电话里与他交换看法,然后写一封信,帮助他化解烦恼,争取说得入情入理,使人信服。

【分析】

这一课程设计,除了鼓励学生采取积极的生活态度、重新评价自我、为朋友同学排忧解难的教学目的之外,还存在一个重要的教学目标,即培养学生的言语交流表达能力。

本课时设计了三种不同的有关于"烦恼"这一话题的言语情景,有自我陈述、同学交流,有采访对话,还有对朋友烦恼的倾听与安慰。令学生在不同的口语交际情境中,根据具体的语境需要,进行言语交际活动,使自己的语言运用尽量做到得体。活动过程中,教师应及时地予以指导评价,譬如言语交际时要求口齿清楚、举止大方,话语通顺完整,能够准确地表情达意,实现言语交际的目的。此外,对于采访等交际形式,则要让学生提前做个采访提纲,从而有利于采访过程条理有致地进行,顺利地实现采访的目的。采访的内容要有针对性,且谈话的过程中要注意得体、礼貌。

人教版　全日制普通高中教材《语文 第四册》

【写作、口语交际　第二单元】

演讲是以口语（讲）为主，以体态语（演）为辅的一种表达方式。是人们用来交流思想、感情，表达主张、见解的一种手段。同时也可以用来介绍自己的学习、工作情况和生活经验等，这是每个人经常会遇到的问题，因此，作为一名中学生应学会演讲。

演讲要力求观点鲜明，理由充分，有说服力和感染力。语言准确、简洁、通俗。吐字清楚、准确，语气、语调、节奏富于变化，可以借助适当的手势等体态语加强感染力。服饰仪态要整洁、庄重，有风度。

演讲并不神秘，它和作文一样，主要应在实践中锻炼，甚至可以说，演讲比作文更容易学会。只要敢于说、坚持练，就一定可以取得成功。

【活动设计】

一、竞聘演讲

以"假如我是班长"为题，也可以根据同学们的兴趣另立演讲题目，分小组进行一次演讲。

【提示】

竞聘演讲不像一般演讲那么"自由"，它除了题目和称呼外，一般分为几个方面：1.……

二、一分钟演讲

演讲根据需要可长可短，可以长篇大论，也可简洁短小。以班为单位，针对学习生活、某种社会现象、大家感兴趣的话题等确定题目，作一分钟演讲。每位同学都要参加，然后由同学进行点评，评出"最佳一分钟演讲"。

【提示】

一分钟演讲，不允许拐弯抹角、旁生枝节，必须扣紧主题，以求一语中的。

三、演说辞欣赏

古今中外曾涌现出许多著名的演说家，他们纵横捭阖、唇枪舌剑，演绎出一幕幕精彩动人的故事。请同学们利用电视、广播、图书馆、因特网、音像磁带等去搜集资料，将你最欣赏的演说辞（可以是整篇，也可以是片段）整理好并加上你的评点。全班举办一次"演说辞欣赏会"。大家可以朗诵、讲评，可以模仿、表演，也可以播放录音、录像，形式尽量活泼新颖。

【借鉴实例】

《人格是最高的学位》白岩松

…………

【分析】

这样的口语交际课程设计，为学生提供了一个学习、练习演讲的平台。采取小组内围绕同一话题演讲、一分钟自由演讲、演说辞赏析等丰富的形式，演讲选题的设置相对自由贴切，给予学生创造选择的自主空间，而非一些空而大、脱离生活实际的选题。注重激发学生的积极参与意识，注重学生即兴说话的能力培养，发挥学生的自主性和创新性，通过口语实践活动，使学生直接认识演讲这一表达形式，锻炼学生的表达能力，提高其在公众场合说话的能力，令学生在思想的碰撞中学到成功演讲的技能。

而在普通高中课程标准实验教科书《语文·必修2》中"表达交流"的课程环节设计，对于交际活动的设置则更为地深入与扩大。譬如其中的"演讲"一课，所提供的演讲情境更为灵活丰富、贴近学生的情感与现实生活。此外，还注重联系学过的课文，如以课文《氓》和《烛之武退秦师》为导入，引出相关的话题，展开演讲与讨论，很好地实现了所学语文知识与语言交际能力培养的衔接。熟悉的话题易于学生展开演讲活动，发挥言语交际潜能，而在言语的互动讨论中，学生对于课文内容、思想的体认也能得到很大的提升。

全日制普通高中（试验修订本·必修）语文课本第六册，还选取了一篇节选自叶蜚声、徐通锵编著的《语言学纲要》的课文——《语言是人类最重要的交际工具》。其中对于语言的根本性的社会功能——作为人类最重要的交际工具，做了具体的阐述，使学生对语言的交际功能有基础性的理论认识，也令学生对语言学的一些基本的理论概念有所了解。而普通高中课程标准实验教科书《语文·必修3》中则有《交际中的语言运用》一课，明确指出人际交往一般"离不开语言"，"人际交往就是语言交际"。课文介绍了称谓语、禁忌语、委婉语等交际中的特殊用词，带领学生探究交际中的语言运用，提高学生的交际能力。

最后，我们再来看一个小学语文口语教学活动的设计方案，体会其中为实现培养锻炼学生口语交际能力这一教学目标而设计采用的教学方法、所开展的系列教学活动步骤。

游戏：头脑风暴——发现问题

【目标】

1. 参与者畅所欲言，自由地表达自己的思想。
2. 参与者在思想碰撞中发现问题。

【材料】

大纸片、小纸片

【时间】

10 分钟

【步骤】

1. 参与者分成 4—5 人小组，组内指定一位记录员。记录员不参加活动，只是把大家所说的内容记录下来。
2. 教师布置"头脑风暴"的题目，如"西部农村贫困地区教育面临的困难和问题"，并发给每个小组一张大纸，小组将纸贴在附近的墙上。
3. 针对题目，小组成员迅速说出自己的看法。培训者鼓励大家畅所欲言，看法越多越好。记录员将大家所说的话不加选择地记录下来，不做任何评论或评价。
4. 如果时间不够，或者参与者不习惯当众大声说出自己的想法，也可以要每一位组员在小纸片上写下自己的看法，然后贴在墙上供大家分享。
5. 使用"头脑风暴"法产生有关问题之后，可以用另一种方法（其他方法）对问题进行分类。

——摘自《口语交际教例剖析与教案研制》第八章 教例 23

【分析】

王志凯、王荣生老师认为，这样的"头脑风暴"的口语交际活动方式最核心的要求，是"让所有参与者都把自己的想法说出来，不论这些想法是多么没有'逻辑'，没有'关联'，甚至看起来非常'荒唐'和'离奇'"。"头脑风暴"的目的就是"让大家在一个自由、轻松的气氛中尽情地遐想，激发自己的想象力，让思想自由流动，在与别人的交流中产生新的思想火花"。

在我国，汉字的初始教育（即零起点的识字教育）是在不同年龄段和不同的领域进行的，以年龄段为分类标准，可以分为小学识字和成人扫盲两类；以领域为分类标准，可以分为学校教育、社会教育和自我教育三类。小学识字教学是汉字教育的正常开端（王宁，2002）。

将关于汉字宏观理论的研究，特别是汉字构形学理论引入汉字识字教学，充分利用表意文字的汉字所具有的规律，对汉字识字教学能产生良好的促进作用。汉字构形理论是探讨汉字的形体依一定的理据构成和演变的规律，包括个体字符的构形方式和汉字构形的总体系统中所包含的规律的理论。这些规律可以为汉字识字教学提供基础。汉字的形体是由基本的构件有规律地组合而成，根据汉字构形理论可以将汉字分为形素、构件两个部分。形素是构成汉字并能体现汉字构字意图的最小单元。了解汉字的形素知识可以使我们知道汉字的基本特点，对学生正确书写、识字教学及查阅字、词典都有帮助。构件由形素组成，是汉字构形的单位，是直接参与构字并对所构字的构意起直接作用的构形元素。构件在汉字的构形中具有表形、示音、表义、标示、替代功能。汉字识字教学，关键是培养学生分析概括字形和构形方式的能力。利用构件切分原理，使字与字之间建立一定的联系，体现汉字的系统性，可以为汉字结构分析、字源分析、形旁声旁分析提供基础。识记汉字是一个发展的过程，最初是机械的识记，个体字符的积累达到一定的数量，汉字教学在一定数量的积累之后，应该依赖汉字的构形系统，利用字与字之间的关系加强联想，减轻记忆负担，建立构形规律的基本观念。汉字自身的规律是在个体字符形体类聚中存在并显现的。教师在教学中一方面要对汉字字形和汉字组合做认真的分析，并且掌握相关汉字构形的知识，另一方面在教学中要加强对学生的指导，要让学生养成在汉字学习阅读写作过程中自我总结的习惯。

如果把小学识字教学的对象设为零起点的对象，从初始的习得到掌握2500个常用字，可以划分为三个阶段：

1. 初期积累阶段，也就是突破零的阶段。在这个阶段，学习者把单字字形与语素或单音词联系起来，把握它的音和义。由于没有任何系统可以依托，这些字的识别完全靠机械识记，而且是以对大轮廓的整体识记为主，不使用任何理性的分析。由于认字的量很少，无法实现组合，读音与明意只能是个体进行的。利用朗读以语音来强化字形与口语的关联和利用构图来显示字形与语义的关联，便成为两个重要的手段。这一阶段难度最大，意义也最重大；因为这一阶段所识字的选定，直接影响下两个阶段教学的进展；这一阶段的合理与巩固程度，直接影响下两个阶段的教学效果。

2. 中期积累阶段，也就是识字量大幅度增加的阶段。在这个阶段，随着单字字数的逐步增多，字理的显现越来越明显，学习者很容易进入字理的归纳。在加以引导之后，汉字表意性的观念、形声系统的观念就会逐步产生。由于单字量的增多，已识字渐渐可以与双音词、简单的句子联系，在语言环境里，意义的掌握不断加深。汉字的表意性所体现的汉字与文化的联系也越来越明显，为汉字教学内容的人文性和趣味性创造了条件。在这一阶段，学生把口语转化为书面语——也就是阅读与写作的要求会自然产生，这时写字教学也可以大面积展开了。由于单字数量的增加，同音字、同形字频率上升，字理在辨异中的作用显得格外重要。在这一阶段，把握字形的速度是不均匀的。衡量这一阶段的教学效果，不能简单地以把握字形的数量和速度为标准，在总体数量达到一定程度后，重要的是看学习者在识别字形的同时依靠字理掌握意义的深入程度、所形成的关于汉字的正确观念的程度，以及书面阅读和表达能力的提高程度。

3. 后期积累阶段，也就是识字的巩固阶段。在这一阶段，阅读和写作与单字的增加同步进行，识字进入用字阶段，形音义是并重的，新字的积累主要采用演绎的方法。在用字过程中，语言环境对汉字识别的作用日益增大，汉字在聚合中见其形义系统，又在组合中见其音义系统。

总之，汉字识字教学所教授的是规范汉字，总体上是符合汉字发展规律和汉字的构形规律的，这样就为充分利用表意汉字的构形规律以促进汉字识字教学提供了前提条件。我们应该充分利用汉字的构形规律，教授规范汉字，使汉字识字教学达到积累一定数量的汉字，全面把握它的形、音、义和在符合汉字表意性、构形系统性的教学方法强化下，掌握识字的科学方法，达到不教而终身识字的目标。

第六节 社会语言学在其他领域中的应用

社会语言学的话语分析理论、语域理论，对语言在许多行业的实际应用研究产生了很大的影响，比如，在方言研究、商业广告、法律用语、医学研究各领域都有着广泛的应用。

6.1 社会语言学与方言学

6.1.1 社会语言学理论对方言学研究的影响

社会语言学与方言学之间有着密切的关系，方言学研究知识为社会语言学的创立和发展提供了支持，社会语言学研究成果为方言研究注入了新的活力。拉波夫（Labov，1966）和特鲁吉尔（Trudgill，1984）为代表的社会方言学派，是社会语言学在方言学研究中应用的代表，社会方言学派主要考察语言变异和社会因素之间的关系，研究的重点是受阶级、职业、年龄、性别等社会因素影响而产生的社会方言。

拉波夫的"语言变体理论"（variationistic lingusitics）为方言学的研究提供了新的理论和方法。变异研究把语言看作是异质有序的客体。"异质是说我们所能观察到的语言是有差异的，有序是指有序成分的分布是有规律可循的。"（祝畹瑾，1992）语言的变异有三个方面，地域变体、社会变体和功能变体。语言的地域变体研究实际上就是传统的方言研究。拉波夫20世纪60年代对纽约市民发音的调查，开创了方言研究的新方法，他的著作《纽约市英语的社会分层》已经成为社会方言领域的代表作。拉波夫通过调查发现，纽约市多数人发元音后卷舌音（r）时在不同的场合会发生变化，这种变异本身构成了纽约市民的一种口音特点，而且，对于地道的纽约人来说，这种元音后卷舌音的分布和出现有标示说话人社会背景的作用，能够说明说话人来自哪个阶层。因此，这种卷舌变异与社会场合和社会阶层有一定关系。社会地位高的阶层，出现元音后卷舌音的比率较高，不论社会阶层如何，在正式的社交场合，出现的比率也较高。在调查中，拉波夫采用采集说话人在不同条件下的录音的方法收集语料，又采用量化分析的方法分析语料，揭示了语言变项和社会变项之间的相关关系（correlation）。这种通过分析卷舌音出现的量的变化说明方言区别的方法，是对传统的方言学研究通过某个词或某个音的变化体现方言区别的方法的一大改进，成为以后许多社会方言学家的研究方法之一。特鲁吉尔的"应用社会语言学"认为，社会语言学的理论原则和研究方法对于方言学（dialectology）的研究有重要的意义，社会语言学的理论和方法可以帮助语言学家对方言变体的社会影响有更为透彻的了解，对语言流变问题及其动因做出更为准确的描述。

6.1.2 社会语言学方法对方言研究的影响

社会语言学借鉴社会学量化的方法从事语言研究的做法，促使方言学研究也采用语言调查的方式，增强了方言研究的可靠性和客观性，使方言研究的科学性和说服力大大提高。我国学者充分认识到这一点，在方言研究中收集了很多宝贵的资料，为我国的方言研究奠定了坚实的基础。我国学者在方言研究方面做出了有意义的研究报告,如胡明扬《关于北京话语音、词汇的五项调查》(1983)、曹志耘《北京话语音里的性别差异》(1986)、福建双方言调查、北方话词汇调查(1986—1992)、北京口语调查、洛阳老城区语言使用调查、上海浦东新区普通话使用情况和语言观念调查等,对我国方言研究成果"北方话基本词汇数据库""北京口语语料库"的建立做出了很大的贡献。

6.2 社会语言学与商业广告

6.2.1 社会语言学理论对商业广告的影响

社会语言学关于话语分析的研究和语域的研究,深化了语言实际应用问题的研究,在各行业中都有所应用,在商业广告用语中也是如此。广告语言的研究一直是社会语言学的研究热点之一。广告用语越用越精,越用越巧,商业领域把社会语言学的研究成果发挥得淋漓尽致。商业广告的目的是推销产品,是"说服"受众对象购买其产品,从言语交际的角度看,广告行为本质上是广告言说主体与和受众对象之间的一种单向言语交际活动。广告词的编写是一门语言修辞艺术,必须要在充分了解受众对象和潜在消费者的年龄、教育程度、兴趣爱好、生活方式和个人看法的基础上编写才可能产生良好的社会效应,如何了解受众对象的心理特征,不同生活方式下的人群在语言使用和接受上有何异同,这就需要社会语言学知识的运用。

6.2.2 实例分析

60年代的美国汽车市场是大型车的天下,大众的甲克虫刚进入美国时根本就没有市场,伯恩巴克拯救了大众的甲克虫,提出"think small"的主张,"想想还是小的好",运用广告的力量,巧妙地突出了甲壳虫汽车的小巧和实用,改变了美国人的以大为好观念,使美国人认识到小型车的优点。从此,大众的小型汽车就稳执美国汽车市场之牛耳,直到日本汽车进入美国市场。为M&M巧克力设计的广告词:"只溶在口,不溶在手",同样是著名广告大师伯恩·巴克的灵感之作,堪称经典,流传至今。它既反映了M&M巧克力糖衣包装的独特USP,又暗示M&M巧克力口味好,以至于我们不愿意使巧克力在手上停留片刻。这样的广告抓住了消费者的心理特征,包装的独特性不免让人心生好奇,忍不住一试,而对于口味的描述更是让人难以抑制买它一尝的心理,这样就可以成功地"说服"消费者去购买该品牌的巧克力。应该说,广告大师伯恩·巴克在设计这两则广告词的时候在不自觉地运用社会语言学知识,对潜在客户群的生活方式和个人看法及其心理特征有所了解,唤醒潜在客户群的消费意识,语言的巧妙运用和对受众对象心理特征的充分把握正是社会语言学的应用。

体育用品的第一品牌耐克通过以"just do it"主题的系列广告和篮球明星乔丹的明星效应,抓住了青少年一代"要做就做,只要与众不同,只要行动起来"的心态,发展成为一个大品牌,尤其成为青少年青睐的品牌。然而,随着乔丹的退役,随着"just do it"改为"I dream",耐克的影响力逐渐式微。当然,影响力的减弱与市场竞争的激烈和其他品牌的崛起有关,但肯定地说与广告词的设计也是有一定关系的,"I dream"不能抓住当代青少年标新立异的心理特点,与现代社会强调个性的特点不十分协调。这也显示了社会语言学的作用,对消费者年龄及其相应心理特征的把握会导致广告的成败。

台湾地区最有名的一则广告语是山叶钢琴所做的"学琴的孩子不会变坏",这则广告抓住了父母的心态,采用攻心策略,不讲本品牌钢琴的优点,也不谈钢琴的优点,而是从学琴有利于孩子身心成长的角度,吸引孩子父母。这一点抓住了父母希望孩子身心健康成长的心理特征,的确很有效,父母们十分认同山叶的观点,于是购买山叶钢琴就是下一步的事情了,山叶高明就在于此。这也是对社会语言学的很好的运用。

广告口号能生动地再现社会发展历史过程。许多市场营销学教材提到的经典的案例:福特汽车公司销售广告口号的演变。1920年以前,生产的发展不能满足需求的增长,多数商品都处于供不应求的状况,在这种背景下,许多商品都是顾客上门求购。企业的精力集中于扩大生产、降低成本,生产出尽可能多的产品来获取利润。此时,美国福特汽车公司大规模生产T型汽车,而且十分畅销,亨利福特这位汽车大王的口号是:"不管顾客需要什么颜色的汽车,我只有一种黑色的。"1950年以来,随着人们生活水平的不断提高,消费者的需求向多样化发展,企业的经营哲学从以产定销转变为以销定产,企业和顾客的位置对调,市场观念发生重大革命,企业一切活动都以顾客需求为中心,企业把满足消费者的需求和欲望作为自己的责任,福特汽车公司的广告口号也变成了"顾客需要什么颜色的汽车,我们就生产什么颜色的汽车"。不同时期广告口号诉求内容的转变,从社会语言学的角度来看是人们的消费观念、生活方式逐步走向理性和科学的过程。1970年开始,国外许多企业、商家在做广告时不再满足于诉说物品原来设计所要满足的需要,即物品直接的、显性的功能,而是努力传递一些现代的生活理念，并竭力触发人们内心的追求和渴盼。这种变化的社会背景是西方国家提出了"可持续发展观"，对于片面追求生产增长而不顾环境的承受能力这种发展观提出了反思和批判，环境污染、资源短缺、人口爆炸、通货膨胀等一系列日益严重的社会问题引起了广泛关注。与此同时，西方国家市场观念、营销观念悄然发生深刻变化，保护长远的社会利益成为公众的价值取向。对企业而言，它的生产既要在满足消费者需求的基础上获取经济效益，又要兼顾和符合整个社会的利益。渐渐地一些新鲜口号，如"绿色食品""绿色消费""绿色生活""生态生活"等流行全球，同时，人们注重生活质量、追求人与自然和谐相处的新时尚和新观念成为一种新追求。

6.3 社会语言学与法律实践

6.3.1 社会语言学理论在法律实践中的应用

社会语言学对法律实践的影响体现在对语言的理解和运用上，社会语言学家拉尔夫（Ralph Fasold，1999）从话语分析（discourse anaysis）、语用学与话语（pragmatics and discourse）、语言变体（linguistic variation）、言语交际民俗学（the ethnography of speaking）四个方面充分说明了社会语言学可以作为一种研究手段，为解决某些棘手的刑事案件提供完备可靠的法律证据。同时，社会语言学家也可以协助司法部门制订可读性更强的法律文本，为消除法律背景下的误读现象提供帮助，从而提高法律的公正性。20世纪80年代以来，法律实践中对话语分析理论的运用，逐渐成为社会语言学所关注的焦点。这种微观层面上的社会语言学研究对于揭示语言形式与功能之间的关系，起到了非常重要的作用。[①]欧美等西方国家越来越重视社会语言学研究在法律案件中的应用，许多著名的社会语言学家如拉波夫、费尔默、克鲁克等出庭担任法庭的专家证人。法庭在审理案件时常常以录音材料为办案根据。社会语言学家被请来帮助审听录音材料，判断当事人的真实意图，并将录音材料用文字记录下来。他们的工作比没有社会语言学训练的书记更有效、精确。美国有的州（如俄克拉荷马州、新泽西州、弗吉尼亚州、纽约州、内华达州）的联邦和地方法庭以及美国国会

[①] 马克思主义的批评理论注重揭穿隐含的意识形态并暴露真实的社会关系和现实利益。法兰克福学派的批评理论强调的是带来革命性变革的主观力量。批评致力于进步性的社会变革，具有解放性的社会功能，两者都以"启蒙与解放"为目标。（Wodak&Meyer，2009，转引自苗兴伟、穆军芳，2016）

的参议院都对社会语言学家的证词予以承认。①

6.3.2　实例分析

美国社会语言学家夏伊（Shuy，1982）报道的一个案例说明了话语分析理论在法律实践中的应用。夏伊发现，审判中会话录音常常会成为重要的证据。人们在研究这些录音时常常忽略这些录音内容是在别人引导下所说，因此其作为法律证据的效力是有限的。很多情况下，当事人会诱使被告说出对他自己不利的话。夏伊在他参加的一次专家辩护审判场合运用了话语分析的方法，把其中的偏见成分揭示在法庭中，使人对录音证据的价值产生怀疑。这个案例中的雇主是被告，他被指控企图谋杀离异的妻子和一位判决他们离婚的法官。联邦调查局了解到他打算利用一个雇员为其作案，为了获取证据，联邦调查局给这个雇员提供了录音设备，让雇员设法使雇主谈论此事，最终得到的录音中确实含有这个雇主谈论他的妻子和法官的内容，但谈论的主要原因是雇员诱发的。为了证明这一点，夏伊运用话语分析中话题分析的方法，尤其从谁提出话题，双方对话题的反映等方面着重作了分析。在话语分析的文献中指出，谈话中的一方提出某个话题，别人可以抛弃这个话题，夏伊发现谈话中那位雇主常常对雇员提出的话题进行抛弃、不予应对。通过对录音材料的分析，夏伊发现，雇员在其中提出的话题数达26次，而雇主只引入了九个话题。这充分说明是雇员在操纵话题。而且，雇员在谈话中多次话题重提，不是回到刚提出的话题上，主要原因是雇主没有接他的话题或者没有说出他想听到并录下的东西。所以夏伊向陪审团说明，尽管双方都把话题引向了一个结尾，但这些录音谈话是证明不了雇主在说服雇员为自己充当杀手。话语分析的方法很清楚地显示了事实的真相，即被联邦调查局指派的人（雇员）在另一方（雇主）不情愿的情况下将其引向某个特定话题。经过社会语言学家的分析，这些谈话的录音材料作为控告这为雇主的证据就显得不充分了。②

我国目前法律界还没有应用社会语言学的意识，但实际案件的审理和判决都应用了社会语言学的研究成果。比如，享有较高知名度的"梦特娇"商标受到侵害而引发的商标侵权和不正当竞争案。法国梦特娇自1986年6月起先后向我国国家商标局登记注册了四个商标："花图形"、繁体字"梦特娇"、

---

① 参见杨永林：《社会语言学研究》（2009）169。

② 参见徐大明：《当代社会语言学》（2004）226。

"MONTAGUT 与花图形"组合两个。另外两家服装公司上海梅蒸、常熟豪特霸在服装上使用"梦特娇·梅蒸"或"梅蒸"拼音字母与花瓣图形标志,上海梅蒸在专卖店的货架上、价格标签上使用"梦特娇"标志,在专卖店的店门以及店内使用"梅蒸"拼音字母与花瓣图形标志的行为,侵犯了梦特娇的注册商标专用权。上海梅蒸在专卖店店门、广告牌、服装以及包装袋上直接使用被告香港梦特娇的中英文企业名称,误导消费者,构成对梦特娇的不正当竞争。上海梅蒸、常熟豪特霸所使用的包装袋与梦特娇的包装袋近似,误导消费者,构成不正当竞争。上海梅蒸、香港梅蒸、常熟豪特霸在企业名称、商品上及经营过程中综合性使用"梦特娇"商标,以达到使消费者混淆从中牟利的目的,其侵权行为在服装行业具有一定代表性,因此,该案审理受到社会各界尤其是服装行业的关注,各大媒体都刊载了该案的审理情况,在社会上产生了较大影响。该案的事实和法律关系复杂,合议庭经过充分的调查、取证、分析,结合社会实际情况,最终判决认定上海梅蒸、香港梅蒸、常熟豪特霸三被告恶意串谋构成共同侵权,并按照法定赔偿金的最高额 50 万元承担连带赔偿责任,体现了知识产权的保护力度。案件的裁定虽然并没有社会语言学家的参与,但法庭还是运用了一定的社会语言学知识的,比如三个被告,同上文所说的广告商一样,了解了社会市场需求,并抓住了受众对象的心理特征,采用梦特娇的中英文企业名称和使用类似包装袋的方法,混淆消费者视听,法院裁定其是误导消费者,说明对三个被告的隐性广告宣传的做法做出了充分的调研和分析,是运用了社会语言学的研究成果。

第四章 认知社会语言学

认知社会语言学是近年来结合认知语言学和社会语言学的研究方法和理论而出现的一个新的研究领域,这种跨学科研究注重对语言使用的研究,核心在于对语言变异进一步深入地调查研究,并且研究语言使用与社会各方面的关系,本章将对这一学科作一简单的介绍。第一节简要回顾认知语言学的发展,说明认知社会语言学的产生是认知语言学逐步向社会视角转移的结果。第二节将介绍认知社会语言学对语言本质的认识、研究方法及研究内容。第三节到第五节将重点介绍认知社会语言学的三大研究领域的理论主张以及突出的研究成果。

第一节 认知语言学的社会转向

1.1 认知语言学的发展概况

认知语言学从20世纪70年代兴起,到20世纪80年代逐步发展至今,已经成为语言学界的一种新的研究范式。认知语言学是认知科学和语言学的结合,是用来指真正研究大脑中的语言,研究大脑认知如何与语言密切相关的科学,致力于在描写语言事实的基础上,努力对语言现象背后的认知规律做出统一性的解释。在哲学基础上,认知语言学建立在体验哲学之上,强调心智的体验性,认知的无意识性和思维的隐喻性。在基本假设上,认知语言学对形式语言学进行挑战,认为语言不是一个独立的系统,需要参照认知过程进行描述;句法也不是一个自足系统,与语言的其他部分密不可分;语言的形式结构深受社会环境认知机制、思维方式等因素的影响;语言知识来自于语言使用。

认知语言学的研究目标就是揭示人类的一般认知能力与人类语言的语法结构和语言使用之间的关系。为此,认知语言学提出了一些重要的基本理论对语言现象进行研究。比如,范畴化理论、认知模型理论、心智空间理论、构式语法理论、意象图式理论和隐喻理论等。(束定芳,2008)

范畴化理论根植于人类将不同检验建立联系并加以比较与归类的能力。人类在认知中能够在不同经验之间发现联系，而是将它们看作非独立的个体经验，并对不同的经验加以对比，记录相似性与差异性，然后根据相似性或其他关系将不同经验加以分类，并将一组事物作为整体进行操作。范畴化理论认为，这些人们在互动体验的基础上对客观事物普遍本质的概括便是范畴，由在经验中分类得到的属性聚集所构成的原型概念组成。人们基于相似性而将一组事物归为某一范畴，某一事物与原型更加接近，则在该范畴中越处于中心地位，而相似性贯穿了范畴化的整个过程。

认知模型是人类在认知和理解世界的过程中所形成的一种相对定型的心智结构，认知模型用来组织和表征知识的模式，表达概念及概念之间的一种相对固定的模式。认知模型（CM）具有体验性、互动性、完形性、内在性等特征，而理想认知模型（ICM）是建立在一系列认知模型基础之上的一种复杂的整合的完形结构，指特定的文化背景中说话人对其某领域中的经验和知识所作出的抽象的、统一的、理想化的理解。

心智空间理论认为，人类在进行思维活动和生成话语时依赖多个概念彼此关联的知识结构，话语生成的过程就是将若干个知识结构连接起来，从而产生对信息的分割、整理和再加工。而在此之上又提出了概念整合理论，是一个连接心智空间网络内部的认知模型，以投射、映射和动态模拟的手段不断促进新概念的产生。

构式语法理论最主要的核心思想是形义配对体，是指两个或两个以上的象征单位所形成的结构，所有的构式都是形义的结合体，它们以特定的方式组织起来并存储于说话者心智之中。所以人类所有的语言知识都可以纳入到构式网络当中。

意象图式依赖于人类的日常与世界的互动，根植于身体体验，作为概念结构的一种模式，可以用来组织人类的经验。意象图式理论也与隐喻理论有所关联，因为人类可以将意象图式投射至抽象概念当中，为隐喻性投射到其他概念域提供了基础，所以意象图式也用来组织人类的抽象概念。而隐喻被认为是人类的一种基本的认知能力，被看作是某一源领域作为参照而向某一目标域进行映射，从而使得目标域概念能够被理解的一种能力。

本节简要介绍了认知语言学的基本概况和基本理论，可以看到，认知语言学将语言看作是人类认知活动的一种重要的工具，所以语言的结构和使用必然会受到人类认知手段和方式的影响。基于此，认知语言学实际重新将认知语境纳入到语言范围当中来，同时在自身的再进一步发展过程中转向社会视角，从而使得认知社会语言学产生。

1.2 认知语言学的"再语境化"趋势

从认知语言学的产生发展来看，认知语言学的研究本身就代表了再语境化的趋势。

20世纪的语言学发展，本身就是从去语境化到再语境化发展的过程。结构主义语言学之父索绪尔对语言与言语作了区分，创造了一种内部分离的语法，在语言内部将语言一分为二。一方面，他认为语言是社会性系统，是社会成员所共有的，是团体内的共享符号；另一方面强调言语是个体的，是一种通过符号系统中具体组合的元素进行的心理活动。但索绪尔并没有明确指出，如何将社会团体与个人体系的符号运用连接起来，也就是说，在两者之间存在一个缺口，这正应该是个体系统的存在。

乔姆斯基通过区分语言能力和言语行为，填补了索绪尔语法中的这一缺口，他认为个体对社会符号的认识是联系社会符号和个体运用之间的纽带。而这种做法导致了严重的语法去语境化的后果，乔姆斯基极大的忽视了语言的社会性，将作为一种社会符号的语言与社会语境相分离，包括社会语境、具体语言使用中的当下场景以及说话人经验的认知语境，等等。虽然这一做法与其所强调的语言遗传性具有很强的关联性，使语言学研究向语言能力转变，脱离人体经验的认知语境。但这样的看法也不能解释个体语言知识来自于哪里。

也有很多学者认识到了这种去语境化的后果，比如，拉波夫便逐渐关注到了去语境化阶段中被丢弃的个体使用部分，并把它发展为独立的学科，也就是社会语言学的出现，弥补了生成语法对语言社会性研究的缺失。同样，语用学的产生也使得学者们关注到了语言应用与语言结构的关系。

而认知语言学的产生，强调语言的认知关联、语言结构的语境化以及对语言用法的关注，实际也恢复了对于语义、词汇、语言运用和社会语境的研究。首先，认知语言学主张语言与人的普遍认知能力相关联，因此也可以采用认知科学的方法，包括心理学实验、神经生理学实验等。其次，认知语言学认为，语言系统、语言使用和语言知识之间的关系是互动的，所以可以通过分析语言的实际用法来观察语言系统，即通过语言的用法来构成语言研究的实证基础，并在此基础上归纳出语言的普遍模式。同时，语言的学习也以语言的实际使用为前提。

在认知语言学发展的过程中，也有不少学者发现并指出，如果单纯地停留在纯语言层面进行研究，那么就不能进入更深的层次对语言的规律做统一的揭示。因为语言并不是一个纯粹的大脑的运作，语言的社会属性决定了语言的研究无法忽视语言的外部因素。Langacker（1999）便指出要研究概念和语法结构的动态性，就必然要研究话语和社会互动的动态性。Croft（2004）也指出认知语言学要吸收语用学和社会语言学的某些概念和方法，以研究语言的社会属性，同时要将人类行为的社会和心理维度结合起来研究语言这一对象。Geeraerts（2006）指出，认知语言学未来的一大发展方向便是语言的社会维度研究，即把文化环境与语言的社会交互性看作是语言认知研究的基本要素。

认知语言学认为，语言受到很多外在因素的影响，其中不仅包括人类的认知能力，还包括社会和文化因素。而语言作为一种社会现象，在社会生活中起到重要的作用，社会也必然会对语言产生巨大影响，使用者的阶级出身、社会地位、受教育背景、从事的职业、年龄、性别以及民族等方面的差别都会形成语言变异和语言变体，反映在语音、语调、语法和词汇的差别上，同时也反映在语言使用习惯的差别上。由于社会因素的影响，同一社团成员的语言知识库彼此既有重合又有差异，所以社团的语言知识库应该看成既有差异又重合的语言知识库，从而形成了一个庞大而复杂的社会方言体系。所以认知语言学在再语境化的过程中，逐步转向了社会视角，同时结合了社会语言学中的一些研究方法，从而产生了新的研究领域，称为认知社会语言学。

第二节 认知社会语言学的语言观、研究方法及研究内容

2.1 认知社会语言学的语言观

认知社会语言学，是语言使用探索研究中的一个新的领域，该领域结合了认知语言学和社会语言学这两大领域的方法和理论框架。认知社会语言学认为，语言的本质是基于用法模型的语言系统。

基于用法的语言观认为，语言使用者的行为是语言学的最基本现实，语言系统只是对语言行为中出现的模式进行抽象和概括。在基于用法的方法论看来，

语言不仅仅是一个可以用来生成日常话语使用中形式意义的资源库，同时也是以语言使用者的自身经验为基础从而生成日常话语的产物。这就是说，用法基于的是说话人日常的使用，是每一个个体说话人的言语行为合集。而因为语言的社会属性存在，每一个个体说话人的语言知识和言语行为都是既有重合又有差异的，所以，由每一个成员组成的社会社团中的语言知识库也是一个既有差异又重合的语言知识库，而语言本身也被看作是由一个社会社团所共享的庞大而复杂的社会方言体系。

而且，理想的语言社团和理想的说话人并不存在。因为语言使用者学习语言的过程并不是将自己与所谓的语言系统进行校正并调整个体系统的过程，而是在社会互动中与其他语言使用者相互调整的过程。由于每个人的接触范围有限，这些调整都不是完全的，所以在语言社团中的任何一个个人都不能够完全掌握这个方言体系，社团成员对语言知识的共享也不可能完全相同。

但是语言使用者在社会社团中具有不同的身份和特征，比如，阶级出身、社会地位、受教育背景、从事的职业、年龄、性别以及民族等，所以在与其他语言使用者进行社会互动的过程中也具有各自的社会结构，这些社会结构也是基于语言使用者的用法而产生的。因此，基于用法的语言观和方法论就是要真实反映社会因素对语言的影响，即语言的社会变体研究，这就要求把语言研究要采用客观观察的方法，而不是凭借研究者个人的主观直觉和内省方式。

在基于用法的方法论体系中，研究语言变体就存在两个基本角度，一个是社会角度，另一个是认知角度。社会角度就是研究语言产生时的差异，这也是传统社会语言学的关注焦点，例如，考察具有不同社会特征的人群在语言使用上的差异。而从认知角度而言，研究要涉及语言使用者的认知能力和对语言变异持有的态度的作用，研究语言使用者在社会互动过程中形成的对其他人语言行为的看法，以及这些看法对语言使用者日后语言行为的影响。

2.2 认知社会语言学的研究方法

认知社会语言学在研究方法上还是综合传统的认知语言学和社会语言学的研究方法，比如田野调查法、问卷调查法、语料库语言学调查法、多元变量统计法等。

在实际用法语料的收集上，认知社会语言学的研究也会借鉴传统社会语言学的田野调查、问卷调查等方法。田野调查法是田野考察中获取研究语料，包括根据研究的具体关注点和目标来确定研究人群，通过直接观察、访谈或者大规模的社会调查进行语料取样、样本判断、样本分层等。

而从用法的角度看，语料库相对于调查、实验等语料收集方法有不可比拟的优势。首先，语料库中的语料来自于真实的语言使用，是语言使用者自发产出而非实验室条件诱发的，所以这些语料反映语言产出的真实结果。其次，语料库的规模较大，内容较为丰富，并且支持多条件的检索，更有助于研究者找到相关的语料。不过，不同的调查方法也不是相互排斥的，不同方法间可以相互补充，田野调查法、问卷调查和访谈法可以用来补充相关语料的缺乏，实验法还可以控制相关干扰因素，提供在线加工的信息来支持关于语言使用的认知和神经机制的论断，弥补语料库离线分析的不足。

在研究过程中，认知社会语言学也会使用相关定量研究的方法。在传统社会语言学当中，研究者就意识到了语言的各种外部因素往往以不同的程度相互影响，所以有必要要求描写这些因素共同作用的交互影响，而这就是多元变量统计方法。在多元变量统计方法中，经常被使用的就是 VARBRUL 和 GoldVarb 两款用来描写不同参数交互影响的软件。前者采用最大概率估测方法，用来解释各种情景和语境因素对说话者选择语言形式的影响，使研究者能够估测任何言语活动中自然出现的多种独立的语言因素和社会因素的相对强度。而后者采用变项规则分析法，除了可以运算出现的变项外，还可以进行数据的调整和再编码，更有利于对社会语言调查数据进行多元回归分析。

认知社会语言学在研究语言变异的过程中，使用的量化统计方法也开始从单维测量发展到更高级的多元变量统计，以考察多维变量的交互作用。在研究方法上包括：通过相关分析来考察不同变量间的共变关系，发现变量间的内在关联性，进而分析变量间共变关系的性质、建立预测关系和寻求公共因子；通过聚类分析在多维空间中对各个自变量进行量化，以一定的标准来对不同自变量间的距离进行量化统计，遵循距离最近原则对变量进行分类；通过多元回归分析，以多个自变量的值预测一个因变量的值，从而建立起一组自变量–因变量的关系模型；通过变项规则分析这一社会语言学常用的逻辑分析模型，将众多观测变量按照相关性大小进行分组，以每组变量所代表的基本结构即公共因子来概括和解释大量的观测变量，建立更具一般意义的因子分析模式，解释各种情景和语境因素对语言选择的影响。

2.3 认知社会语言学的研究内容

认知社会语言学以语言的实际用法为导向，这门学科的核心研究内容是有关语言变异的调查研究，以及语言变异与社会各方面的关系。

传统的社会语言学研究大多只关注社会因素对语言变异的影响和作用，但社会因素并不直接地参与到语言使用者的言语生成过程，而是要进入到语言使用者的认知当中，构成语言使用者的认知语境后，才能与语言发生联系。所以，传统的社会语言学对语言变异的研究忽视了语言使用者的主观认知和态度对语言变异的影响和作用。因此认知社会语言学强调语言变异研究当中的认知趋向，关注社会因素与认知因素之间的相互作用，尤其关注语言使用当中的语义变异。认知语言学一方面设法对语言结构和语义的变异提供一种更加全面的解释，另一方面还要通过对语言社团与语言使用者所处的文化的观察，最终对于语义的变异做出一定的阐释。

除此之外，认知社会语言学还更多地涉及语言调查研究的应用领域，比如，语言和意识形态方面、语言政策辩论方面、应用文化语言学方面以及最近的世界英语变体领域研究。这些研究内容都是在探讨语言与社会各方面的关系，涉及语言与认知文化模式、社会政治和社会经济体制的意识形态研究等。

第三节 基于用法的语言变异研究

3.1 认知社会语言学中的构式变异研究

构式语法的重要理论基础来自于框架语义学和经验主义语义观，构式理论本身强调要充分考虑以说话者为中心的语境组构。Goldberg（1995）认为，如果一个语言型式的形式或功能的某些部分不能严格地从其组成成分或已知的结构中得到预测，就可称为一个构式。在构式语法中，构式是语言的基本单位，而一个构式具有一个基本固定的构式义。

在语言使用的过程中，很多构式虽然本质上是相同的，具有一定的稳定性，但是个别条件也会出现细微的变化，这种可变性往往不是依靠语言内部因素的，而是需要语言的外部因素加以协调和限制。认知社会语言学尤其注重语言的用法，构式在使用过程中的选择差异，与其他构式间的相互影响以及新兴构式的产生和变异都成了认知社会语言学关注的内容。

　　Hinrichs（2007）等人以英国英语和美国英语为语料，考察了语言使用中对所有格构式的两种变体的选择情况。在英语语法中，表达所有格关系有两种显性方法，一种是 of 所有格，另一种是 's 所有格，如果两种所有格构式可以任意地互相转换，那么在使用频率上应该是大致相同的，但是在之前的研究中，研究者们也曾发现了影响英语所有格选择的因素。第一，领属者的生命度影响了两个构式的使用，如果领属者是有生命的，那么多使用 's 构式；如果领属者是无生命的，那么多使用 of 构式。第二，语音的影响因素，当领属者语音上以后齿擦音结束时，多使用 of 构式，并且当表示领属者的词形较长时，多使用 of 构式。第三，信息结构因素，当领属者与领属物的关系非常紧密时，多使用 's 构式，而且表示的领属关系越重要，就越多使用 's 构式。第四，语篇类型因素，在以简洁为中心的文章和注册表中多使用 's 构式，并且在相对较高的信息密度和词汇密度为特征的新闻语篇中，也多使用 's 构式。这些提及的单个影响因素确实是存在的，也有相关文献进行了证明，但是认知社会语言学要研究的是在多因素的影响下，语言使用者使用构式的不同选择差异，这不但涉及了诸多的语言外部因素，同时还需要建立一个多因素的逻辑回归模型，以更深层次地揭示这一现象的内在规律。Hinrichs 等人利用美国口语语料库（CSAE）、英语方言弗莱堡语料库（FRED）和布朗家族语料库搜集了 20 世纪 60 年代到 90 年代英国本土英语和美国本土英语的大量语料，并且包含口语、报刊等不同的语体和语篇类型，以研究对这两个构式选择产生影响的非语言因素如时间、空间、语体（口语或书面语）、语篇类型等，以及这些因素同传统研究所关注的语义、语用、语音、经济原则等语言内部因素的交互作用，Hinrichs 等人假设在语言使用的过程中，语言内部和外部因素交互作用，共同影响构式选择。在研究过程中，Hinrichs 等人使用了二元逻辑回归和聚类分析的方法，发现了语言内外部不同因素作用下的语言使用者对于 of 构式和 's 构式的不同选择。如在英国英语中，人类领属者名词短语对 's 构式的选择倾向更强，这是语义因素同地理因素的交互作用；美国英语书面语中，领属者在语篇中主题性增强对 's 构式的吸引更明显，这是语用因素同地理因素的交互作用；报刊语言中，末尾擦音对 of 构式的吸引更为显著，这是语音同语篇类型的交互作用；新闻报道中较长领属者名词短语对 's 构式的排斥性比新闻评论强，这是在线加工及语言分析因素同语篇类型的交互作用；较长所有物名词短语对 's 构式的吸引在书面语中表现得更显著，这是在线加工和语言分析同语体的交互作用；经济因素的影响在书面语中显著，这是经济原则同语体因素的交互作用。这种将语言变异的内、外因素结合起来的认知社会语言学研究更加真实地呈现了具体的时间、空间、语篇类型中的构式变异。

Timothy Colleman（周红英，2012）从共时和历时的角度探讨了现代荷兰语中获益性双及物构式的变异，荷兰语在本土的表现被称为尼德兰语，但在比利时的北部也有使用荷兰语的地区，被称为佛兰芒语。这两种变体的获益性双及物构式发生了与不同的动词相容变异现象。从历时角度来看，尼德兰语中的获益性双及物构式经历了语义缩减的变化，可与之整合的动词受较大的语义限制，同时，在尼德兰语中，获益性双及物构式也成了双及物构式的边缘用法，并且正在消失。从共时角度来看，佛兰芒语的获益性双及物构式有了更大的语义开放性，可以同更多种动词整合。这一研究同样以语言的使用为出发点，对处于不同语言变体的构式变异现象进行了描述，说明作为基本的语言单位，构式的语义特征也可能像词那样发生共时或历时的变异，从而改变构式义，甚至发生抽象的论元结构的变化。

3.2 认知社会语言学中的语义变异研究

认知语言学将语义看作是语言结构中的重要方面，语义的结构能够反映说话者的认知及其与社会现实和文化接触后所做的调整。认知语言学很早便开始关注词汇语义的变异研究，但是这些研究大多还停留在语言内部结构中，对于词汇语义变异与语言外部因素之间关系的研究涉猎较少。而无论是社会语言学领域还是认知语言学领域，都认为语义的本质是可变的，但是任何一方都没有一个完整的理论框架能够更深入地研究语义变异的规律。传统的社会语言学还停留在不同社会变项与语言变体的关注上，而没有发展出社会语义学相关的理论；认知语义学也在研究个人话语的使用上不知所措。

Geeraerts（2008）等人通过问卷和方言调查收集了荷兰 Limburgish 地区各方言中 206 个人体概念域中的 32591 个词汇，考察了这些词汇的内在概念特征，包括概念突显性、模糊性和语义上的消极性，并探究这些概念特征与方言词汇变异的关系。在研究过程中，研究者使用了多重线性回归分析，结果表明，词汇的概念突显性、模糊性和语义消极性这三个变量对词汇的方言变异都产生了显著影响。这一研究说明了，除了地理、社会因素等传统社会语言学研究所关注的常规社会变项外，词汇的内在概念特征同社会变项的互动也导致语言变异。也就是说，社会语言学的词汇变异研究极有必要深入到词汇的概念认知层面，全面揭示词汇变异因素。

所以，在认知社会语言学的框架下，一方面试图解释语义变异现象中词汇的概念结构变化，并寻求变异中的认知程序；而另一方面，也在纳入认知语义学的理论框架，对语言使用中的语义变异现象进行充分的解释。

3.2.1 历时原型语义研究

原型理论最早用来解释人类范畴化的过程，原型被认为是某一范畴当中的范例。在认知范畴当中的原型成员拥有最大数量的与其他成员之间共同的特征，而通常会通过原型成员来推断其他非原型成员的特征。其他成员是通过与原型成员的相似性而被赋予成员资格的，与原型成员越接近，则在该范畴中越处于中心地位。而随着时代的变化，范畴当中的原型会发生变化，比如当今原型的手机、电脑都会与之前的发生变化。

这就意味着，语义和范畴化的过程中实际上充斥着变化，那么从历时的视角来看，认知社会语言学从考察语义范畴的历时演变来证明语义和范畴化的变化。

Geeraerts（2010）对荷兰语的两种语言变体尼德兰语和佛兰芒语中的legging 一词的语义发展过程进行了考察。研究的语料来自于1988年到1992年的时尚杂志，首先根据杂志上的图片，以及杂志对图片的描述确定了legging 一词的六个语义维度，分别是长度、宽度、折缝、材质、功能和穿着者的性别。然后对这六个维度进行编码，比如在长度维度内，编码3代表legging 到达脚踝的长度；编码2代表稍短的legging，介于膝盖与脚踝之间；编码1代表长度仅到膝盖之下。再如在性别维度中，编码F代表穿着者为女性，M代表穿着者为男性。再接下来的研究工作中，Geeraerts等人对每一个legging 利用编码进行描述，例如<3, 1, 1, 1, 1, F>代表这个legging 的语义成分是[长度到达脚踝；紧身的；没有折缝；使用细纺的有弹力的材料；作为外裤穿着；穿着者为女性]。在描述了每一个搜集到的语料之后，研究者利用认知语言学的原型理论并结合家族相似性绘制出了这六个维度所构建出的空间，并通过定量的分析对比了legging 一次在不同时间段呈现出的不同特征。研究发现，第一，对于legging 一次的原型成员没有发生过变化，表现为<3, 1, 1, 1, 1, F>，而且历时的所有用法都包含了这个最中心、最原型的特征，也就是[长度到达脚踝；

紧身的；没有折缝；使用细纺的有弹力的材料；作为外裤穿着；穿着者为女性]是两种语言变体中 legging 一词的原型语义。第二，从历时角度来看，可以发现 legging 一词的非原型成员有消失的趋势，比如，在 1988 到 1990 年还出现了长度编码为 1 的 legging，但 1991 年之后，长度编码为 1 的 legging 位置空缺。这说明在范畴化的过程中，原本处于非原型成员因为在这一特征上与原型成员的差异而被排除在了该范畴之外。第三，从 1990 到 1991 年，legging 的成员呈现出爆炸式的增长，而且语义上也有极大的扩展，比如，穿着者为男性、非紧身的 legging 都被纳入到这一范畴当中，一方面这与它在这一特定阶段的流行程度密切相关，另一方面这体现了这些成员与原型成员之间在特征上的相似性。第四，与尼德兰语相比，佛兰芒语的 legging 一词出现的语义变异更多，在探究原因上，发现法语对佛兰芒语有了更大的影响。这一研究揭示了时间、社会现实等语言外在因素对于语义发展的影响，而且可以发现 legging 的中心意义在语义发展的过程中一直保持稳定，而相继出现的新颖意义则是围绕原型语义沿着以上六个维度逐渐发展变化的，这说明具有主导地位的意义是逐渐扩展的，不同意义之间形成了多维度的网络结构。同时，社会因素的变化也在这种多维度结构当中扮演者重要的角色。这一研究也从侧面揭示了认知语言学中原型角色实际上等同于对原型的社会阐释。

3.2.2 词汇语义变异研究

除了从范畴化角度对语义变异进行揭示以外，多义现象以及多义词的使用状况也受到了认知社会语言学的关注。

Augusto（周红英，2012）对近 60 年来葡萄牙语的欧洲标准变体和巴西变体中"足球"和"服装"两个概念域的词汇进行了历时、共时及跨语篇类型的对比。该研究考察两种变体中相同概念域词汇的合流和分化趋势及两种变体可能的发展趋势。研究表明，即使是最可能拥有共核词汇的概念域，其词汇在两种变体中产生不同的演变轨迹，变异归因于不同国家在地理、社会文化、历史经验等方面的巨大差异以及来自语言标准化、外来语等因素的影响。

Peirsman（周红英，2012）等人将计算语言学的词汇空间模式用于考察荷兰新闻语篇中宗教词汇 islam 和 christendom 在 "9·11" 事件前后的使用模式和分布情况的变化。词汇空间模式可以自动区分词汇的语义场，并且将不同语义场间的距离量化，在此基础上识别典型语境中词的用法变化及新闻主题的变化，从而揭示词的用法特征和语言使用者对相关事件的态度。该研究通过基于大量语料的检索统计以及对不同报刊、不同语类或语言变体的比较表明，"9·11"事件后，islam 一词在使用分布上更倾向于接近 terrorism 这个语义场，而被赋予了消极含义；而 christendom 则仍然保持了"9·11"事件前的使用特征，即主要同文化领域及其他积极语义特征相联系。词汇 islam 在使用和语义上的变化折射了不同报刊的视角、态度和政治立场。

第四节 语言变体的文化模型研究

4.1 语言变体的四种文化模型

从认知人类学的角度来看，文化是一种团体属性，而不是个体属性，文化是一种内在的社会形势，并且与个体的知识形成对比，所以文化知识通常的表现形式是认知模型。文化和文化模型的概念，对认知社会语言学语言观下所认为的语言使用者的概念化也有所帮助。

认知社会语言学认为，语言并不是基于规则的系统，而是基于使用而产生的系统。所以人们把语言当成交流工具和身份认同的表征，语言当中的范畴化也并不是随机产生的，而不同民族对于语言范畴化当中的差异也有着文化和历史的根源因素。而认知语言学研究语言变体并不只研究在语言系统当中的人类语言行为的差异，同时还关注人类对于语言变体的态度和认识，而这正需要文化模型来揭示人类对于语言的认识活动所起到的作用。

而围绕着交流工具和身份认同这两个基本的影响因素，认知社会语言学在研究中提出了四种不同的文化模型来解释语言使用者对于语言变体的态度和认识。这四种文化模型分别是理性主义模型、浪漫主义模型、民族主义模型和后现代主义模型。理性主义模型和浪漫主义模型相互对立，同时也严格区分了交流工具和身份认同这两个基本的影响因素。而后两种模型实际上是两种综合性的模型，他们采取相互融合的取向，不再分离这两个基本要素，而是兼容并蓄。其中 18 世纪产生了对语言变体的两种不同看法，即浪漫主义模型和理性主义模型，这是语言变体的文化模型的两种原型。19 世纪民族主义模型诞生，20 世纪后现代主义模型诞生，本节将对这四种文化模型作一简单的介绍。

4.1.1 理性主义模型与浪漫主义模型

理性主义模型认为语言是一种交流方式,标准化语言是社会参与的中性媒介,语言变体会阻碍交流,要想达到交流效果的最优化,那么必然要求语言在最大限度上保持一致性,这也是语言标准化的内在逻辑。而作为交流中性媒介的标准化语言应具备地理广泛性、社会中立性和主题通用性。首先,理性主义模型将语言看作是民主参与和解放的中性媒介,所以标准化语言应该不受地理和社会差异的限制,标准化的语言不能仅仅是一省或几省的语言,应该具有地理广泛性。其次,理性主义模型主张标准语言是合乎语法的,有规则的、真正的语言,标准语言使人们能够承担国家公民的理想角色,并且共同以平等的身份参与国家政治,所以语言不能仅仅是社会精英所使用的语言,这种标准化的语言需要达到社会的一种通用的可及性,而这正是在理性主义模型下所认为的教育的职能。另外,标准化的语言需要能够谈论任何话题,而不能仅限于某个或某几个话题,这就是主题通用性。

浪漫主义模型认为语言是一种表达方式,语言变体代表不同的身份认同,不同的文化必须从根本上受到公平对待,因此浪漫主义将语言视为本地化的一种方式,如民族的自我表现和自我认同。所以浪漫主义反对标准化语言,认为标准化语言是一种排他性的压制媒介,或者对本土身份的威胁。持浪漫主义观点的人主张语言多样性,支持社会方言、地域方言的存在,主张方言变体具有情感和表达力,表征着交际者间的亲密关系和熟悉性,以及这种方言使用者的身份等。

4.1.2 民族主义模型与后现代主义模型

可以看到理性主义模型和浪漫主义模型在对待语言变体的态度上是完全对立的,不过两种文化模型又逐渐找到了融合点,而融合的逻辑就是多大程度上确保交流,在多大程度上表达身份认同。而进入到了民族主义模型阶段。

理性民族主义趋向于普遍主义,即最大限度的民主要涉及整个民族,最大限度的交流需要一种世界语的存在。但迫于现实条件,这些要求逐步降低,对于民主参与来说,一个政治团体内部存在一种共同语言以保证交流,而不是整个国家的标准化语言的确立。而浪漫民族主义则趋向于个人主义,即最大限度地对个体进行认同,最大限度的多样性也是针对个人主义的。但同样迫于现实条件，如果保持最大限度的身份认同，那么每个人都要拥有自己的语言，而这会带来语言社团内部无法交流与理解，所以这些要求就降低至要求一个文化或民族团体共用一种语言。

在这样两种极端对立的趋势中，普遍主义和个人主义、理性主义和浪漫主义，都很少以纯粹的单独形式存在，而是伴随着独立于政治的某种身份认同向彼此融合，比如，一个国家就是一种身份认同。但这样的融合也存在着两个重要的问题，一是分界问题，民族国家内部会存在内部民族的矛盾冲突；另一个是这种民族主义模型会以教育的手段强加给语言使用者以身份认同，而否认个体身份的多样性。

由于民族主义模型存在的问题，为寻求解决之道，后现代主义模型诞生了。后现代主义模型试图摒弃分离的逻辑，而采用连接的逻辑来解决民族主义模型中存在的问题，浪漫后现代主义提倡多种身份认同，理性后现代主义则提倡多种语言共存。但实际上，这一模型只是将民族主义模型中的民族身份认同划分问题转化为了语言领域的功能分界问题，比如，英语在高等教育中的功能范围；英语作为国际科技领域的通用语言及功能范围；欧洲联盟的机构语言设置问题；等等。

4.2 文化模型的应用研究

通过对四种文化模型的介绍，应该认识到语言的使用者对于语言变体的认识实际上就存在趋异和趋同两种趋势。一方面，如果认同标准化的语言，那么就会排斥语言变体，而向标准化语言靠近，而反之则会更加接纳语言变体，从而产生更多的变异现象。

Geeraerts（2010）对荷兰语的两种语言变体的聚合和分离关系进行过探讨。Geeraerts 等人聚焦在这两个变体的足球和衣服两个范畴中的词汇，并从历时和共时的两方面搜集了大量的语料，发现从历时角度来看，两种语言变体出现了递增的统一性和相似性，可以看到尼德兰语和佛兰芒语具有聚合的趋势。而共时角度来看，发现佛兰芒语内部出现了更多的语言变异。而对于尼德兰语和佛兰芒语的是否能稳定保持聚合趋势的问题，根据荷兰语的发展历史，法语是造成佛兰芒语偏离尼德兰语的一大因素，而英语则是导致佛兰芒语和尼德兰语聚合的因素，而目前英语全球化给尼德兰语和佛兰芒语的发展带来了压力，二者的语音差异实际也在不断扩大。Geeraerts 也利用文化模型预测了这两种语言变体的发展：如果强调交流最大化的理性主义盛行，那么尼德兰语和佛兰芒语将朝持续聚合的方向发展，非正式的佛兰芒语会向其上层标准语转变；如果强调身份认同的浪漫民族主义剩下，那么尼德兰语和佛兰芒语将朝逐渐分离的方向发展；如果认可不同语言存在功能性差异的后现代主义剩下，那么尼德兰语和佛兰芒语将保持现状。而这些预测在文化模型下考虑的还是语言使用者的认知、态度等问题，所以还需要持续的观察和研究的支持。

Raphael Berthele（周红英，2012）从文化模型出发，通过实验的方式确定了标准语同方言的概念化差异。Berthele 设计了一个匹配实验，在实验中，要求被试匹配播放的语音和其被唤起的物理视觉意象，比如，图形轮廓、图形的规则性等，并从被试匹配的德语语音特征唤起的物理视觉意象来考察语言态度。在实验中，被试倾向于将标准德语同轮廓清晰、形状尖利而有规则的意象匹配，并将其描绘为结构完整、合乎规则等；将波恩方言同轮廓不清晰、无明显结构、随意而简约的意象匹配，并将其描绘为圆润、随意、有情感和表达力、表征亲密关系和熟悉性、标示说话者身份等。Berthele 的实验印证了语言文化模型当中对立的理性主义和浪漫主义模型，也证实了实际语言使用者并不是单纯使用一种模型来看待语言变体的现象。在实验的基础上，Berthele 还提出了语言态度的内在价值假说，即语言的内在特征（包括语音特征）作为使用的经验成分，对形成关于语言的心理模式和态度产生塑造作用。

2008 年出版的论文集《认知社会语言学：语言变异、文化模型、社会制度》一书是第一部以认知社会语言学命名的著作，宣告了认知语言学同社会语言学的合流。这本论文集基于认知语言学，强调语言和认知研究的社会文化取向[①]。2010 年又出版了一本新的论文集《认知社会语言学的进展》，这本论文集则主要基于社会语言学，强调语言变异研究的认知取向，关注社会变项同认知因素的交互作用。

认知社会语言学比其他语言学学科更关注共享的社会语言系统，在研究中所使用的语料也更加接近实际用法语料。同时在研究过程中进一步在多义成分同外部社会因素之间建立对应关系，实质性地发展了认知语义学的理论和方法，也更加体现了认知语言学研究同社会语言学研究汇流的优势。

但另一方面，认知社会语言学还有进一步深入研究的空间。比如，词汇语义变异当中研究仍需要对多义范畴中语义成分同社会结构的相关性或共变关系

[①] 张辉（2010）对此书有简要的介绍。

进一步深入探讨，揭示社会认知产生词汇语义变异的本质，将社会语言变异研究的认知取向实现得更加彻底。同时目前认知社会语言学还没有提出一个独立的理论方法和理论框架，虽然结合了认知语言学和社会语言学的方法，利用多重变量模型来研究语言变异，但如果要进一步地发展这一学科还要在理论和实证两个方面进一步深入研究。

第五章 批评话语分析

批评话语分析（critical discourse analysis，CDA）（以下"批评话语分析"简称为 CDA）是 30 多年来语言学与社会学等学科相结合形成的一个新的社会语言学的研究分支，着重研究话语与社会、权利等的关系。本章将简单介绍这一新兴研究领域：第一节是 CDA 的理论介绍，包括其基本含义、兴起背景、研究对象、面临的质疑和批评，以及展望。第二节将介绍 CDA 的方法论，其中既有经典的系统–功能语言学研究路径，又有新兴的语料库语言学方法等。最后一节是经典案例分析，旨在能让读者直观地了解 CDA 的基本思想和研究过程。

第一节 批评话语分析理论介绍

1.1 CDA 的基本含义

CDA 作为话语分析（discourse analysis）的一个重要组成部分，显著特点是把话语与社会、权利紧密联系起来，通过话语分析来揭示社会问题并在此基础上提出改进问题的相应策略。就"批评"二字而言，人们往往把它与负面的评判和消极的苛责联系在一起，但 CDA 中的"批评"更多是观察问题的视角和解决问题的实践。CDA 的目的是揭示语篇中含而不露的意识形态意义，尤其是那些人们习以为常的偏见、歧视和对事实的歪曲，并解释其存在的社会条件和在权力斗争中的作用。（辛斌，2002）

CDA 始于 Fairclough 的 *Language and Power*（1989）一书[1]，在后现代主义思潮的影响下，CDA 的分析家们在遵循了经典马克思主义和法兰克福学派的西方马克思主义批评的传统基础上[2]，将社会批评理论与话语分析相结合，使批评

---

[1] Fowler 等人在 *Language and Control*（1979）一书中提出的批评语言学（critical linguistics，CL）是批评话语分析（CDA）的前身。
[2] 马克思主义的批评理论注重揭穿隐含的意识形态并暴露真实的社会关系和现实利益。法兰克福学派的批评理论强调的是带来革命性变革的主观力量。批评致力于进步性的社会变革，具有解放性的社会功能，两者都以"启蒙与解放"为目标。（Wodak&Meyer，

话语分析发展为一个跨学科的研究领域，涉及语言学、社会学、心理学、传播学、历史学等多个学科。

1.2 CDA 的兴起背景

一方面，CDA 是当代西方人文科学中普遍存在的反唯科学主义和反唯理主义思潮在语言研究中的反映。实证主义把科学或科学知识视为纯粹客观的东西，追求"客观"描写和呈现"事实"，但它忽视了这样一个简单的事实，即科学是由科学家进行的，而科学家跟任何其他人一样具有自己的观点、兴趣和意识形态。因此，CDA 坚持这样一种观点：作为一种社会实践，语言并非一种客观透明的交际媒介，它有着发话者意识形态的烙印，对社会过程具有重要的干预作用。（辛斌、高小丽，2013）

另一方面，CDA 在很大程度上是对长期处于主导地位的结构主义语言学和转换－生成语言学的反叛和补充。以 Saussure、Bloomfield 和 Chomsky 为代表的语言学家将语言视为一个自给自足和自我调节的抽象体系，试图以当时的自然科学为蓝本将自己建成一门经验科学，主张语言只能以其自身的条件孤立地加以描写，不允许参照任何外部的事实，包括文化传统和社会现象。CDA 认为，这种只研究"语言本体"的主要缺陷，在于把语言和社会割裂开来，忽视语言及其描写的社会生活场景以及它们相关的历史背景。（辛斌、高小丽，2013）

为此，Fowler（1979，1991），Fairclough（1989）都对语言学研究过分关注"实证主义"的倾向提出过批评，认为迄今语言学家始终致力于对语言事实的客观描写，注重探索语言及其运用中的"什么"的问题，而忽视"为什么"和"怎么样"的问题。因此，CDA 不仅致力于研究语言是什么，而且研究语言为什么是这样，不仅对话语的意义感兴趣，而且对话语如何产生这种意义感兴趣。它旨在透过表面的语言形式，揭露意识形态对话语的影响，话语对意识形态的反作用，以及两者是如何源于社会结构和权势关系，又是如何为之服务的。（辛斌，1996）

1.3 CDA 的研究对象

Fairclough（1989）指出，CDA 不仅仅是分析，更是批评，因为意识形态通

2009，转引自苗兴伟、穆军芳，2016）

过自然化（naturalization）过程变成常识，并被人们所接受和熟识，而 CDA 要做的就是逆向运动，即去自然化（denaturalization），通过分析语篇中的语言形式来揭示那些隐含的语言、权力和意识形态之间的关系，以及统治阶级如何运用语言来实施意识形态控制和维护自己的权力地位等。

这就决定了 CDA 的研究对象主要是大众语篇和官方话语，包括政府行政、管理人员、司法官员、商业组织、新闻机构等的话语（辛斌，2002）。比如：Fairclough 和 Wodak 对 1985 年 12 月 17 日 BBC 第三台播出的卡尔登对撒切尔夫人的采访所做的批评性话语分析（Fairclough&Wodak，1997）；辛斌（1996）对英国的《独立报》和美国的《国际先驱论坛报》同一天有关"希伯伦惨案"的报道进行的批评性分析等（之后会在案例分析中详细介绍）；曾亚平（2009）运用了批评话语分析方法，从人称代词、情态和语篇三个方面分析了奥巴马总统竞选获胜演讲，探究他是如何构建他锐意"改革"的新一代美国领导人形象的。

这些语篇值得分析是因为它们来自官方，在塑造一个社会的态度、意义和意识形态上起着直接的作用，而且对于这样的语篇，普通百姓通常只是被动地接受，很少对话语的发出者主动做出反应。批评话语分析的研究对象还有个人话语，即个人间发生的正式或非正式的交谈。个人话语很容易使人习以为常，意识不到其中的意识形态意义。（辛斌，2002）

批评语言学家经常考察的主题包括性别歧视、种族歧视；教育、就业和司法上的不平等；战争核武器和核力量；政治策略和商业行为等。

目前具有代表性的相关研究小组有：

（1）Language, Ideology and Power Research Group（LIP）（英国兰卡斯特大学（Lancaster University））

（2）Newcastle Critical Discourse Group（NCDG）（英国纽卡斯尔大学（Newcastle University）和诺森比亚大学（Northumbria University））

（3）Discourse and Rhetoric Group（DARG）（英国拉夫堡大学（Loughborough University））

目前具有代表性的相关期刊如下：

（1）*Discourse&Society*（from 1990）

（2）*Social Semiotics*（from 1990）

（3）*Journal of Language and Politics*（from 2002）

（4）*Critical Discourse Studies*（from 2004）

（5）*Critical Approaches to Discourse Analysis Across Disciplines*（peer-reviewed free online journal, from 2007）

1.4 CDA 面临的质疑和批评

从兴起以来，CDA 通过语言分析达到社会批判的视角就饱受争议，主要集中在以下几点：

（1）CDA 的文本分析仅局限在语法和词汇的意识形态意义上，没有延伸到整个文本的结构；

（2）CDA 的权威性和客观性也值得怀疑，主要体现在语料的选择及其代表性上；

（3）关于语言与意识形态的关系，CDA 有时过分强调意识形态，因此解释中可能会做出语篇中根本没有的假设；

（4）CDA 的政治责任感太明显，其批评性分析往往从某一特定观点出发对文本进行带倾向性的解释等。（支永碧，2007）

辛斌（2004，2008）从"理论概念的明晰性和严谨性""分析方法的系统性和有效性"和"分析结果的真实性和可靠性"等方面总结和讨论了对 CDA 的一些主要批评和质疑。

在应对来自各方对 CDA 学派的批判方面，学者们也做出了种种努力。比如，Fairclough（2009）指出，从辩证关系分析的视角看，经济力量或社会政治机构也部分是符号的，分析在一定程度上就必须是符号的分析，人们有能力看清被操纵的意图并做出他们的政治批判，但这并不意味着他们能够在实践中看清楚符号和非符号之间的复杂辩证关系。作为一个学术流派，也许 CDA 本身的特征决定了它是一个动态的、开放的理论体系。正如 Van Dijk（2001）所言，"分析不是，也不会是'中性的'。其实，批评性话语分析的意义正在于采取一种立场。"（辛斌，2005）没有人能生活在真空里，也就不可能有绝对客观的或科学的批评话语分析。

随着近十年来学者们的不断努力，批评话语研究的视野也越来越宽，分析方法正在超越传统的对文本的依赖，走入话语产生的社会和历史及认知科学领域。现今的 CDA 学派显示出对语言与社会实践的辩证关系更多的关照，其社会认知取向、语料库语言学的应用也都使该学派的发展上升到了一个新的高度。但语言、社会实践和社会结构之间短期内很难确立一个明确而稳固的关系，这就注定了 CDA 理论体系在相当长的时期内无法稳固下来的事实。因此，批评话语分析的未来注定仍将是跨学科的，以社会问题为取向的，并在争议中不断前进的。

1.5 对 CDA 的展望

胡晓静（2019）依据文献计量法，以"批评话语分析"为主题检索词，以中国学术网络出版总库 CNKI 中的 CSSCI 和核心期刊文献为数据来源，分析了该研究领域的基本状况和未来发展方向，得出如下结论：系统功能语言学是批评话语分析的主要理论基础和分析方法；意识形态、身份建构和话语策略是批评话语分析的热点研究话题；语料库语言学和认知语言学在批评话语分析中的应用为批评话语分析提出了新的研究方法。近年来，生态话语分析、会话分析和国家形象等新兴研究话题进入了研究者的视野，批评话语分析朝着研究内容多元化、研究方法量化和认知转向以及研究路径跨学科化方向发展。

第二节 批评话语分析方法论

尽管批评性话语分析有时被误认为是话语分析的一种"方法"，但批评话语学家们普遍认为，话语研究中任何明确的方法，都可以用于批评性话语分析研究，只要它能够充分地洞察话语，再现（或抵制）社会和政治不平等、权力滥用或统治，也就是说，CDA 在性质上既不是研究方法，也不是语言学理论，而是对表现在话语中的社会问题进行审视的一种角度。辛斌（2005）也认为，"批评语言学的产生和发展不过二十几年，我们还不能说它已经形成了自己完整的方法论。可以说它在语篇分析的方法上主要还是采取'拿来主义'，无论是哪派的理论方法，只要能用于分析语言、权力和意识形态的关系并产生令人信服的结果，它都不会拒绝。"因而，各种语言理论都可能应用到批评话语分析中。以下介绍几个常用的具有代表性的方法。

2.1 Halliday 的系统功能语言学

Halliday 从人类学、社会学的角度考察语言与社会之间的关系，把语言和社会需要、社会结构、社会文化背景联系起来，认为社会文化诸方面共同构成社会现实的意义大厦，即构成一个总的符号系统。语言只是构成文化符号系统中的一个，只不过语言这一符号系统具有它的特殊性，因为它又具有体现社会文化等许多其他符号系统的作用。因此，只有将语言置于社会文化环境中，它的本质才能得到解释（Halliday，1978，转引自纪玉华，2001）。而且，系统功能语法不仅描述语篇的语言结构，还力图去了解为什么会出现这种结构，并从语篇所完成的社会和交际功能来解释原因。系统功能语言学的这些观点与批评话语分析的语言观是一致的，因而很自然地为批评话语分析所接受，成为批评话语分析的语言学基石。（丁建新、廖益清，2001）

系统功能语言学至少在三个方面上有助于 CDA 达到其分析语篇的目标。首先，Halliday 关于语言的系统功能理论，本质上具有社会符号学的性质。他将语言定义为一种意义潜势，即语言使用者可以运用的一组组意义选择，语言使用者做出的意义选择具有双重意义：一方面，它们具有语言学意义，因为从语言系统中所做的选择可以被解释为意义选择的一种现实化；另一方面，它们具有社会学意义，因为它们既能帮助人们洞察社会结构的表达形式又能帮助人们理解由社会结构决定的人的行为模式。其次，系统功能语言学以语义为基础而不是以句法为基础。Halliday（1973）（辛斌，2002）把言语行为分为行为、意义和语法三个层次，人们说话就是从行为层到意义层再到语法层的一次次选择。Halliday 的这种语言观符合批评语言学家关于意义服务于权力和语言服务于意识形态的思想。最后，Halliday 的系统功能语法，尤其是他关于"语域"（register）、语境、衔接和连贯的理论，为从宏观上考察语篇结构以及语篇与语境的关系提供了理论框架和具体的方法。（辛斌，2005）

2.2 Wodak 的"话语—历史"研究路径

CDA 认为，话语是与社会实践紧密相关的语言形式，无论是从微观还是宏观层面上，不考虑历史，语言学理论就无法解释语言变化，特别是那些由于受到社会力量的影响而发生的变化，只有将话语同社会实践的历史联系起来，话语分析才有意义，也才有可能。

Wodak（2001）（苗兴伟、穆军芳，2016）采用话语历史分析方法，把所有的背景信息融合起来，分析和解释公众话语中的种族主义思想和偏见，这种方法适合分析话语中隐含的偏见，解释偏见话语中的语码和暗指。比如，Wodak 与社会学家和历史学家合作分析战后奥地利国内的反犹太人倾向，他们使用的就是历史背景分析法。该方法系统地综合各种历史资料，对话语的不同层面进行剖析和阐释。他们对瓦尔德海姆在1986年参加总统竞选中所做的所有演讲、他的竞争对手的演讲、国内外有关他的报道和街头巷尾老百姓的闲聊，进行了历史背景分析，发现作者/演讲者很喜欢借古喻今，这是逃避指控的最佳策略，因为从法律角度讲，他们毕竟没有明白地喊出"打倒犹太人"的口号。

在《批评话语分析方法》（第二版）中，第四章的作者Reisigl和Wodak提出历史话语分析的原则是：（1）确认具体的内容或话题；（2）调查话语的策略；（3）检验语言学的手段和实现途径。八个步骤是：（1）先前理论知识的利用；（2）数据和语境信息的系统收集；（3）具体分析所用材料的选取和准备；（4）提出研究问题和假设；（5）定性的试验研究；（6）详细的案例研究；（7）形成批评；（8）分析结果的应用。作者以关于气候变化和全球变暖的话语为对象进行了案例分析和评价。（李会民，2012）

2.3 Fairclough的"辩证-关系"法

在《批评话语分析方法》（第二版）这本书中，第七章是"社会研究中批评话语分析的辩证关系法"。作者Fairclough对CDA的这一"辩证-关系"分析法从理论基础、应用范围、方法和应用四个方面进行了阐述。作者指出，话语作为符号的一种，是社会过程的一个成分，它跟其他社会因素间存在辩证的关系，这正是"辩证-关系"分析法的基础。

Fairclough认为，CDA不仅要关注符号，更要关注符号和其他社会因素间的关系。一方面，CDA通过分析符号和其他社会因素间的辩证关系，来说明符号是如何在建立和改变不平等的权力关系过程中扮演角色的。另一方面，CDA通过分析人们如何"验证、挑战和瓦解"主流社会机制，来寻找应对社会弊端并提高人民福祉的途径。

CDA的辩证关系法关注两种关系：结构和事件的关系，以及符号和其他因素的关系。符号通过三种途径与社会实践和社会事件建立联系：（1）作为行动的一个方面；（2）解释（表征）现实世界；（3）建构身份。在方法论方面，作者提出了四个步骤：（1）从符号的层面关注一个社会弊端；（2）确认处理这个社会弊端的障碍；（3）考虑该社会秩序是否需要这个社会弊端；（4）确定跨越这些障碍的可能途径。在书中，Fairclough以英国前首相布莱尔的一篇文章《建立知识驱动的经济》和一篇对布莱尔的新劳工党政府的批判文章为例，进行了"辩证-关系"分析。（转引自李会民，2012）

2.4 Van Dijk 的"社会-认知"模式

认知话语分析是 CDA 进入 21 世纪以来最重要的发展方向之一，其代表人物除了 Van Dijk 和 Wodak 以外，还有 Chilton（2002，2004，2005）（辛斌 & 高小丽，2013），社会认知模式强调心智、话语和社会的关系。

Van Dijk 在《批评话语分析方法》（第二版）的第三章"社会认知模式下的批评话语研究"中，建议 CDA 应从宏观语义框架（semantic macrostructure）（宏观意义、话题和主题）出发，关注现场意义（local meaning）（包括词、结构、命题特征，以及连贯、含义、假设、描述层次等）。现场意义是基于事件的心智模型（mental model），并在语境模型（context model）的控制下产生的。关注现场语义分析就是要研究各种"隐含的、非直接的"意义。这些意义总是间接地、隐含地同各种语境中所主张的基本信仰相联系。作者以《针对微软公司迫害的请愿》为例，说明活动主导者通过自身站位、引用独立宣言、利用曲语法等语言技巧，为公众创造一种"好与坏"的鲜明对比，从而实现为微软公司辩护的目的。语境模型确定了题材和话语的风格。话语的连贯不是抽象的、形式的，而是由语言使用者根据他们的意图、阐释或理解建立起来的。只要话语使用者能建立相应的心智模型，话语就是连贯的。这种心智模型也可以叫作事件模型（event model），是我们理解和构建"现实"的重要方面，它既是话语理解的结果，又是话语产生的基础；事件模型既是主观的（对事件的个人阐释），又有其社会基础，因为它们不仅共享社会知识，也可能划分意识形态。（李会民，2012）

其中尤其值得注意的是 Chilton 批评话语分析的认知视角，他从大脑模块理论假设出发，以认知科学和进化心理学为基础，建构了 CDA 的分析框架。该框架分为两个层面：微观交际层面的文本认知特征和宏观交际层面的社会政治特征。微观层面着重从认知角度来解释语言的理解；而宏观层面则主要解决交际渠道、话语类型和语言特征、话语参与者、互文性、文本杂合性和"新"话语的产生等问题。

2.5 语料库语言学

近年来，CDA 和语料库语言学相结合的研究方法越来越受到重视，Mautner 在《批评话语分析方法》（第二版）中第五章"检验与平衡：语料库语言学如何促进 CDA"中提到，CDA 和语料库结合有如下优点：（1）可以使话语分析在大数据库中进行；（2）扩展了批评话语分析的实证基础，减少了研究中的主观偏见;(3)语料库语言学软件提供了对文本数据进行定性和定量分析的视角。Mautner在这一章节还介绍了语料库语言学中的索引软件、语料库设计、语料库类型和数据获取等基本知识,并举例说明了如何利用语料库来支撑对文本的阐释。大型语料库证据通过参照在整个话语社区出现的价值观和态度,为话语评价提供了"检验和平衡"。

语料库语言学在CDA中的应用主要通过考察某个特定词汇或语言形式的出现环境、频率和使用范围,来使我们更好地把握该语言形式的价值和含义,为我们提供了接近大众意识的阐释依据,有利于减少分析中的个人主观性。但是,正如作者Mautner本人所言,语料库语言材料中所提供的不连贯的语言片段缺乏语境的整体性,语料库的建立过程也可能会带上意识形态的偏见。对于快速变化中的社会热点问题,如边缘话语、广告以及新移民中的语码转换等问题,语料库就显得无能为力了。

近几年来,国内有些学者已经注意到语料库语言学和CDA相结合的研究趋势,比如,钱毓芳和田海龙(2011)在《话语与中国社会变迁:以政府工作报告为例》一文中对1999—2008年间两届政府工作报告进行分析,讨论工作报告话语与中国社会变迁之间的关系,表明政府工作报告能够影响接受者的行为及引发和促进社会变革;朱晓敏(2011)选取从2000—2009年间《政府工作报告》及其英译本作为研究对象,以美国政府《国情咨文》作为参照文本,考察了意识形态对译者选择第一人称复数的影响。从这些研究中,我们可以看出将语料库方法和CDA相结合的优势,一方面语料库主题词、搭配以及检索分析帮助我们看清文本的话语信息,另一方面批评话语分析则揭示意识形态对语言和社会的影响。

近十年来,CDA作为一个发展中的跨学科的语言学流派,其目标和初衷没有改变,但在方法论方面有了很大的丰富和发展。从早期的基于功能语言学的及物性、情态功能、名物化、语态等以语言形式为主体的分析模式,到目前逐渐转向重视语言的社会认知过程、语言的历史演变轨迹、语言与社会的辩证关系以及批评与语料库语言学的结合等,呈现出更多语言的社会学关照。

第三节 案例分析

以下,我们将以辛斌(1996)对英国的《独立报》(*the Independent*)和美国的《国际先驱论坛报》(the International Herald Tribune)同一天有关"希伯伦惨案"的报道进行的批评性分析为例,来展示 CDA 常见的分析过程。

"希伯伦惨案"指的是 1994 年 2 月 25 日,一犹太移民持枪闯入约旦河西岸希伯伦市的易卜拉欣清真寺,当场打死 29 名手无寸铁的巴勒斯坦穆斯林礼拜者。当时本应在清真寺外执勤因而可能阻止惨案发生的以色列士兵不知何故未按时上岗,因此人们对事件的真相议论纷纷。迫于国内外舆论的压力,以色列政府组成一个专门委员会来调查此案。3 月 10 日,一位负责该地区治安的以色列军官 Mier Tayar 向委员会作证时透露,即使他本人当时在场也难以阻止流血案件的发生,因为上边有命令在任何情况下都严禁向犹太移民开枪。消息传开,舆论哗然。辛文分析的两个语篇便是对这一消息的报道。

对于此事件的报道,《独立报》的标题是 Israeli Troops 'Under Orders' Not to Shoot Jewish Settlers (March 11,1994),《国际先驱论坛报》的标题是 Israelis Had No-Shoot Order on Settlers (March 11,1994),虽然表面上两篇报道在内容上都力求客观,不偏不倚,但细细考察其语言便会发现两者对事件及其涉及的各方所持的态度和立场截然不同。辛文从(1)对核心过程和人物的描述;(2)名物化和被动化;(3)时态;(4)直接引语几个方面进行了分析:

3.1 对核心过程和人物的描述

下表中是这两个语篇描述犹太移民、巴勒斯坦人和以色列方命令时所用的词语:

表 15 《独立报》与《国际先驱论坛报》使用词语列表

	《独立报》	《国际先驱论坛报》
Jewish settlers	often truculent, violent	armed, militant
Palestinians	Musilim worshippers, un-armed stone-throwers	
The order	strict, special, oral, not written, controversial, legal immunities (granted to the settlers), policy	strict, standing, special, not written, separate, procedure

据辛文的分析,《独立报》将犹太移民描写为"truculent"和"violent",而

《国际先驱论坛报》把他们说成是"armed"和"militant"。从《朗曼当代英语词典》和《牛津高级英语词典》对这些词的释义来看,"truculent"和"violent"有好斗、残忍、寻衅等意思,而"armed"和"militant"均为中性词,既可用于褒义又可用于贬义。值得注意的是,在语篇中"militant"一词是用来形容凶手Baruch Goldstein的,这不能不令人疑惑发话人对枪杀巴勒斯坦人的暴行究竟是在表示赞许还是谴责。《国际先驱论坛报》对巴勒斯坦人无任何评价,但《独立报》称他们为"穆斯林礼拜者"和"不带武器的投掷石块者"。前者令读者产生虔诚、和平的联想,后者使人感到,面对武装的、"经常残忍好斗的"犹太移民和偏袒不公的以色列士兵,投掷石块已算自卫的克制之举了。而且,在对以色列军方命令的描述上来看,《独立报》称之为"政策(policy)",而《国际先驱论坛报》称之为"程序(procedure)"。我们知道,政策一般由政府、政党或组织制定,有鲜明的目的性,《独立报》使用该词分明是把这一不道德命令的责任归于以色列政府。"程序"一词的含义则不同,它指任何事情进行的先后次序。这种次序可以是自然的、传统的,也可以是临时规定的。因此该词的使用无疑淡化了事情本身的严重性,减轻或开脱了以色列政府的责任。

3.2 名物化和被动化

在分析语篇中句法转换的表意作用时,我们尤其应注意名物化(nominalization)和被动化(passivisaton)的运用。名物化指的是发话人原本可以使用动词结构或句子表达同样的意思,但却选择了名词性成分。因为名物化的作用是能有效削弱整个语篇的动作感。名物化通过删除情态成分,模糊时间概念和掩盖参加者等创造一种非人格化的效果。本文的两个语篇在这方面颇有相似之处。

《独立报》: open-fire rules, legal immunities granted to Jewish settlers, highly damaging questions about Israeli responsibility for the massacre, etc.

《国际先驱论坛报》: no-shoot order, the open-fire rules, the disclosure of the special orders, the work of an isolated lunatic, etc.

选择被动的动机之一是为了隐瞒动作的发出者,即施事。被动化的例子在这两个语篇中俯拾皆是,请看下表:

表 16 《独立报》

Agent	Process/Action	the Affected
1)	been suspected	that-clause
2)	have been spelt out	rules of engagement
3) Meir Tayar	were described	the orders
4)	would not have been permitted	troops
5)	was thrown	some doubt
6)	granted	legal immunities
7)	was being heard	the testimony
8)	has been told	the commission of inquiry
9)	assigned	Israeli forces
10)	assigned	guards
11) the judges	pressed	Meir Tayar
12)	can be fired upon	He（a Jewish settler）
13) senior army officers	had been issued	the order
14)	are not allowed	you（Israeli soldier in general）
15)	asked	Meir Tayar

表 17 《国际先驱论坛报》

Agent	Process/Action	the Affected
1)	had been permitted	Militant Jewish settlers
2)	could not have been prevented	the massacre
3)	were given	the orders
4)	was seen	a soldier running away
5) Meir Khalifi	were issued	the orders
6)	was issued	the order
7)	will be given	clear orders
8)	was said	such a thing（the order）
9)	has been told	that-clause
10)	were aimed	all the rules
11) Israeli army officers	was not stopped	Dr Goldstein

总的来看，两篇报道使用被动结构的次数相差无几。但应该指出的是，《国际先驱论坛报》省略的 9 个施事短语中有 8 个指以方，而《独立报》省略的 12 个只有 6 个指以方。这说明前者比后者更倾向于回避提及作为施事的以方。

3.3 时态

虽然两个语篇都使用了多种时态和体，但在现在时和过去时的选择上两者存在明显不同。在《国际先驱论坛报》中现在时只用了一次（It is not clear ...），但在《独立报》中多达九次，其中一般现在时六次：

1）Israeli troops are under strict orders never to shoot at Jewish settlers ...

2）... even if they (the Jewish settlers) are killing Arabs ...

3）... this is the first time that ...

4）... rules of engagement have been spelt out in public.

5）It means that troops would not have been permitted under any circumstances to have opened fire on Baruch Goldstein ...

6）... the testimony is certain to put Mr Rabin under new pressure ...

7）... (the testimony) raises highly damaging questions about Israeli responsibility for the massacre ...

8）... the Israeli army has repeatedly failed to act against violent Jewish settlers who attack Palestinians.

尤其值得注意的是，如果我们把上述使用现在时的句子串联在一起便构成了一个完整的语篇，它恰好表达了原文的核心内容。在这些句子中，作者把以色列政府和军队在巴勒斯坦人和犹太移民的冲突中一贯采取的歧视前者偏袒后者的立场和态度暴露得淋漓尽致，并一步步将"希伯伦惨案"的责任明确归于以色列政府和军队。作者能取得该效果的重要原因之一在于一般现在时的巧妙运用。这种时态在英语中有独特的功能，通常用于表达普遍性真理、始终存在的状态、习惯性或连续性的行为等。因此在报道者看来，"希伯伦惨案"绝非像以色列军方宣称的那样只是一次偶发事件（见《论坛报》），而是他们长期姑息纵容好斗的犹太移民所造成的恶果。

3.4 直接引语

直接引语在新闻报道中具有独特的作用。由于它们往往出自当事人、知情者或权威人士之口，所以对读者有很强的说服力。

报道者常常利用直接引语来表达自己的立场和观点，并把它们间接地强加于读者。《独立报》和《国际先驱论坛报》都充分利用了直接引语的这种作用。如果不考虑 Mier Tayar 的证词，我们发现《独立报》中的直接引语全部出自阿拉伯人之口（Hanan Ashrawi 和 Abdel Rahman Zuabi 法官），而《国际先驱论坛报》中则全部引自以色列人，其中包括一位以色列军官（Mofaz）、两位议员（Hagai Meirom 和 Ori Orr）。这表明，两家报纸在报道该消息时采取了不同的角度，站在了不同的立场上。《独立报》中 Asharwi 的话代表了巴勒斯坦人的观点，认为一贯采取双重标准和不公正立场的以政府和军队，应对此次事件负责。然而《国际先驱论坛报》中议员们的话，实际上是在为政府开脱责任。他们就事论事一味指责军队，似乎政府毫无过失。此外，他们在话语中使用像"the horrible possibility"，"if such a thing was said"这样的表达方式。实际上是在向读者暗示证词不一定可信，这或许也正是报道者的观点。

综上所述，辛文通过一系列分析，得出《独立报》是站在巴勒斯坦人的立场上报道"希伯伦惨案"，而《国际先驱论坛报》则是站在以色列政府立场上报道的，读者也可以从中窥见背后力量——英美两国的不同立场和支持对象。

参考文献

E. Haugen：《语言学与语言规划》，林书武译，国外语言学，1984年第3期。

Lesley Milroy、James Milroy：《社会语言学中的"网络分析"》，李嵬译，《国外语言学》，1995年第2期。

曹志赟：《语气词运用的性别差异》，《语文研究》，1987第3期。

岑运强主编：《语言学基础理论》（修订版），北京：北京师范大学出版社，2005。

陈海霞：《认知社会语言学的多视角研究》，哈尔滨：哈尔滨工程大学出版社，2016。

陈建民、祝畹瑾：《语言的市场价值》，《语言文字应用》，1992。

陈松岑：《语言变异研究》，广州：广东教育出版社，1999。

陈永舜：《中国大陆百年语言规范概评》，华人地区语文生活与语文计划国际学术研讨会论文，2002。

陈原：《社会语言学》，北京：商务印书馆，2000。

陈章太：《当代中国的语言规划》，《语言文字应用》，2005年第1期。

陈章太：《论语言规划的基本原则》，《语言科学》，2005年第2期。

陈章太：《语言规划研究》，北京：商务印书馆，2005。

道布：《中国的语言政策和语言规划》，《民族研究》，1998年第6期。

戴庆厦：《社会语言学教程》，北京：中央民族学院出版社，1993。

戴庆厦：《社会语言学概论》，北京：商务印书馆，2004。

戴依克：《话语·心理·社会.施旭》，冯冰译，北京：中华书局，1993。

丁崇明：《语言变异的部分原因及变异种类》，《北京师范大学学报》（人文社会科学版），2006。

丁建新、廖益清：《批评话语分析述评》，《当代语言学》，2001年第4期。

董燕萍、桂诗春：《关于双语心理词库的表征结构》，《外国语》，2002第4期。

甘帕兹：《话语策略》，北京：社会科学文献出版社，2001。

恩格斯：《自然辩证法》，北京：人民出版社，1971。

高名凯:《语言论》,北京:商务印书馆,1995。

高勤丽、施春宏:《试论现代汉语规划的基本原则》,《北京广播电视大学学报》,1999 年第 4 期。

桂诗春、宁春岩:《语言学方法论》,北京:外语教学与研究出版社,1997。

郭龙生:《略论中国当代语言规划的类型》,《语言教学与研究》,2007 第 6 期。

郭熙:《中国社会语言学》,杭州:浙江大学出版社,2004。

韩清林:《语言的强势同化规律与强势语言的先进生产力作用》,《语言文字应用》,2006 年第 1 期。

贺群:《社会语言学纲要》,民族出版社,2012。

胡明扬:《北京"女国音"调查》,《语言、社会、文化:首届社会语言学学术讨论会文集》,1991。

胡明扬:《北京话初探》,北京:商务印书馆,1987。

胡明扬:《胡明扬语言学论文集》,北京:商务印书馆,2003。

胡文仲:《跨文化交际学概论》,北京:外语教学与研究出版社,1999。

胡文仲:《跨文化交际学面面观》,北京:外语教学与研究出版社,1999。

胡晓静:《国内批评话语分析的研究现状及发展趋势》,《河南工业大学学报》(社会科学版),2019 第 2 期。

胡壮麟:《语言规划.语言文字应用》,1993 年第 2 期。

华尔赓:《试论法律工作涉及的语言变体问题》,《中国政法大学学报》,1996 年第 3 期。

纪玉华:《批评性话语分析:理论与方法》,《厦门大学学报》(哲学社会科学版),2001 年第 3 期。

贾玉新:《跨文化交际学》,上海:上海教育出版社,1997。

蒋樟勇、何瑾瑾:《浅谈医患语言沟通》,《新医学》,2004 年第 8 期。

金惠淑:《新词新语的规范问题述评》,《语言文字应用》,2002 年第 2 期。

赖华强、杨国强:《教师口才艺术》,广州:暨南大学出版社,2005。

雷红波:《上海新移民的语言社会学调查》,复旦大学博士学位论文,2008。

李国英:《异体字的定义与类型》,《北京师范大学学报》(社会科学版),2007 年第 3 期。

李会民:《批评话语分析方法》(第 2 版),《述评.山东外语教学》,2012 第 1 期。

李军、宋燕妮:《面子理论在汉文化中的考察》,《修辞学习》,2004。

李树军、杨城：《回顾与展望：社会语言学刊文计量分析》，《商丘师范学院学报》，2019。

李云兵：《语音变异与音系裂变对西部苗语的真实时间观察和显象时间观察》，《民族语文》，2014年第6期。

李振宇：《语言与法律探微》，北京：中国经济出版社，2004。

廖美珍：《法律语言研究》，《浙江外国语学院学报》，2017年第2期。

刘凤霞：《跨文化交际教程》，《北京：北京大学出版社》，2005。

刘件福：《语言变体理论及其对检察语言研究的意义》，《当代修辞学》，2006年第4期。

刘艳春：《语言交际概论》，北京：北京大学出版社，2007。

鲁苓：《语言·言语·交往》，北京：社会科学文献出版社，2004。

马志强：《语言交际艺术》，北京：中国社会科学出版社，2006。

门凤超：《谈汉代汉字的规范化》，《阅读与鉴赏》（教研版），2009年第6期。

苗兴伟、穆军芳：《批评话语分析的马克思主义哲学观和方法论》，《当代语言学》，2016第4期。

普通高中语文课程标准（实验），2003。

钱毓芳、田海龙：《话语与中国社会变迁：以政府工作报告为例》，《外语与外语教学》，2011第3期。

《全日制义务教育语文课程标准》（实验稿），2001。

《全日制普通高级中学语文教学大纲》（修订版），2002。

《人教版．义务教育课程标准实验教科书语文》（1—9年级）。

《人教版．普通高中课程标准实验教科书．语文》。

萨丕尔：《语言论》，北京：商务印书馆，2009。

斯科隆：《跨文化交际：话语分析法》，施家炜译，北京：社会科学文献出版社，2001。

斯皮罗：《文化与人性》，北京：北京社会科学文献出版社，1999。

苏金智：《语言权保护在中国》，《人权》，2003第4期。

孙维张：《汉语社会语言学》，贵阳：贵州人民出版社，1991。

孙维张、吕明臣：《社会交际语言学》，吉林大学出版社，2006。

束定芳：《认知语义学》，上海：上海外语教育出版社，2008。

塔尔博特：《语言与社会性别导论》，武汉：华中师范大学出版社，2004。

王爱华、吴贵凉：《英汉拒绝言语行为的社会语用研究》，《电子科技大学学报》（社科版），2004年第3期。

王宁：《论汉字简化的必然趋势及其优化原则》，《语文建设》，1991年第3期。

王宁：《再论汉字简化的优化原则》，《语文建设》，1992年第2期。

王宁：《系统论与汉字构形学的创建》，《暨南学报》（哲学社会科学），2000年第2期。

王宁：《汉字教学的原理与各类教学方法的科学运用》（上），《课程、教材、教法》，2002年第10期。

王宁：《论汉字规范的科学性与社会性》，《中国社会科学》，2006年第3期。

王宁：《再论汉字规范的科学性与社会性》，《语言文字应用》，2006年第4期。

王宁、孙炜：《论母语与母语安全》，《语言文字学研究》，2005第6期。

王宁：《基于简繁汉字转换的平行词语库建设原则》，《语言文字应用》，2007年第4期。

王晓东、邓卫新：《汉字构形理论与汉字教学》，《时代文学》（下半月），2008第6期。

王晓彤：《话语补全测试的有效性研究述评》，《外语与外语教学》，2009第3期。

王茜、严永祥、金忠山：《医学模糊用语的伦理分析》，《中国医学伦理学》，2006年第5期。

王志凯、王荣生：《口语交际教例剖析与教案研制》，《南宁：广西教育出版社》，2004。

辛斌：《批评性语篇分析方法论》，《外国语（上海外国语大学学报）》，2002年第6期。

辛斌：《批评性语篇分析：问题与讨论》，《外国语（上海外国语大学学报）》，2004年第5期。

辛斌：《批评话语分析：批评与反思》，《外语学刊》，2008年第6期。

辛斌：《批评语言学与西方马克思主义——批评性语篇分析中的意识形态观》，《常熟理工学院学报》，2005年第5期。

辛斌：《语言、权力与意识形态：批评语言学》，《现代外语》，1996年第1期。

辛斌、高小丽：《批评话语分析：目标、方法与动态》，《外语与外语教学》，2013年第4期。

谢宏滨：《论法律语言的意义和作用——自社会语言学跨领域的视角观察》，《太平洋学报》，2006年第10期。

邢福义：《关于语言规划》，《语言教学与研究》，2005年第3期。

徐大明、陶红印、谢天蔚：《当代社会语言学》，北京：中国社会科学出版社，1997。

徐大明：《社会语言学研究》，上海：上海人民出版社，2007。

徐大明：《新加坡华社双语调查——变项规则分析法在宏观社会语言学中的应用》，《当代语言学》，1993年第3期。

徐大明：《中国社会语言学的新发展》，南京社会科学，2006年第2期。

许力生：《语言研究的跨文化视野》，上海：上海教育出版社，2006。

杨永林：《社会语言学与色彩语码研究》，《现代外语》，2002。

杨永林：《社会语言学研究》，北京：高等教育出版社，2004。

游汝杰、邹嘉彦：《社会语言学教程》，上海：复旦大学出版社，2004。

于根元：《推广普通话60年.语言文字应用》，2009年第4期。

语文出版社编：《语言文字规范手册》，北京：语文出版社，2006。

曾文雄编：《语用学的多维研究》，杭州：浙江大学出版社，2009。

曾亚平：《从批评性话语分析角度解读奥巴马的总统选举获胜演讲》，《外语与外语教学》，2009年第2期。

资中勇、王文娟：《中国语言地位规划述略》，《现代语文》（语言研究版），2008年第7期。

张辉、周红英：《认知语言学的新发展——认知社会语言学——兼评Kristiansen & Dirven（2008）的〈认知社会语言学〉》，外语学刊，2010年第3期。

张廷国、郝树壮：《社会语言学研究方法的理论与实践》，北京：北京大学出版社，2008。

张谊生、齐沪扬：《上海浦东新区普通话使用状况和语言观念的调查》，《语言文字应用》，1996第3期。

赵蓉晖：《社会语言学》，上海：上海外语教育出版社，2005。

支永碧：《批评话语分析研究新动态》，《外语与外语教学》，2007年第3期。

《中国社会语言学》编委会：《中国社会语言学》，北京：商务印书馆，2007。

周红英：《〈世界英语变体的认知社会语言学研究〉述评》，《外语与外语教学》，2010年第4期。

周红英：《从认知社会语言学的世界英语变体研究看中国英语研究》，《南京理工大学学报》（社会科学版），2010 第 4 期。

周红英：《认知社会语言学研究的最新进展——〈认知社会语言学的进展〉评介》，《外国语》（上海外国语大学学报），2012 第 5 期。

周庆生：《国外语言规划理论流派和思想》，《世界民族》，2005 年第 4 期。

朱晓敏：《批评话语分析视角下的〈政府工作报告〉英译研究（一）——基于语料库的第一人称代词复数考察》，《外语研究》，2011 年第 2 期。

朱晓姝：《跨文化成功交际研究》，北京：对外经济贸易大学出版社，2007。

朱永生：《语境动态研究》，北京：北京大学出版社，2005。

朱跃、朱小超、鲍曼：《语言与社会》，北京：北京大学出版社，2015。

祝畹瑾编：《社会语言学译文集》，北京：北京大学出版社，1985。

祝畹瑾：《"师傅"用法调查》，《语文研究》，1984 年第 1 期。

祝畹瑾：《社会语言学概论》，长沙：湖南教育出版社，1997。

Alptekin Cem. Target-language Culture in EFL Materials. *ELT Journal*, 1993（2）.

Austin, J. L. *How to Do Things with Words*. Oxford: Oxford University Press, 1975.

Brown J. D. *Understanding Research in Second Language Learning*. CUP, 1988.

Brown P., Levinson S. C. *Politeness: Some Universals in Language Usage（Vol. 4）*. Cambridge: Cambridge University Press, 1987.

Canale Michael, Merrill Swain. Theoretical Bases of Communicative Approaches to Second Language Teaching and Testing. *Applied Linguistics*, 1980（1）.

Cohen L., Manion L., Keith Morrison K. *Research Methods in Education*. London: Routledge Falmer, 2000.

Croft W. *Cognitive Linguistics*. Cambridge: Cambridge University Press, 2004.

Fairclough N. *Language and Power*. London: Longman, 1989.

Fairclough N., Wodak R. *Critical Discourse Analysis. In T.VAN DIJK（ed.）Discourse as Social Interaction*. London: Sage, 1997.

Fillmore C. J. *Subjects, Speakers, and Roles*. Springer Netherlands, 1972.

Fishman, Joshua A. *Language in Sociocultural Change*. Stanford University, 1972.

Fowler R. *Language and Control*. London:Routledge, 2018.

Geeraerts D. *Cognitive Liguistics*.Walter de Gruter, 2006.

参考文献

Geeraerts D, Kristiansen G. *Advances in Cognitive Socioliguistics*.Mouton de Gruyter, 2010.

Giles Howard. Accent Mobility: A Model and Some Data. *Anthropological Linguistics*, 1973.

Goldberg A. E. *Constructions: A Construction Grammar Approach to Argument Structure.* University of Chicago Press, 1995.

Grice H. P.*Utterer's Meaning, Sentence-meaning and Word-meaning.* Dordrecht, 1968.

Hinkel, E.Appropriateness of Advice: DCT and Multiple Choice Data. *Applied Linguistics,* 1997(1).

Halliday Michael. *Learning How to Mean.* Academic Press, 1975.

Hinrichs L, Szmrecsanyi B. Recent Changes in the Function and Freuency of Standard English Genitive Constructions: a Multivariate Analysis of Tagged Corpora. 2007(3).

Hymes, D. On Communicative Competence. *Sociolinguistics*, 1972.

Kerlinger, F. N. *Foundation and Behaviour Research.* New York: Holt, 1986.

Krejcie R. V, Morgan D. W. Determining Sample Size for Research Activities. *Educational and Psychological Measurement*, 1970 (30).

Kvale S. *Interviews.* London: Sage Publications, 1996.

Labov W . The Linguistic Variable As A Structural Unit *Dialect Studies*, 1966.

Labov W. *Sociolinguistic Patterns*. Philadelphia: University of Pennsylvania Press, 1972.

Labov W. *The Social Stratification of English in New York City.* Washington D. C.: Center for Applied Linguistics, 1982.

Labov W. field Methods of the Project in Linguistic Change and Variation. In Baugh, J. and Sherzer, J.(eds.)*Language in USe.* Prentice-Hall, 1984.

Labov W. *Principles of Language Change: Internal Factors.* Blackwell Publishers Inc, 1994.

Labov W. *Principles of Linguistic Change: Social Factors.* Oxford and Cambridge:Blackwell, 2001.

Labov W. *Principles of Linguistic Change: Cognitive and Cultural Factors.*

Oxford and Cambridge:Blackwell. 2010

Lakoff. G . Some Remarks on Al and Linguistics. *Cognitive Science*, 1978（3）.

Lakoff. R, Lakoff R. T. *Language and Woman's Place: Text and Commentaries.* Oxford University Press, 2004.

Langacker R. W. *Foundations of Cognitive Grammer.*Stanford University Press, 1999.

Le Compte, M. and Preissle, J. *Ethnography and Qualitative Design in Educational Research.* London: Academic Press Ltd, 1993.

Patton, M. Q. *Quatitative Evaluation and Research Methods.*（2nd edition）. London: Sage Publications, 1990.

Poplack Shana.Variation Theory and Language Contact. *American Dialect Research*, 1993.

Robin L. Language and Woman's place. *Language in Society*, 1973（1）.

Scollon, S. B, Scollon R. *Narrative, Literacy and Face in Interethnic Communication*（Vol. 7）. NJ: Ablex Publishing Corporation, 1981.

Shuy Roger W. Topic as the Unit of Analysis in a Criminal Law Case. *Analyzing Discourse: Text and Talk*, 1982.

Trudgill Peter. *Language in the British Isles*. CUP Archive, 1984.

Van Dijk, T. A. *Discourse as Social Interaction*（Vol. 2）. Sage, 1997.

Widdowson Henry George. *Aspects of Language Teaching*. Oxford:Oxford University Press, 1990.

William L. Some Principles of Linguistic Methodology. *Language in Society*, 1972,（1）.

Wodak R, M Meyer.*Methods of Critical Discourse Analysis*（2nd ed）. London:Sage Publications, 2009.

Wolf H. Polzenhagen F. *World Englishes: A Cognitive Sociolinguistic Approach.* Walter de Gruyter, 2009.

参考译名

1. Alptekin, Cem　　　　　　　　　杰姆·阿尔普特金
2. Austin, J. L.　　　　　　　　　　奥斯汀
3. Brown, J. D.　　　　　　　　　　布朗
4. Brown, Penelope　　　　　　　　佩内洛普·布朗
5. Canale, Michael　　　　　　　　迈克尔·卡纳莱
6. Cohen, Louis　　　　　　　　　　路易斯·科本
7. Croft, William　　　　　　　　　威廉·克罗夫特
8. E, Haugen　　　　　　　　　　　豪根
9. Fairclough, Norman　　　　　　　诺曼·费尔克劳
10. Fillmore, Charles J.　　　　　　查尔斯·菲尔墨
11. Fishman, Joshua A.　　　　　　约书亚·菲什曼
12. Fowler, Roger　　　　　　　　　罗杰·福勒
13. Geeraerts, Dirk　　　　　　　　德克·吉拉兹
14. Goetz, Judith Preissle　　　　　朱迪思·普雷瑟尔·戈茨
15. Goldberg, A. E.　　　　　　　　戈德堡
16. Grice, H. P.　　　　　　　　　　格赖斯
17. Halliday, Michael A. K.　　　　韩礼德
18. Hinkel　　　　　　　　　　　　 辛克尔
19. Hinrichs, Lars　　　　　　　　　拉斯·韩礼士
20. Howard, Giles　　　　　　　　　吉尔·霍华德
21. Hymes, D.　　　　　　　　　　 海姆斯
22. Kerlinger, F. N.　　　　　　　　克林格
23. Krejcie, R. V.　　　　　　　　　克里耶西
24. Kristiansen, G.　　　　　　　　克里斯蒂安森
25. Kvale, S.　　　　　　　　　　　克瓦莱
26. Labov, William　　　　　　　　威廉·拉波夫
27. Lakoff, George　　　　　　　　乔治·莱考夫

28. Lakoff, Robin Tolmach	罗宾·托尔马赫·洛克夫
29. Langacker, Ronald W.	罗纳德·兰盖克
30. LeCompte, Margaret Diane	玛格丽特·黛安·莱康普
31. Levinson, Stephen C.	斯蒂芬·莱文森
32. Manion, Lawrence	劳伦斯·马尼恩
33. Meyer, Michael	迈克尔·迈耶
34. Milroy, James	詹姆斯·米尔罗伊
35. Milroy, Lesley	莱斯利·米尔罗伊
36. Morgan, D. W.	摩根
37. Morrison, Keith	基恩·莫里森
38. Patton, M. Q.	巴顿
39. Polzenhagen, Frank	弗兰克·波尔岑哈根
40. Poplack, Shana	莎娜·帕普拉克
41. Scollon, Ron	罗恩·斯科隆
42. Scollon, Suzanne B. K.	苏珊娜·斯科隆
43. Shuy, Roger W.	罗杰·舒伊
44. Swain, Merrill	斯温·梅里尔
45. Szmrecsanyi, Benedikt	贝内迪克特·斯兹姆雷克桑伊
46. Tesch, Renate	雷纳特·泰什
47. Trudgill, Peter	彼得·特鲁吉尔
48. Van Dijk, T. A.	范代克
49. Widdowson, Henry George	亨利·乔治·威多森
50. Wodak, Ruth	露丝·沃达克
51. Wodak, Ruth	露丝·沃达克
52. Wolf, Hans Georg	汉斯·乔治·沃尔夫